龙

恐惧与权力

［英］马丁·阿诺德 —— 著　　潘明霞 —— 译

THE
DRAGON
FEAR
AND
POWER

The Dragon: Fear and Power by Martin Arnold was first published by Reaktion Books, London, UK, 2018. Copyright © Martin Arnold 2018. Simplified Chinese rights arranged through CA-LINK International LLC.
版贸核渝字（2021）第 011 号

图书在版编目（CIP）数据

龙：恐惧与权力 /（英）马丁·阿诺德著；潘明霞译. -- 重庆：重庆出版社，2021.10
ISBN 978-7-229-15868-2

Ⅰ. ①龙… Ⅱ. ①马… ②潘… Ⅲ. ①龙—文化—研究—世界 Ⅳ. ① B933

中国版本图书馆 CIP 数据核字（2021）第 125369 号

龙：恐惧与权力
LONG: KONGJU YU QUANLI
[英] 马丁·阿诺德 著 潘明霞 译

丛书策划：刘 嘉 李 子
责任编辑：李 子 陈劲杉
责任校对：李春燕
封面设计：荆棘设计
版式设计：侯 建

重庆出版集团
重庆出版社 出版

重庆市南岸区南滨路 162 号 1 幢 邮政编码：400061 http://www.cqph.com
重庆一诺印务有限公司印刷
重庆出版集团图书发行有限公司发行
E-MAIL:fxchu@cqph.com 邮购电话：023—61520646
全国新华书店经销

开本：720 mm×1000 mm 1/16 印张：20 字数：320 千
2022 年 3 月第 1 版 2022 年 3 月第 1 次印刷
ISBN 978-7-229-15868-2
定价：128.00 元

如有印装质量问题，请向本集团图书发行有限公司调换：023—61520678

版权所有　侵权必究

序
龙的东西之别和最终统一

龙，对我们中国人——"龙的传人"——来说当然毫不陌生，但此刻您手上的这本《龙：恐惧与权力》讲述的却不仅仅是我们熟悉的龙，也不单是世界上某国某地独有的龙，而是着眼于呈现人类文化所共有的这一奇特而复杂的文化符号。

毋庸置疑，龙的形象绝非东方所独有。只消看看我们现代人耳熟能详的奇幻作品，龙几乎一直就是终极怪物和至高的力量象征。那它的形象究竟是从何而来？西方式的喷火龙与东方尊贵的金龙的分野又在哪里？回答这些问题就是本书的价值所在。

马丁·阿诺德作为一位英语国家的著名科普作者（他的其他文化作品还包括维京人、雷神索尔等主题），首先以全书近一半的篇幅（第一章到第五章）浓墨重彩地讲述印欧语系的龙，也就是西方传统文化中的龙。印欧语系是目前世界上第一大语系，主要由于史前人类的迁徙而形成，不但包括了英语，且如今的欧洲人、印度人和美洲人所用语言几乎都属于这一语系，在这一大语系下的龙这个虚构形象具有着共性。

与东亚（尤其是中国）的龙"尊贵威严"的外貌形象不同，印欧语系的龙涵盖更宽广。大蛇是龙，九头蛇是龙，海蛇是龙，拉弥亚是龙，乃至有的三头犬也是龙。只要符合蛇形、爬虫类（两栖动物或爬行动物）、体型巨大、食人这几个概念里的一个或多个，就可能被称为龙，按时髦的话说叫"缝合怪"。而这种形象的龙几乎永远不会扮演正面角色，它们总是英雄的绊脚石，是恐怖和邪恶的象征，而我们在后文中即将看到，这种精神特质代表了东西方的完全对立。

从源流上看，印欧语系的神话可分为三支：一支是人类文明的最初发源地，中东"新月沃土"地区的神话，由此进一步诞生了犹太教、基督教和《圣经》；一支是新月沃土与欧洲交界地带的南欧及小亚细亚诞生的希腊神话；最后一支是欧洲本地土著，如日耳曼人、盎格鲁-萨克逊人、冰岛维京人等，包括更早更独立的凯尔特人的神话。这三支神话在公元纪元的最初几百年间被基督教所统一，合并为中世纪的教义与寓言，龙的邪恶形象来自这三个分支，最后也趋于固定，乃至成为撒旦的代表。整个过程与人类历史的进程完全吻合，充分说明了文化乃是社会的"上层建筑"。

在第六章里，作者转过来讲述东亚的龙，并稍带介绍印度的龙（他在文中虽然声称印欧语系的印度的龙对中国有很大影响，但并未说明具体有何种影响或如何产生），与西方的龙形成鲜明对比。龙在东亚虽然有时也被视为威胁，但更多的是代表希望。作者据此进一步认定，东亚的龙缺少"独立地位"，以致成为皇权的象征，或者说东亚的龙就是人的化身。

总之，龙大体分两种，以印度为分界线出现巨大差别。一东一西，一善一恶，一高贵一歹毒。这就是本文罗列无数事例后呈现的基本结论，也是全世界龙文化的脉络。

接下来的第七章到第八章，作者接续前五章的时间脉络，讲述西方龙的传统被基督教全面接管之后，在宗教时代——中世纪——出现的各种传奇和寓言对其形象的加工，这种加工延续到近代早期（文艺复兴时期），逐渐添加上阶级、反抗等内容。此后人类进入理性时代，龙在西方文坛上的地位大大下降，此后二三百年间处于低潮，一直到工业革命、也就是19世纪以后才慢慢回到舞台。哥特小说、浪漫主义及相关视觉作品的出现，最后催生出当代具有重要意义的文化分支——奇幻小说。

第九章到第十章属于我们耳熟能详的现代奇幻作品，作者以《魔戒》《霍比特人》为典型，附带介绍了"纳尼亚传奇""地海""龙骑士波恩""伊拉龙""哈利·波特""碟形世界"等著名作品中的龙，以及龙文化在电影、动画、角色扮演游戏各领域的辐射。

在最终的第十一章里，我们看到完美的"霸主"作品的出现，也就是当代影响力最大的奇幻小说《冰与火之歌》及其改编电视剧《权力的游戏》。作者认为马丁的龙"独一无二"，乃是融合了东西方传统而诞生的新形态的现代奇幻龙。龙的形象纵然在古代有流派之别，但在21世纪的虚构史诗作品中，在《冰与火之歌》里终于得到最终统一。

《人类简史》的作者、以色列人尤瓦尔·赫拉利有个著名论断，"人类

最重要的能力是讲故事的能力"。显而易见，龙作为故事中诞生的、完全脱离现实的虚构动物，它能在人类文化中留下如此深刻的印记，关于它的故事才是精髓之所在。本书在写作上对此有意作了倾斜，介绍基本发展脉络之外，较为克制地抒发理论，将大部分篇幅用来罗列和呈现不同文化中龙的故事，好像一个包罗万象的万花筒，丰富着读者的知识面，刺激着文化想象力。从这个意义上讲，本书对奇幻小说、大众文化乃至人类学爱好者来说，实在是一本不可多得的收藏。

是为序。

屈畅

目录

1 · 序
龙的东西之别和最终统一

1 · 引 言
龙的起源

1 · 第一章
希腊和罗马神话中的龙

33 · 第二章
《圣经》和圣徒生活中的龙

67 · 第三章
日耳曼龙（上）：古斯堪的纳维亚神话和古英国文学

89 · 第四章
日耳曼龙（下）：古老的萨迦

113 · 第五章
动物寓言集和凯尔特神话中的龙

131 · 第六章
亚洲龙

161 · 第七章
民间传说中反对贵族统治的龙

183 · 第八章
作为虚构和事实的欧洲龙：从中世纪传奇到育龙

213 · 第九章
古龙复活：J.R.R. 托尔金和 C.S. 刘易斯

231 · 第十章
野性的龙

253 · 第十一章
乔治·R.R. 马丁的龙与权力问题

271 · 结　论
龙和恐惧

致谢 /277
参考文献 /278
图片致谢 /305

引言
龙的起源

我们对龙的意义一无所知,就像我们对宇宙的意义一无所知一样,但是龙的形象中有一些东西符合人类的想象,这就是龙在不同的时期和不同的地方出现的原因。

——豪尔赫·路易斯·博尔赫斯

如果被问及龙是什么,大多数人会这样回答:它有四条腿和一对翅膀,身上有鳞甲,喜欢秘藏黄金,会喷火或喷射毒液(或两者皆有),会说话,聪明但残忍,喜欢吃那些常常衣着暴露的处女。很明显,这种对龙的概念认知,主要来源于托尔金的中土幻想小说以及圣乔治和龙的著名神话,但这两者结合所产生的描述绝不是龙的定义。

形形色色的龙是一种全球性的现象,这本身就是一个谜。这是怎么发生的?它不可能是文化接触的结果,至少不全是这样,显而易见的是,全球化是一种相对现代的现象。因此，举例来说，在美洲土著和中国神话中，龙被认为是神祇、怪兽或其他，都无法用任何文化接触来解释。当然，龙的概念可以被视为起源于对真实生物的恐惧，印度和埃及的鳄鱼以及印度尼西亚的科莫多巨蜥就是很好的例子。然而，这仍然不能完全解释为什么龙的神话出现在没有这种生物存在的地区。一个更有说服力的可能性是：恐龙一度在全球存在。

尽管我们现代智人祖先的存在和恐龙的存在之间相隔了6000多万年，但那些后来进化成人类的原始哺乳动物与恐龙是同时代的，这点是千真万确的。有鉴于此，宇宙学家卡尔·萨根认为，与恐龙和史前捕食动物相关的记忆总体上都是我们大脑中固有的[1]，尽管萨根坦率地承认他的理论是推测，但不能完全否定这个推测。简而言之，萨根正在研究的对象是可能被称为"生存意志"的东西，我们可以有把握地说，这是一个既定的事实。

然而，即使萨根的观点永远无法得到充分证明，但有一件事不可辩驳，那就是恐龙在全球的遗产——它们的骨骼。对于早期的先民来说，如此巨大生物骨头的发现需要给予解释。在精神上把它们改造成最可怕的生物，属于意料之中的事，全球巨龙以这种方式出现完全有可能。既然如此，不同地区的龙存在差异可以被看作是不同文化规约和价值观发展的结果，在日本成为一种文化标准的东西，在斯堪的纳维亚也如此是不现实的。

但也有可能我们真的不需要用恐龙来解释我们的龙神话。在人类生存的进化原则方面，大卫·E.琼斯遵循着与萨根类似的推理线路，他从人类学家的角度审视了我们的生存本能之后，提出了"猛禽、蛇、猫与灵长类捕食者复合体"的命题。有翼猛禽、毒蛇和尖爪猫合在一起就构成了动物世界中所有人类最害怕的东西，龙是它们的综合体现。虽然琼斯的想法总是引人入胜，也很有说服力，但他倾向于把所有的龙都看作是从这种范式中衍生出来的，这或许有点言过其实。琼斯认为，有两种明显的不同意见，一种认为不是所有的龙都能喷火，这一特征应该源自猫的呼气；另一种认为不是所有的龙都有猛禽的飞行能力。在人们形成的种种关于龙的想法中，蛇的因素必不可少，因为龙在人类头脑中的进化通常是从蛇开始的：蟒蛇是地球中心德尔菲的第一个守护者；亚洲眼镜蛇起源于眼镜王蛇；伊甸园大蛇继而成为地狱大红龙等等。

总的来说，龙的起源不能在每一个细节上都得到令人满意的解释，但是，毫无疑问，人类对食肉动物的恐惧是最重要的原因。可以解释的是，为什么在地理位置上相距遥远的不同文化中，龙与英雄之间的故事往往有着惊人的相似之处。为了理解这是如何形成的，我们需要追溯几千年前发生的那些事。可以说，这方面最引人注目的例子是：在凯尔特、希腊、罗马、早期日耳曼、波斯和印度神话中，这些故事在更庞大的神话结构中有着奇怪的相似之处。

自18世纪后期以来，语言学家们一直在思考某些词与词之间词源关系的重要性，这些词后来归入印欧语系；实际上，上文中提到的神话结构就是用这些语言表达的。因此，人们推测，这个印欧语系的族群一定有一个共同的起源，那就是一种原始印欧人，他们在青铜器时代从欧洲向东和向南迁移。他们的技术非常先进，最重要的是他们能够锻造金属武器和驾驭马匹，这些马匹被用来拉着他们的战车上战场，这意味着在青铜时代晚期，这些民族已经征服了从地中海到波斯再到印度次大陆的各个地区。随之而来的是他们的语言和信仰在整个印欧语系中都根深蒂固。[2]

这些人究竟是谁？还不能绝对确定，但是20世纪的一位考古学家——玛丽雅·金布塔斯（1921—1994年）提出了库尔干人假说，这个理论超越了早期德国学者提出的雅利安人假说，这个一度流行的假说后来被纳粹用作军事入侵的借口。金布塔斯的理论依据建立在对跨越印欧地区库尔干人古墓的挖掘上，这些古墓显然属于同一民族，其中最古老的墓是在高加索和西乌拉尔的黑海地区发现的。因此，人们认为原始印欧人起源于此。

专家分析已经确定了印欧语系神话系统在结构上的某些基本相似之处。这一理论的核心是所谓的三功能假说，这一理论最早是由法国语言学家乔治·杜梅齐（1898—1986年）提出的，根据他的分析，印欧神话反映了土著社会的等级制度。在杜梅齐提出的三种社会功能中，最高的一种是由统治者或君主来履行，他们既掌管祭司的职位，又掌管法律，而且常常被认为具有法力。这一功能对应神话中的最高神，例如印度的毗湿奴（或他的前任瓦鲁纳）、挪威的奥丁（早期日耳曼的沃登）和希腊的宙斯（罗马的朱庇特）。行使中间功能的是战士，他们在不同神话中都被具体化，例如，印度的因陀罗、北欧的托尔和希腊的赫拉克勒斯（罗马的大力神）。执行最低功能的是生育之神，他们常见的形象是一对被女神陪伴的双胞胎：同理，印度的生育之神演变为骑兵阿什文和女神萨拉瓦蒂，希腊的生育之神为卡斯特和波卢（罗马的双子座）以及他们的妹妹海伦，挪威的生育之神为弗蕾和他的孪生妹妹弗雷亚以及他们的父亲恩霍德。在早期的日耳曼人那里，与之对应的是纳尔土斯女神。

尽管正如一位评论家所说，"雷神和因陀罗之间的差别就如同冰岛和印度之间的差别一样大"，而且人们也可以轻而易举地指出米德加德蛇和阿普陀之间也是如此，而如此明显的相似之处不可能仅仅是巧合。事实上，这样类似的桥段随处可见，例如古希腊神话中宙斯与堤丰之战、赫梯神话中巴尔与雅汶之战以及不计其数的凯尔特神话和传说中英雄们（有时并不令人钦佩）在湖泊和峡谷中与龙的搏斗。

本书最关注的就是这个印欧语系的族群，因为我们现代关于龙的许多概念都源于此，既有原始神话，也有后来从中衍生出来的民间传说。我们也将密切关注最邪恶的那条龙，它在伊甸园中以蛇形出现，后来演变为世界末日中的撒旦龙，正如《新约全书》的《启示录》中所述。这条龙通常是异教的同义词，说的就是任何非基督教的信仰，因此被视为早期教会的主要敌人和基督教圣徒如圣乔治的主要消灭目标。

然而，尽管龙是一种全球现象，但不能说它对各色流行文化都产生了重大影响，因为很明显，在一些神话里，龙大部分状态下都是独来独往。著名的例子有：最初是玛雅人的羽蛇神，后进入阿兹台克神话；两个美洲土著巫师分别是以水蛇基奇亚特胡西斯和巨角蜗牛韦尔梅克的样子出现，他们在缅因州华盛顿县的博伊登湖打作一团；伊利诺伊州的食肉龙鸟皮亚萨；毛利人传说中被称为塔尼瓦的可怕生物以及来自澳大利亚土著神话的怪物布尼耶和原始的梦幻神——彩虹蛇。[3]虽然它们也引人入胜，但是由于本书的目的，它们不在讨论的范围之内。

最后还有一个问题，而且还不是个小问题——龙的起源。尽管在很大程度上，我们可以理解龙的概念是如何从人类的生存恐惧中产生的，而随后这种恐惧由于迁徙和更平稳的跨文化接触而发展；而难以理解的是龙在人类灵魂深处的重要性。结构人类学的理论为解决这个问题提供了一种方法，最著名的是克劳德·列维－斯特劳斯（1908—2009年）的著作《生与熟》。

列维－斯特劳斯结构主义方法的基础是，人类的思维可以理解为由两种对立的力量——文化和自然组成。文化是一个受控的空间，人类在其中确立自己相对安全的地位，繁衍后代，与邻居合作，建造和保卫自己的家园，并培育最有助于长寿的食物。因此，文化是人类决心在尽可能好的环境下生存的产物。大自然却与之相反，在自然界，一切因素都无法控制。

无论文化的根基有多深，当自然以其最暴力的形式被释放出来时，它可以将人类珍视的一切都化为灰烬和瓦砾，就像亚洲神话中的情况一样，导致干旱、饥荒和洪水。简而言之，文化与自然的对立是生与死之间的对立，不难看出，龙正是以其凶猛的形态被理解为自然的化身。因此，在日耳曼人、凯尔特人和基督教早期的神话中，屠龙者作为文化的化身，可以理解为人类为抗击自然无可比拟的沧桑而付出的最大努力，而在亚洲，人们必须安抚和崇拜龙，并努力确保它不会使用它的力量来制造浩劫。

这一点简单明了，但问题是人类既是文化又是自然，这是生命的悖论之一，也许是最大的悖论：一方面，人类的生存依赖于合作和集体利己；另一方面，人类未被驯服，充满了反社会的冲动，需要加以克制，否则，混乱就会接踵而至。不仅如此，无论人的生存意志多么强烈，死亡永远不可避免。从这个意义上说，无论是屠龙还是崇拜龙，龙性贯穿我们所有人，在我们整个生命中，文化或自然的戏码或多或少地在人类心理中上演。如果我们认为这一切都合乎情理，那么龙的概念不仅是我们对自然力量恐惧的投射，也是我们对自己最深的恐惧的投射。龙既是对我们厄运的恐惧，也是对我们在促成厄运中扮演的角色的恐惧。

| 注释 |

[1] 卡尔·萨根：《伊甸园之龙：关于人类智力进化的思考》，萨根基于科学的论点让人想起心理学家卡尔·荣格，他在 1916 年的论文《无意识的结构》中首次提出了"集体无意识"的概念。

[2] 关于这一点的更全面的讨论集中在北欧雷神索尔身上。

[3] 彩虹蛇、蛇或怪兽的概念存在于许多文化中，例如在非洲的刚果地区、尼日利亚以及海地、美拉尼西亚、波利尼西亚和巴布亚新几内亚。并非所有情况下，它都是仁慈的，包括在一些澳大利亚土著神话中。

第一章

希腊和罗马神话中的龙

公元前 3 世纪中叶，罗马和迦太基之间的第一次布匿战争（公元前 264—前 241 年）进行了大约 10 年的时候，马尔库斯·阿蒂利乌斯·雷古鲁斯将军和他的罗马军团越过地中海到达北非。在向迦太基发起进攻不到两百公里的地方，他们到达了巴格拉达河。在那里他们遇到了一条从泥泞的芦苇床上冒出来的巨龙，雷古鲁斯发现没有任何可以立即击退它的方法，只好命令手下另寻他路。

于是他们往上游走，可龙不见了，士兵们开始涉水过河，但是在他们到达对岸之前，周围的河水突然开始剧烈地翻腾。巨大的龙头浮出水面，咬住了一个士兵，把他拖到水下，之后，同样的厄运又落到其他士兵身上，那些用长矛攻击它的士兵被压在了它盘绕的尾巴下面。雷古鲁斯及时地命令士兵用大型投石机和弩车攻击它，在向它投掷大量的大石块后，龙最终被打死，但是，龙身体上流出来的毒液使他们无法在此处过河。

这个故事在许多罗马文献中有不同的版本，可它如今显然已经被认为是历史的真相了，因为关于它的原始记述早已失传，据说，最开始是由雷古鲁斯本人记载在一份官方军事公报中。此外，广为传诵的是，这条龙的鳞长约

哈德良神庙墙壁上的天龙像，2 世纪

36米，在接下来的100年里，龙的鳞一直陈列在罗马的国会山上。如果一切属实，那么这到底是一种什么样的生物呢？这完全是个谜。[1]

在早期的罗马文献中，巴格拉达河的巨龙并不是唯一被记载的真实存在的龙[2]，这一点让人联想到，从2世纪到5世纪罗马帝国灭亡这段时期，罗马骑兵显然认为龙的力量值得崇拜，因此，一条银颔巨龙和它那被风吹得鼓鼓的、五彩缤纷的丝制身躯被装饰在龙骑兵团的长矛上，这种长矛在战斗前和骑兵游戏——"嬉皮体操"的竞技场上都高高飘扬。[3]

罗马神话的信仰当然源于古希腊人，在公元前4世纪，神话与历史之间的界限如此模糊以至于柏拉图警告父母们，他们不应让自己的孩子接触古代历史学家和神话学家讲述的故事，因为他们"不仅说谎，而且是邪恶的谎言"。然而，显而易见的是，柏拉图的警告并没有阻止希腊诸神和诸如赫拉克勒斯等英雄的故事成为古典世界的一个文化标志。

◇ 希腊神话的本质

早期希腊神话来源众多，包括从公元前8世纪到公元后几个世纪的罗马诗人和历史学家的创作和改写，跨越了大约1000年。鉴于神话的演变复杂，人物和事件的细节和意义来源广泛，从广义上讲，神话可以分为4个重叠的阶段：第一阶段，起源神话（也称为神权）；第二阶段，讲述神与人之间的互动故事；第三阶段，英雄时代，故事更多地关注人而不是神的行为；第四阶段，特洛伊战争[4]及其后果。

希腊神话的本质可以从它的起源来理解，即所有的事物——人类、动物、植物和其他自然现象——都有一个精神本质。由此发展出来的是那些争夺控制权的高级生物的概念，这就产生了一个从神话角度来解释为什么凡人的生命是如此不稳定的问题。这种演变很可能是社会发展必须吸收不同思想而产生的结果，它不可避免地会涉及邻国人或者与邻国交战的内容。希腊神话最引人注目的一个方面是，它没有万物终结的理论，也没有末世论。基督教信仰的中心信条是世界末日或审判日的到来，而希腊神话则不同，它专注于文明的发展和如何逐步克服社会进步的障碍。因此，在希腊神话的演变阶段，龙这样的怪物越来越不显眼，直到荷马的特洛伊战争的"历史"时期，人类的英雄和诸神的干预才占主导地位，不再靠面目狰狞来吸引人的眼球。

为了考察希腊神话中最值得注意的龙故事，本章将主要借鉴两位神话学家的作品，他们分别来自编年史的上下两端：赫西俄德（公元前750—前650年）的《神谱》《工作与时日》和阿波罗多罗斯（2世纪）的《书库》。这些文献和其他神话故事可以被视为警示性的故事，换句话说，就是建议凡人在一个通常由冷漠无情的神主宰的危险世界里，如何最佳地为人处世。

希腊神话早期阶段的主要特征是关注那些能力和外表都超凡的生物，无论是凡人还是神。由于众神像怪物一样具有破坏性，自私自利并且在道德上有缺陷，我们不可能将众神和怪兽的"差异性"按照善与恶的对立来分类；相反，希腊诸神的行为更多地反映了社会的复杂性、个人主义的竞争性和人类世界的生存斗争，所以，力量永远是用来战胜对手并获取利益的最佳选择。

然而，即使是胜利也不一定总是能带来好处，因为胜利之后有时会产生暴君，从而造成社会压迫。怪兽往往可以被看作是这些社会和政治消极因素的缩影，在人的眼中，神也如此。神和怪兽的起源、随后的泰坦之战以及泰坦神和奥林匹亚众神之间的代际恋母情结式冲突，揭示了神和怪兽的某些本质。

◇ 起源：泰坦和奥林匹亚众神

大地之神被称为女神盖亚，起源于混沌——一个既没有时间也没有物质存在的巨大空间。乌拉诺斯（天神）是大地女神盖亚通过单性繁殖所生，盖亚与乌拉诺斯又进行两性繁殖，他们生了十二个泰坦神和两个巨人族：三个独眼怪兽，还有三个百臂巨人——每人五十个头，一百条手臂。乌拉诺斯害怕这些生物的力量，于是把它们扔进了地狱的深渊，由母龙坎普[5]看押。但是盖亚对乌拉诺斯的所作所为非常不满，游说他们最聪明、最无情的儿子——带着镰刀的克洛诺斯（或许象征着黎明）——阉割了他的父亲。[6]

克洛诺斯担心，将来他的孩子们也会这样对待他，所以他觉得有必要在他们出生的那一刻就把他们吃掉。他的妻子瑞亚对此当然深恶痛绝。为了把她最后一个儿子从这种命运中拯救出来，瑞亚用襁褓包裹了一块石头，并诱使克洛诺斯吞下它。这个被她拯救并秘密在克里特岛上抚养的孩子就是宙斯。宙斯长大成人后，隐姓埋名，有一次去看望他的母亲，并给他父亲喂食催吐剂，结果他吐出了以前吃掉的所有孩子。宙斯和他获救的兄弟姐妹一同向克洛诺斯和其他泰坦神宣战。宙斯释放了独眼怪兽和百臂巨人，并在他们的帮助下，打败了泰坦家族，并把他们扔进地狱接受惩罚，而克洛诺斯一直担心的事情发生了——他被宙斯阉割了。

正是通过这种方式，以宙斯为首的奥林匹亚诸神取代了泰坦。然而，原始神和泰坦的后代仍然存在，它们大多以怪兽的形式存在，宙斯的任务是消灭它们。这些后代中有许多是龙，既有雄性，又有雌性，都是蛇形的，通常以海怪的样子或爬行动物的样子存在。

虽然泰坦和他们的后代通常被视为奥林匹亚的敌人，但其中有一个特别机智的泰坦，即普罗米修斯（意为"先见之明"）。起初，普罗米修斯既不是奥林匹亚的敌人，也不是人类的敌人。普罗米修斯预见到了泰坦的覆灭，他选择不向奥林匹亚挑战，因此逃脱了惩罚。普罗米修斯代表了创造和狡黠，他在克洛诺斯时代用黏土塑造了人类，并从此成为人类的保护神。这是人类有办法过上健康舒适生活的开端，更重要的是，他给人类带来了火种，但是宙斯剥夺了人类这一基本的生存需求，他反对普罗米修斯的创造，因为普罗米修斯欺骗了他，让他允许人类减少给他的供奉。不过，普罗米修斯始终为自己的创造感到骄傲,为保护自己的创造,他为人类偷回火种,宙斯为此惩罚他,把他钉在一块石柱上,每天让老鹰把他的肝脏(据信是情感的所在)啄出来,夜晚又让肝脏重新长出来。

纵然如此,宙斯仍然不解恨,他让铁匠赫菲斯托斯创造了有史以来最美丽的女人——潘多拉(意为"一切馈赠"),宙斯的意图是让她给人类带来永远的苦难。赫西俄德说:"女性都是她的后裔,她们有作为凡人的痛苦,因为她们要与丈夫同住——不是为合适的伴侣,而是为对付该死的贫穷,只为带来足够的痛苦。"在众神给潘多拉的礼物中,小偷的保护神赫尔墨斯送上"虚假的谎言、狡猾的伪装和邪恶的天性,让宙斯的设计如虎添翼"。

潘多拉随后被送给普罗米修斯有点愚笨的兄弟厄庇墨透斯(意为"后知后觉"),尽管普罗米修斯警告过他永远不要接受宙斯的礼物,"以免人类遭受苦难",但是由于畏惧宙斯会发火,厄庇墨透斯还是接受了潘多拉。当潘多拉得知普罗米修斯指示厄庇墨透斯永远不要打开盖子时,她的"奸诈的头脑和邪恶的本性"暴露无遗,她偏偏要打开,从此苦难就一直困扰着人类。就这样,宙斯向普罗米修斯和受他保护的人类成功复仇,如赫西俄德所说,"唯一留在罐子里的是希望"[7]。

普罗米修斯在希腊神话中是最具讽刺意味的角色,他作为人类的保护神

乔治·瓦萨里,《克洛诺斯对乌拉诺斯的迫害》,1560 年

和奥林匹亚的"骗子",最终要为把人类带入与神的冲突中负责,其后果是人类遭受永远的苦难。普罗米修斯出身泰坦,曾经被奥林匹亚诸神视为和其他泰坦怪兽一样危险。这不仅让他受到惩罚,也促使他创造了人类。至于潘多拉,她为我们在整个神话体系中厌恶女性设定了一个标准和提供了一个正当理由。

海因里希·弗里德里希·弗格尔,《普罗米修斯带来火焰》,1817 年

所以,在人类与诸神的关系中,存在着大量的矛盾之处,其中一些对人类有利,而另一些则不然,这往往取决于被主宰的凡人是否对神足够顺从,特别是他们不知不觉就沦为奥林匹亚世界的棋子。怪兽对于人类的存在毫无益处,因此,无论是宙斯还是人类都要消灭它们,特别是泰坦怪兽,它们简直是宙斯的眼中钉。

◇ 厄喀德那和堤丰

厄喀德那和堤丰被称为"怪兽父母",他们产下大量的怪兽,多为蛇形,赫西俄德对厄喀德那的描述提到了她具有蛇的特征：

> 凶残的厄喀德那，她既不像会死的人类，也不似不死的神灵，半是自然神女——目光炯炯，脸蛋漂亮，半是蟒蛇——庞大可怕，皮肤上斑斑点点，住在神圣大地的隐蔽之处……她是不朽的仙女，永葆青春。

阿波罗多罗斯笔下的堤丰也有蛇形：

> 他半人半兽，体形和力量都超过了盖亚的其他孩子。上半身一直到大腿，他都是人形……在他的大腿下面，有一大圈的毒蛇。当它们完全伸展时，就会一直延伸到他的头部，并发出剧烈的嘶嘶声。他全身上下都长着翅膀，肮脏的头发从头上和脸颊上冒出来，在风中飘荡，他的眼睛里射出火焰。[8]

对于厄喀德那和她的后代，宙斯乐于用他们来考验未来的英雄，经受考验的英雄中最著名的是赫拉克勒斯；而对破坏力强，能引发台风、海啸和火山的堤丰，宙斯则亲自出手对付他，尤其是当堤丰剑指奥林匹亚时。第一次对战，宙斯向堤丰投掷了雷电，但雷电挡不住堤丰，于是，宙斯又用一把坚不可摧的镰刀砍中了他，迫使他逃离。宙斯追赶受了重伤的堤丰，双方展开了肉搏战。堤丰夺过镰刀，砍断了宙斯手、足上的肌腱。随后，失去神力的宙斯被带过大海，放在一个山洞里，半人半蛇的德尔菲恩留在那里看守他。[9] 直到两名奥林匹亚神偷偷潜入山洞，把宙斯的肌腱重新接回，宙斯才得以逃脱。

恢复神力的宙斯驾着战车从天而降，发动第二次雷电攻击，迫使堤丰躲到山上避难。正是在这里，命运帮了宙斯一把，宙斯诱使堤丰吃下了能使食用者变得虚弱的果子，那很可能是含酒精的水果。[10]尽管如此，堤丰依然能接连抓起整座山砸向宙斯。宙斯用雷电将山全部挡住，并使堤丰的伤势加重，当堤丰再次逃跑时，宙斯举起西西里岛的埃特纳火山狠狠砸向堤丰。堤丰就一直被压在这个火山之下，直到今天，这个火山偶尔还会喷出熔岩。

泰坦诸神及后续故事说明，在各方势力争夺统治权的斗争中，社会的发展动荡不安，至于蛇女厄喀德那和诡计多端的潘多拉，显然象征了男性对女性力量持续威胁父权制的恐惧。[11]与这种明显的威胁相反的是，年轻女性没有任何力量，通常的情形是，她的父亲让她被迫遭受猛龙的威胁，然后她被一个英雄救下，按照之前的约定，她将嫁给英雄。

对任何想成为英雄的人来说，缔结一段美好的、攀高枝的婚姻都是一种优势，但支撑这些桥段的不是任性、强势的男性，而是那些本质上还是处女、牺牲自我的女性的无助感。实际上，龙是英雄的情敌，其蛇形的外表暗示着男性的统治地位，龙和英雄的主要区别在于他们作为求婚者是否得到了女方父亲的同意，当然，龙永远也得不到同意。这种所谓的"包办婚姻"是一种考验，随之而来的是一种奖励：只要英雄按照父亲的要求救出女儿，然后她就会脱离父亲的统治，接受未来丈夫的权威。这类故事中最著名和最有影响力的是珀尔修斯和安德洛墨达的故事。

◇ 珀尔修斯和安德洛墨达

珀尔修斯是阿尔戈斯国王阿克里西奥斯的孙子，他是宙斯和国王的女儿达那厄所生。阿克里西奥斯一直苦于无法生育出男性继承人，当他向神谕寻求建议时，他被告知达那厄不久将生下一个儿子，这孩子将来要杀死他。为了避免这一厄运，阿克里西奥斯将仍然童贞的达那厄囚禁在一个地下的青铜密室里。[12]但这无法阻止好色的宙斯，他把自己变成了一场金雨，从室顶倾泻到达那厄的腿上，使她怀孕。当阿克里西奥斯得知达那厄生了一个儿子时，他不相信这是她与宙斯生的，于是把达那厄和孩子装在一个木箱里，扔到了大海。幸运的是，他们在塞里福斯岛附近被渔夫狄克堤斯搭救。在珀尔修斯长大成人之前，他一直扮演着父亲的角色。

珀尔修斯的母亲受到了波里德克特斯的追求。他是狄克堤斯的哥哥，岛上的国王，一个偏执的暴君。他认为珀尔修斯阻碍了他的求爱，便设计让珀尔修斯答应把美杜莎的头颅取来献给他。美杜莎是戈耳工三女妖中最可怕的一个，一切正视她的人都会变成石头，连她的头发都是一群蠕动的蛇。珀尔修斯在女神雅典娜和赫尔墨斯的帮助下，收集到了完成任务所需的装备：一个皮质魔法口袋（里面可以放美杜莎的头）、宙斯的镰刀、一面镜子般明亮

保罗·委罗内塞，《珀尔修斯和安德洛墨达》，1578 年

的盾牌、一顶隐形帽和赫尔墨斯的带翼凉鞋。珀尔修斯到达了三女妖睡觉的洞穴,通过他盾牌上美杜莎的倒影,设法将她斩首,并把她的首级装在皮口袋里。尽管另外两个女妖在后面追赶他,他还是安然无恙地逃走了。

就在珀尔修斯穿越埃塞俄比亚的归途中,他遇到了美丽的少女安德洛墨达,她被当做海龙的祭品捆绑着。她落入如此困境是因为她的母亲夸口说自己的女儿比海中女仙还要漂亮。面对如此侮辱,奥林匹亚的海神波塞冬代表海中女仙进行报复,他在安德洛墨达父亲克甫斯的国土上引发洪水,并派一条龙来肆虐。神谕告诉克甫斯只有将安德洛墨达献祭,才能平息波塞冬的愤怒。对安德洛墨达一见钟情的珀尔修斯告诉克甫斯,他要杀死怪物,而作为回报,他要迎娶安德洛墨达。一切都商定下来后,他守在安德洛墨达身旁等待怪物的到来。

怪物很快出现在海上,直向他们冲来。珀尔修斯,仍然穿着他的有翼凉鞋,腾空而起,手里握着宝剑俯冲下来,给了怪物有力一击。它怒不可遏,额骨啪啪作响,珀尔修斯又将宝剑刺向它的背部和肋骨。当怪物的血液浸透了他的翅膀时,珀尔修斯感到了一丝不安,他改变战术,靠在一个突出于海面的大岩石上。当怪物再次发动进攻时,他反复将宝剑插进怪物的侧翼,最终杀死了它。[13]安德洛墨达获救,大家都很高兴,但是安德洛墨达之前的追求者及其支持者们不高兴,他们密谋除掉珀尔修斯。珀尔修斯识破了他们的阴谋,只让他们瞥了一眼美杜莎的头,他们立刻变成了石头。

回到塞里福斯岛后,珀尔修斯发现为了躲避波里德克特斯施暴,他的母亲逃到了圣坛。珀尔修斯走到国王和他的随从们面前,露出了美杜莎的头,把他们也变成了石头。珀尔修斯的养父狄克堤斯继承了他邪恶哥哥的王位,而珀尔修斯与安德洛墨达的婚姻之路已经没有障碍了。珀尔修斯把借来的魔法武器物归原主,把美杜莎的首级献给了雅典娜。[14]珀尔修斯和安德洛墨达成为了王国的统治者,但统治的是梯林斯而不是阿尔戈斯。珀尔修斯在一次体育比赛中掷铁饼失手杀死了自己的祖父后,他觉得必须交换王权。当初那个迫使他们母子陷入危险流放的预言就这样实现了。

神话叙述到目前为止可以明显看出，龙和怪物通常可以分为两种不同的类型：维护泰坦旧秩序的龙和为奥林匹亚效力的龙。然而，这种区别并不像最初看起来那么明显。我们现在来讨论赫拉克勒斯的情况，有些龙他必须对抗，虽然它们出身泰坦却效力于它们的终生仇敌宙斯的妻子赫拉。[15]这一点贯穿于整个神话，奥林匹亚的众神和女神们不受旧敌或者忠诚羁绊，只要能达成政治或者个人目标，他们什么都可以利用。对神和人来说一样，冷酷无情不仅被视为一种基本特征，而且被视为一种美德。

◇ 赫拉克勒斯的生活和任务

底比斯勇士赫拉克勒斯，被罗马人称为大力神，无疑是英雄时代最伟大的人物。由于赫拉克勒斯一生的决定性特征是杀死怪物，所以除了他取得的巨大成就以及他的失败，人们无法完全理解他与龙的多次遭遇。赫拉克勒斯的诞生牵扯到了多个方面，这就注定他将来要被迫完成12项任务，而他的母亲阿尔克墨涅是在等待征战的未婚夫安菲特律翁时受到神力怀孕的，重要的是，安菲特律翁和阿尔克墨涅都是珀尔修斯不同分支的孙辈。

阿尔克墨涅曾敦促安菲特律翁为她8个被海盗杀害的兄弟报仇，只有这样，她才会同意与他同床。安菲特律翁组建了一支军队，并且成功地复仇。在他还有一天就要到家圆房的时候，宙斯计上心头，他意识到这是阿尔克墨涅独自度过的最后一个夜晚，他一直在寻找一个合适的凡间女子，好让他的家族永垂不朽。宙斯抓住了这个机会，设法推迟了安菲特律翁的归期，然后扮成了安菲特律翁的样子。宙斯乔装打扮后，直接去找阿尔克墨涅，告诉她他已经完成了复仇的任务。于是，阿尔克墨涅信守诺言，把他请到自己的床上。这个夜晚比平时的夜长3倍，因为日月被操纵，宙斯的仆人让整个人类进入沉睡。当安菲特律翁本人回来时，至少可以说，阿尔克墨涅惊讶地发现自己又一次和丈夫在一起了，丈夫也同样惊讶于妻子的疲惫和缺乏激情。后来，当安菲特律翁得知宙斯的所作所为后，他再也没有和阿尔克墨涅同房，因为他害怕激起神的愤怒。

然而，宙斯终究要为不忠付出代价。9个月后，他的女儿用计让他当着赫拉的面吹嘘了对阿尔克墨涅的诱奸。他更宣称由于孩子出生得很特别，孩子将成为高贵的珀尔修斯家族的国王。他还有点不明智地补充说，这个孩子将取名赫拉克勒斯，意为"赫拉的荣耀"。如此羞辱让赫拉勃然大怒，她逼迫宙斯发誓，只有第一个在天黑前出生的珀尔修斯血统的男孩，才能继承珀尔修斯的王国。赫拉非常清楚，还有另一个珀尔修斯血统的男孩也即将出生，她决心不让丈夫的私生子先出生。

赫拉快速来到怀孕的王后尼西佩的床头，成功让她提前宫缩，后者的丈夫有珀尔修斯血统；然后，她走过去，盘腿坐在阿尔克墨涅的卧房门口，把衣服打成结，手指缠绕在一起，这样就挡住了阿尔克墨涅的子宫。[16]由于赫拉的阴谋，尼西佩王后在阿尔克墨涅生下赫拉克勒斯前一个小时生下了欧律斯透斯。让人意外的是，阿尔克墨涅在生下了赫拉克勒斯的第二天又生下了伊菲克勒斯，他是赫拉克勒斯同母异父的弟弟，系安菲特律翁之子。[17]欧律斯透斯和赫拉克勒斯之间的争斗注定将持续终生，赫拉对赫拉克勒斯的敌意也是如此。

尽管赫拉设法剥夺了赫拉克勒斯的长子继承权，但鉴于他既是珀尔修斯的曾孙又是他同父异母的兄弟，同时还是宙斯之子，他几乎拥有超自然的天赋，特别是在力量和体格方面。这也揭示了宙斯故意选择让阿尔克墨涅怀孕，是为了让他们的孩子成为神和人类的保护者，有对抗旧秩序中邪恶生灵的用意。尽管赫拉会使出浑身解数对付赫拉克勒斯，但这并不意味着宙斯给儿子制定的计划无法实现，只不过道路不会那么一帆风顺。

赫拉克勒斯出生后，阿尔克墨涅做的第一件事是试图安抚赫拉。她将孩子遗弃在底比斯城墙外，没有提供任何保护和食物。宙斯再次出面干涉，说服他的女儿雅典娜带赫拉去赫拉克勒斯被遗弃等死的地点散步。[18] 婴儿的体型和危险的处境让雅典娜感到震惊,她告诉了赫拉,赫拉有能力抚养这个孩子,因为她有母乳。起初,赫拉并不知道婴儿的身份,她把赫拉克勒斯搂在怀里。他吮吸乳汁时用力太大,一股乳汁喷向天空,形成了银河系。感到疼痛的赫拉把赫拉克勒斯丢在一边,她意识到了孩子的真实身份,宙斯是他的父亲,而她自己当了乳娘,无论时间多么短暂,她都让他得到了不死之身。正如宙斯所预言的那样,赫拉的荣耀将被尊崇。当赫拉愤怒地反思所发生的一切时,雅典娜把孩子还给了阿尔克墨涅,并叮嘱她要好好照顾他。

尽管赫拉给赫拉克勒斯带来永生,但她仍然决心要毁灭他,然而她的愤怒举动带来的结果大多与她最初的意图背道而驰。有一次,当赫拉克勒斯还在襁褓中的时候,赫拉把两条喷火的、滴着毒液的龙(蛇)送进了他和他双胞胎弟弟的卧室。赫拉克勒斯的弟弟尖叫起来,被惊醒的安菲特律翁冲了进去,却发现无所畏惧的赫拉克勒斯双手各握着一条龙(蛇),扼死了它们。为了让孩子们不再受到这种威胁,安菲特律翁和阿尔克墨涅按照古老的仪式焚烧龙(蛇),熏蒸他们的家园,并向宙斯献祭了一头野猪。

随着赫拉克勒斯在养父的养牛场长大,他学会了各种武功,并修炼到了前所未有的高度,还学会了各种知识,身体也强健无比。他曾遭受过极端暴力,他也多

丁托列托,《银河的起源》,1575 年

次给予那些愚蠢到攻击他的人致命的惩罚。随着身材和雄心的增长,赫拉克勒斯战胜了一只从邻居家偷牛的狮子。他用棍子将这头可怕的狮子打死之后,剥下狮皮做斗篷,用它张着大嘴的头做成他标志性的头盔。[19]随着赫拉克勒斯杀的怪物越来越多,他也因手持刻有龙图案的盾牌而出名。

赫拉克勒斯年轻时参加了战争,并多次以残酷的方式击败了底比斯的敌人及其帮凶,他的名声如日中天。在赫拉克勒斯的一次战斗中,这位养子受到的魔咒也波及了安菲特律翁,导致他重伤而亡,这愈发增加了赫拉克勒斯要消灭家族敌人的决心。金钱和性方面的回报接踵而至,在一次特别的胜利后,一位心怀感激的国王向赫拉克勒斯献上50个未出阁的女儿,所有的女儿都给他生了孩子;而在另一次胜利后,底比斯国王克瑞翁把女儿迈加拉公主嫁给了他,她为他生下了3个孩子。

不出所料,对赫拉克勒斯能力超群、屡创奇迹的事,赫拉不以为然。对于他的声名鹊起,她的反应是给他下咒,让赫拉克勒斯在疯癫中杀死了自己的6个儿子和3个侄子。[20]赫拉克勒斯对自己的谋杀行径感到绝望,自我放逐了一段时间后,德尔菲的神谕建议赫拉克勒斯接受他的宿敌欧律斯透斯12年的奴役。如赫拉希望的那样,欧律斯透斯现在是梯林斯的国王,掌管着珀尔修斯家族的皇室财富。尽管赫拉克勒斯不情愿为一个他认为比自己低劣的人服务,他还是遵从了神谕,因为他知道这将是一种合理的忏悔,也是他恢复不朽名声的唯一途径。

正是通过这一系列事件,赫拉克勒斯完成了他的任务,在其中的3个任务中他战胜了龙,1个任务中他生擒了龙。明显具有讽刺意味的是,赫拉为成功地羞辱和毁灭赫拉克勒斯所做的一切,与宙斯对儿子的初衷不谋而合,正是儿子被强迫干的活让奥林匹亚彻底摆脱了许多古老的怪物。然而,最初欧律斯透斯要赫拉克勒斯完成10项任务,但最终,他被迫完成了12项任务,因为对赫拉克勒斯未独立完成的任务,欧律斯透斯有权不算并不给奖赏。

赫拉克勒斯的第二项任务：九头蛇海德拉

海德拉作为堤丰与厄喀德那的后代，是最可怕的龙（蛇）之一。这个巨大的怪物长了九个有毒的蛇头，据说其中有一个头永远死不了。[21] 九头蛇已经在伯罗奔尼撒东部海岸附近的勒纳沼泽修炼成精，它在那里长期吞食牛，恐吓民众。它对赫拉克勒斯怀恨在心，因为赫拉一直训练九头蛇对付赫拉克勒斯。

在欧律斯透斯的指示下，赫拉克勒斯乘坐由他侄子伊俄拉俄斯驾驶的战车前往沼泽。在一向乐于助人的雅典娜的指引下，他们很快就在周围的山泉旁找到了九头蛇的巢穴。赫拉克勒斯小心地保护自己，以免被九头蛇致命的毒液伤害。他向九头蛇的巢穴射出带火的箭，迫使九头蛇进入空旷的地方。九头蛇出现了，赫拉克勒斯紧紧抓住它，但是很快他就处于下风了，因为他的一条腿被蛇身缠住，他毫不畏惧，用大棒砍杀蛇头，但是没有用，砍了一个头又冒出来两个头；雪上加霜的是，一个巨大的螃蟹从九头蛇的巢穴中钻了出来，咬住了他的一只脚。

赫拉克勒斯一边把螃蟹踩死，一边吩咐侄子伊俄拉俄斯赶紧去把附近的树林点着，用燃烧的树枝来烧焦蛇的脖子，以防新的头再生。这招果然见效，赫拉克勒斯终于把9个蛇头全部砍了下来，并把那个还在嘶嘶作响的不死蛇头（部分是黄金）埋了起来，再搬来一块巨石压在了上面。接着，他切开蛇的身体，剖开它的内脏，把箭镞刺进它的胆汁，从此谁中了赫拉克勒斯的箭都必死无疑。尽管这项任务已经完成，欧律斯透斯却说不算，因为赫拉克勒斯曾被迫向伊俄拉俄斯求助。[22] 更加糟糕的是，尽管九头蛇的生命已经结束，但它的死亡仍留下了巨大的阴影，多年后，这给赫拉克勒斯带来了可怕的后果。

赫拉克勒斯的第十项任务：革律翁

在第十项任务里，赫拉克勒斯必须远行到地中海西部的岛屿埃里忒亚，美杜莎的孙子、恐怖勇士革律翁在这里放牧美丽的红牛。在有关这个神话的各种文献里,革律翁的样貌被描写得五花八门,但综合起来就是,他有3个头,腰部以下有3个身体,鳞片闪闪,尾巴和翅膀的尖刺锋利。除了仆人兼牧人的欧律提翁,革律翁身边还有双头犬奥特休斯,是厄喀德那和堤丰的后代。

赫拉克勒斯的任务是把革律翁的牛群带给欧律斯透斯。穿越阳光炙烤的沙漠是一段艰难而危险的旅程,旅途中,酷热难忍的赫拉克勒斯举起弓箭,想把太阳神赫利俄斯射下来。让他惊喜的是,由于他的胆大妄为,太阳神奖赏了他一只神奇的金杯,赫拉克勒斯用金杯作舟漂洋过海。一到埃里忒亚,赫拉克勒斯就遭到奥特休斯的攻击。赫拉克勒斯将其棒杀,随即他遭到了欧律提翁的攻击,又棒杀之。他把牛群拢在一起,当他试图赶牛时,被全副武装的革律翁挡住了去路。至此,赫拉克勒斯射出了一支箭,这支箭头是他在九头蛇的胆汁中浸过的。箭射中革律翁的一个额头,他当场毙命。

返程并不比来时轻松,主要还是由于赫拉的干预,她派出牛虻来吓唬牛群,牛群被驱散了。赫拉克勒斯花了一年的时间才找回大部分牛,而一些牛已经成了野牛,回不来了。赫拉对此依然不满意,她又引发了洪水,迫使赫拉克勒斯和牛群在完成旅程之前一直与大河搏斗。这一次,欧律斯透斯对赫拉克勒斯的努力感到满意,他立即将牛群献给了赫拉,这无疑令赫拉克勒斯感到沮丧。[23]

赫拉克勒斯的第十一项任务:拉冬

宙斯和赫拉结婚时,赫拉从盖亚那里得到了一棵金苹果树。她非常喜爱,把树种在了她钟爱的北非阿特拉斯山上的赫斯帕里得斯花园里。3个仙女看守苹果树,但赫拉怀疑仙女们偷了苹果,她让巨龙拉冬盘在果园的苹果树上监视她们。拉冬拥有很多头,能发出很多种声音,从不睡觉。赫拉克勒斯需要完成的第十一项任务就是要亲自带一些苹果给欧律斯透斯。考虑到苹果的

奥罗·安东尼·波拉约奥洛,《赫拉克勒斯与九头蛇》,1495年

卢卡斯·克拉纳赫(1472—1553年),《赫拉克勒斯和九头蛇海德拉》(来自《赫拉克勒斯的任务》)

神圣性、赫拉的所有权和拉冬的存在,这是所有任务中最具有挑战性的,尤其是,这条龙还是厄喀德那和堤丰的后代。

赫拉克勒斯不知道阿特拉斯山的确切位置。他穿越利比亚、埃及和阿拉伯地区搜寻,在每个地方,他都被迫与好战的统治者单挑,并将他们全部杀死。赫拉克勒斯最终向西,到达赫西俄德称之为"地极"的阿特拉斯山,但仍然不知道金苹果的确切位置。[24] 为了找到金苹果,赫拉克勒斯找到海神涅柔斯,他将海神牢牢抓住,逼迫他吐露出花园的秘密入口。显然,为了安抚赫拉克勒斯,涅柔斯警告他千万不要自己摘苹果。[25] 赫拉克勒斯朝花园走去,遇到了名誉扫地的泰坦神阿特拉斯,阿特拉斯因挑战宙斯的权威而受到的惩罚是——肩负天空。[26]

赫拉克勒斯向阿特拉斯提出做一笔交易:如果阿特拉斯为他去取金苹果,他将在这段

第一章 希腊和罗马神话中的龙

洛尔德·弗雷德里克·莱顿,《赫斯帕里得斯花园》,1892 年

时间承担肩负天空的重担。尽管阿特拉斯迫切想休息一下,但他惧怕拉冬,因此赫拉克勒斯必须在他们达成交易之前解决这个特殊的问题。赫拉克勒斯走到花园周围的墙边,完全凭着自己敏锐的感觉准确地计算出拉冬的位置,然后从墙头射出一支箭,瞬间杀死了龙。他现在回到阿特拉斯身边,接替了他的工作,这样阿特拉斯就进入花园偷了 3 个苹果。但阿特拉斯不想要回自己的工作了,他宣布他将亲自把苹果送给欧律斯透斯,并承诺几个月后回来。这种情况对于赫拉克勒斯来说是一个既成的事实了,所以他狡猾地问,他在为自己的头做个垫子的时候,阿特拉斯是否愿意举几分钟天空。阿特拉斯不算太聪明,所以他照做了,赫拉克勒斯拿起苹果就逃走了。赫拉克勒斯随后回到欧律斯透斯的宫殿,把苹果呈交给他,但欧律斯透斯立即把苹果归还给了他,因为除了赫拉的花园,苹果在任何地方出现都被视为亵渎,赫拉克勒斯只能请雅典娜去物归原主了。[27]

赫拉克勒斯的第十二项任务：刻耳柏洛斯

在最后一项任务中，赫拉克勒斯找寻的依然是厄喀德那和堤丰的后代刻耳柏洛斯，并把它安然无恙地带给欧律斯透斯。刻耳柏洛斯守护冥府——可怕的亡者之所。刻耳柏洛斯是一只三头狗，长着龙的尾巴，浑身毒蛇乱窜。赫拉克勒斯来到伯罗奔尼撒东南的拉克尼亚，那里是众所周知的冥府入口。当他到达时，所有的亡灵都逃离他而去，除了戈耳工女妖美杜莎。赫拉克勒斯拔出宝剑对着她，赫尔墨斯向他保证，她现在只不过是一个无害的幽灵，而赫尔墨斯之所以被囚禁于此是因为他向冥后珀耳塞福涅求婚。

当他越来越靠近大门时，许多绝望的囚犯向他伸出手臂，希望从死亡中复活。赫拉克勒斯同情他们的困境，为了让焦渴的亡灵喝上一口牛血，他杀了一头冥府的牛，但他被迫与牧人搏斗，他压碎了牧人的肋骨，在珀耳塞福涅求情下才住手。现在，他向冥府之神普骆同（希腊神话中也译为哈迪斯）索要刻耳柏洛斯。普骆同同意他带走三头狗，但条件是不能用任何武器制服它。赫拉克勒斯发现三头狗被锁在一扇大门上，他披上狮子皮斗篷保护自己不受龙尾巴的伤害，然后掐住它的脖子把它弄昏过去，一路又拖又扛，把三头狗带到了欧律斯透斯面前。但是傲慢的欧律斯透斯羞辱了这个给他带来烦恼的人，他只是赏赐了赫拉克勒斯一份奴隶吃的饭。已经完成了任务的赫拉克勒斯是个自由人了，他杀了欧律斯透斯的3个儿子，然后，将三头狗送回了冥府。

◇ 赫西俄涅和特洛伊的海蛇

赫拉克勒斯完成了欧律斯透斯的任务后，又一次开始了他的战争生涯。他依然战无不胜，其中不乏疯狂的杀戮、对女性的随意侵犯以及因为作恶而被奴役。

但是，这一次，他的女主人对他同情有加，远非欧律斯透斯可比；但他也曾无私地行侠仗义，其中之一是从一条巨大的海蛇手中救出了少女赫西俄涅。鉴于神话阶段的连续性，起先，

彼得·保罗·鲁本斯，《赫拉克勒斯和三头狗》，1636年

人们认为赫西俄涅和海蛇的传说是珀尔修斯和安德洛墨达神话的后世变体。然而，由于赫拉克勒斯与特洛伊海蛇的相遇第一次出现是在荷马的《伊利亚特》（公元前8世纪）中，而珀尔修斯和安德洛墨达的故事版本不能追溯到早于公元前5世纪，所以事情很可能刚好相反。[28]

当赫拉克勒斯来到特洛伊城附近时，他碰到了佩戴着珠宝但却一丝不挂地被绑在岩石上的赫西俄涅，她被自己的父亲特洛伊国王拉俄墨冬作为海蛇的祭品放在那里。据说拉俄墨冬对帮助建造特洛伊城防的波塞冬和阿波罗赖账，作为惩罚，阿波罗降下瘟疫，波塞冬派出海蛇引发洪水，吞噬百姓。神谕说，只有将一位年轻的处女献给波塞冬的怪物，才能解除百姓的危险，拉俄墨冬只好献出女儿作为祭品。赫拉克勒斯对所发生的事情感到震惊，他立即释放了赫西俄涅，然后进入城中，提出杀死那条蛇，以换取拉俄墨冬从宙斯那里得到的两只白色母马。拉俄墨冬欣然接受了赫拉克勒斯的条件。

赫拉克勒斯要特洛伊人建一堵高墙，防止蛇从海上升起时攻击他。果然，海蛇张着大嘴来到墙边，赫拉克勒斯伪装成赫西俄涅，全副武装地跳入它的喉咙。他在蛇的肚子里砍了3天才把它杀死，获得了胜利，或者如一些评论家所言，他获得了重生，由于海蛇肚子里的酸性消化液，使得他有些

秃顶了。[29]拉俄墨冬愚蠢地违背了他们的协议。赫拉克勒斯召集了一支军队攻占了特洛伊，杀死了拉俄墨冬和除了普里阿摩斯之外他所有的儿子。普里阿摩斯将继承他父亲的王位成为特洛伊国王。至于赫西俄涅，与珀尔修斯和安德洛墨达神话不同的是，她没有嫁给她的救命恩人，而是作为新娘嫁给了赫拉克勒斯的好友忒拉蒙。

◇ 赫拉克勒斯之死

赫拉克勒斯和他的第二任妻子伊阿尼拉正在回家的路上，他们来到了一条洪水泛滥的河边。站在河边的是半人半马的涅索斯，他说自己是众神指定的摆渡人，只要给他一点点报酬，他就可以安全地把伊阿尼拉驮过河，而赫拉克勒斯可以自己游过去。赫拉克勒斯同意了，他把棒子抛到对岸，然后俯身冲进河里。但是半人马没有跟上来，而是反向而去，把伊阿尼拉扔到地上打算强奸她。很快到达对岸的赫拉克勒斯拿起他的弓，向半人马射出一支蘸过九头蛇胆汁的箭。半人马临终前告诉伊阿尼拉，如果要确保赫拉克勒斯不再像以前那样总是对她不忠，她应该将半人马的精液、血液与橄榄油混合，然后偷偷涂在赫拉克勒斯的一件外衣上。伊阿尼拉没有想到半人马有复仇动机，也没有意识到半人马的血液现在已经染上了九头蛇的毒液。她瞒着赫拉克勒斯在一个罐子里调制了这种混合物。

多年以后，远离家乡的赫拉克勒斯在宙斯的帮助下洗劫了俄卡利亚城，并杀死了所有的皇室成员，除了国王年轻美丽的女儿伊奥勒。他为了感谢宙斯，想把她献祭给他。赫拉克勒斯把伊奥勒送到伊阿尼拉那里，她立刻怀疑了丈夫的意图。与此同时，赫拉克勒斯没有带上履行神圣仪式所需的衣服，他便派了一名信使去找伊阿尼拉，让她把他最好的衬衫和斗篷送给他。伊阿尼拉由于担心赫拉克勒斯打算在这个时候永远抛弃她，转而选择伊奥勒，她决定是时候使用半人马的"爱情药剂"了。

伊阿尼拉着手织了一件新衬衫,完成后她用一块浸在混合物里的羊毛把它搽了搽。她还告诉信使,在赫拉克勒斯穿上这件衬衫之前,不能让它暴露在阳光下。信使乘战车离开后,伊阿尼拉把羊毛扔到院子里。在阳光的照射下,它着火了,并使周围的石板冒出红色的泡沫。她这时意识到自己做了什么,想改变事情为时已晚。伊阿尼拉发誓,如果她造成了丈夫的死亡,她也将自杀。

与此同时,赫拉克勒斯穿上了他的新衬衫,在祭坛前生了一堆火,为仪式做准备。当热气开始温暖他的衣服时,他突然痛苦地大叫,因为九头蛇的毒液已经渗入他的皮肤并正在融化它。他从背后撕下衬衫,肉也随之掉了下来,裸露的骨头开始在沸腾的血液中嘶嘶作响。在极度的痛苦中,赫拉克勒斯跳进了附近的一条小溪,这只能带来他更大的痛苦。他像个疯子一样在乡间狂怒暴跳,他遇到了派往伊阿尼拉的信使,怀疑其背信弃义,便把他扔到了海里,信使在海里变成了石头。赫拉克勒斯大叫着要人们把他抬到俄塔山上,那里离他特拉奇斯的家不远。正是在这里他得知伊阿尼拉上吊自杀了,知道了她对他没有任何恶意。他最终被抬到山顶,在他自己的要求下,他被活活烧死在柴堆上。赫拉克勒斯一生与怪物战斗,与赫拉要把他置于死地的阴谋抗争,他也最终付出了惨重的代价。

宙斯为了纪念他的儿子,降下了雷电;至于赫拉对赫拉克勒斯的迫害,已无关紧要,她欣然同意了宙斯的要求,把赫拉克勒斯升到奥林匹斯山,与众神为伍。此外,赫拉甚至同意在重生仪式中扮演赫拉克勒斯的母亲,之后她会像任何一个好母亲一样对待赫拉克勒斯。赫拉克勒斯与赫拉的女儿赫伯成婚,赫伯生了一对双胞胎儿子,他们是青春和运动之神。赫拉克勒斯当之无愧地成为了古典世界中最著名的英雄。在希腊和罗马,人们以几乎狂热的方式追忆他的生平,连最早举行的奥运会也是为了纪念他。

◇ 赫拉克勒斯的意义

赫拉克勒斯有能力进入冥府这样的地方，这是我们理解他重要性的根本所在，对于凡人来说，这简直是天方夜谭。[30] 事实上，我们不能用凡人的视角来理解赫拉克勒斯。和他的祖先珀尔修斯一样的是，他是宙斯的后代，然而和珀尔修斯不同的是，赫拉克勒斯注定终生要被宙斯委屈愤怒的妻子赫拉迫害，是赫拉的下咒让他发疯杀死了自己的儿子和侄子。

然而，不能把赫拉克勒斯所有的不当之举都归咎于赫拉。人们很容易为他的疯狂时刻做出这样的解释，这是他占据了人性与神性之间危险而不确定的空间带来的后果。据此，赫拉克勒斯的生活本质上缺乏任何明确的定义：一方面，他必须不惜一切代价寻求不朽；另一方面，他无法逃避他人性的缺陷。所以，赫拉克勒斯一生战斗，在战斗中他的身份一直饱受质疑，他既不具有神的不朽与独立性，也不受人类社会的约束和价值观的影响，甚至也没有从社会约束和价值观中受益。实际上，赫拉克勒斯占据的空间既充满了自我怀疑又野心勃勃。从这个角度看，赫拉克勒斯和他的四处漂泊不过是放大了生活的不确定性，放大了我们的恐惧，放大了我们的失败和放大了我们自己的努力追求，如果追求的不是荣耀，那么至少也是生活的改善。诚然，从任何道德的角度出发，赫拉克勒斯都可以被视为反社会者，虽然他有时也会为自己的恶行悔悟，而他追求不朽名声的决心令人深深钦佩，尤其是在这个过程中他为世界铲除了怪兽。赫拉克勒斯的死亡主要是归咎于他妻子合乎情理的妒忌，但是无论用何种标准来衡量，他的死亡方式表明，他的明显缺陷才是他毁灭的真正原因。所以，赫拉克勒斯是个非常复杂的人物，诛杀怪兽，让他成为早期社会繁荣的缩影；他同时也是一个滥杀无辜的凶手和连环强奸犯——在这一点上，有其父必有其子——他是怪兽杀手，也是混乱的代言人。

无论我们多么想把赫拉克勒斯的罪行置于某种可以开脱的环境中，说他

大卫·维克布恩斯，《赫拉克勒斯、伊阿尼拉和半人马》，1612年

生活在一个道德低下、暴力充斥和愚昧原始的社会，但对他的正面和负面的评价都无法轻易调和。归根结底，古希腊人认为，赫拉克勒斯的传说体现了英雄的终极美德——对个人荣耀的无情追求，这种雄心壮志一旦实现，就象征着不朽。如果这意味着英雄也是某种怪兽，那就随他去吧。

◇ 卡德摩斯和阿瑞斯之龙

虽然龙通常阻碍进步和威胁生命，但有时在神话的基本构建中不经意间扮演了一个建设性的角色，仿佛领了特许证似的，例如底比斯城的建立、卡德摩斯杀死阿瑞斯之龙和卡德摩斯曾协助宙斯杀死堤丰的传说。德尔菲神庙的神谕告诉卡德摩斯，要他跟随一头母牛，在母牛歇息的地方建立城市。他谨遵神谕，当母牛不再游荡时，他派手下去附近的阿瑞斯泉取水。而他不知道该泉由一条龙看守，虽然这条龙独占水源惹来不少麻烦，但据说这个特殊的泉水以处女的形式出现，她的童贞是为战神阿瑞斯保留的。由于龙有神圣的职责，它杀死了卡德摩斯的很多手下。[31]

卡德摩斯亲自与龙对战，他举起一块巨石砸死了龙。在雅典娜的建议下，他拔出龙齿埋种在地里。很快，一队穿着青铜盔甲的人从地里站了起来，他们叫斯巴达人，或者"种出来的人"，他们互相厮杀，直到只剩下 5 个。[32] 卡德摩斯由于屠龙，被迫为阿瑞斯服务了很长时间，虽然精疲力竭，依然带领斯巴达人建立了底比斯城。宙斯奖励了他，把阿瑞斯和阿佛洛狄忒的女儿哈墨尼亚嫁给了他。卡德摩斯因屠龙而受罚，他对此愤愤不平，其直接后果是他和妻子最终要变成龙。即便如此，他们还是得到了宙斯的庇护。宙斯将他们送去了一个平静的来世，那就是伊里利亚的原野。

◇ 拉弥亚

从厄喀德那的神话中可以清楚地看到，人们认为雌性龙和雄性龙一样致命。虽然厄喀德那是女性恶毒的象征，但龙女（蛇女）拉弥亚的故事表达的是出轨的女性带来的危险。事实上，这个神话在许多方面都非同凡响，特别是它对画家和诗人产生的魅力，一直延续至今。

根据一些早期文献记载，拉弥亚来自利比亚，她的性格原型是美索不达米亚的杀婴女神拉玛什图。拉弥亚被宙斯极度引诱，与宙斯生下赫拉克勒斯的神话一样，事情被赫拉发现了，赫拉随即视拉弥亚为死敌，并给她下了诅咒。结果拉弥亚所有的孩子胎死腹中，拉弥亚痛苦万状，她疯狂地嫉妒其他母亲，并开始偷窃和杀掉她们的孩子。[33]

随着神话的演变，拉弥亚被描绘成腰部以上为女人，以下为蛇形龙。她不仅杀婴童，还吃掉他们。让拉弥亚雪上加霜的是赫拉的另外一个诅咒，它使拉弥亚无法闭上眼睛，永远看见那些死婴。据一些文献记载，宙斯竭尽所能地减轻妻子诅咒的力量，他赋予拉弥亚挖出自己眼睛的能力，这也让她具有了预言的能力；另外一些文献则说，是赫拉让人挖掉了拉弥亚的眼睛并扔进了山中，从此拉弥亚孤苦无依，在肮脏和混乱中过着孤独和充满危险的野兽般的生活。

除此之外，民间故事还讲述了一种被称为"拉米艾"的龙女。据说，这些吸血鬼把他们的龙形上半身藏在沙丘后面，露出它们的尾巴来欺骗年轻人，尾巴的形状是裸体的年轻女性。一旦引起了受害者的注意后，它们就转过身来，用鳞片状的手指抓住他们，喝他们的血。[34]

很明显，如果女性对性行为不加约束，男性必然恐惧，这是拉弥亚故事的源头，但拉弥亚的神话却不能这样轻易解释。拉弥亚遭宙斯强奸，赫拉的诅咒逼得她精神错乱，起初她似乎是个无辜的受害者。然而，该神话的重点不在拉弥亚的不幸遭遇，而是她充当儿童杀手的行为。为了理解其中的涵义，我们可以略微借助西格蒙德·弗洛伊德的精神分析理论，尽管弗洛伊德关于女性心理学的观点，尤其是论及女性性行为的看法，因其明显支持父权价值观而屡遭诟病，但正因如此，它们可以被解读为传统男性对女性的看法，即女性威胁了他们的权威。

假定我们以老年男性的观点为出发点，即女性的主要功能是生儿育女，那么拉弥亚的神话就可以被视为完全违背了这一假设。弗洛伊德认为，女性的行为异常让男性产生焦虑合情合理，他称其根源为"阴茎嫉妒"，这种嫉妒是对男性性行为的嫉妒，有两个后果：第一，女性偏爱生男孩，因此获得了阴茎代孕权，从而对男性拥有了权力；第二，女性的道德发展欠佳，弗洛伊德认为，这意味着她们无法认知并接受她们比男人低下。弗洛伊德的结论是，这造成了女性性行为异于男性，女性性行为"被隐藏在无法穿透的黑暗中，部分是由于文化发育不良，部分是由于女性传统的沉默和不诚实"[35]。无论人们从字面意义还是抽象意义来理解弗洛伊德的女性性心理理论，它都很好地诠释了父权制的偏执，尽管完全是无意为之。顺从、孝顺的女性一反常态会让男性恐惧，这被称为"反母性"，也是拉弥亚神话所映射的。从父权制观点来看，这与神话中拉弥亚被强奸和被诅咒并不矛盾或者冲突。宙斯作为最高的男性权威无可非议，至于赫拉的诅咒，人们可能认为，她不是唯一会做这种事情的女人。

事实上，拉弥亚神话的力量建立在自我辩护的父权叙事上，我们将在其他龙女故事中一次又一次地看到。

希腊和罗马神话如此复杂，除了性别差异产生典型的偏见之外，对龙故事的整体意义进行概括也受到最大限度的抵制，因为如前所述，龙只是众多怪物中的一种[36]，而且，人们往往不可能完全理解龙为什么会攻击某些人——似乎完全是出于恶意。其中一例就是特洛伊城中波塞冬（罗马神话中为尼普顿）神庙的祭司拉奥孔，他和两个儿子被两条龙杀死，文献中关于他们被杀的原因众说纷纭。维吉尔说是众神惩罚了他，因为他警示特洛伊人当心"希腊人的礼物"，也就是特洛伊木马；还有文献说，是因为他在圣殿前交媾。对拉奥孔之死所做的类似理性分析好像不多，很有可能他悲惨的下场原本就没有具体的动机；它就这样发生了。这种随意性似乎是事物发展方式的一部分，其潜在的信息是：生活中的一切并非都是可预测或可解释的。

希腊和罗马神话描绘的世界充满暴力，生死无常。在这个世界里，众神是人类贪婪、争斗、焦虑、欲望和偶尔胜利的映射，人们仰望天空，通过宗教仪式安抚、款待或征召众神，祈求带来刻不容缓的秩序。龙，无论是与冥界或者死亡联系在一起，无论是作为水源等神圣宝藏的守护者、作为人类不公现象的象征或者作为对父权制的威胁，都是"秩序与混乱"对立中的反派。在这种对立中，希腊人和罗马人似乎已经接受死亡为"一种自然的、不可逆转的规律"。既然如此，任何试图在道德上甚至行为上区分神、英雄、怪兽和人类的想法都是一个很好的切入点，而新生文明所需要的潜在现实政治有可能会错失这一点。

| 注释 |

[1] 龙作为一种危险的存在一直被描写成是对罗马人的严重威胁，例如1世纪老普林尼在

他的《自然史》中对龙的描述。

[2] 关于公元前 4 世纪亚历山大大帝对龙袭击其军队这一"事实"的描述，参见本书第三章他在给亚里士多德的信中的讨论。

[3] 罗马历史学家维盖提乌斯在 4 世纪末对罗马军团的德拉科（天龙）进行了描述。9 世纪，加洛林帝国的法兰克骑兵也采用了德拉科标准。

[4] 特洛伊战争，一个人们认为发生在公元前 13 世纪中期的历史事件，主要记录在大家都认可是在公元前 750—前 650 年创作的荷马史诗《奥德赛》和《伊利亚特》中。

[5] 坎普最有可能是厄喀德那。

[6] 赫西俄德将克洛诺斯的统治归为五个时代中的第一个——黄金时代，即那些最初被创造出来的人类长寿、繁衍生息的时代。除了第四个时代——英雄时代，人类命运暂时改善之外，第二、第三和第五个时代——分别是白银、青铜和铁器——标志着人类舒适度和寿命的不断下降，直到人类的存在只剩下辛劳、痛苦和错误。参见赫西俄德的《神谱》和《工作与时日》。

[7] 赫西俄德在《工作与时日》里，没有解释为什么希望被留在罐子里，这个神话后来的版本说希望也被释放了，所以阻止了人类的大规模自杀。荷马告诉我们宙斯有两个罐子，一个装着邪恶，另一个装着祝福。宙斯心血来潮，把两种罐子的混合物分配给了人类。

[8] 根据公元前 6 世纪荷马写给阿波罗的赞美诗，堤丰是赫拉单性生殖的孩子：参见《荷马写给阿波罗的赞美诗》。然而，更常见的是，堤丰据说是盖亚的儿子。

[9] 德尔菲恩可能是蛇龙巨蟒的另一个名字，也可能是与蛇龙巨蟒混淆了的名字。据某些说法，蛇龙巨蟒是德尔斐神谕的原型。根据罗马作家海基努斯的说法，巨蟒是被奥林匹亚太阳神阿波罗杀死的。巨蟒在赫拉的教唆下追赶阿波罗的母亲勒托女神，因为其与宙斯有性关系，并生下了阿波罗。此后在著名的阿波罗神庙，神谕由高级女祭司皮提亚主持。然而，这是最混乱和复杂的神话之一。

[10] 阿波罗多罗斯简单地把这些称为"短暂的果实"。

[11] 最凶残的龙女形象是厄喀德那的女儿奇玛拉。赫西俄德说，她是一个喷火的怪物，最终被骑在飞马上的英雄贝勒罗芬杀死。

[12] 这个神话的其他版本认为，达那厄被囚禁在一座带有天窗的铜塔里。

[13] 这场战斗的叙述来自奥维德的《变形记》（8 年首次出版）。

[14] 根据奥维德的说法，正是雅典娜（罗马神话中为密涅瓦）把曾经美丽的美杜莎变成了一种怪物，与波塞冬（罗马神话中为尼普顿）在神庙中交配，从而玷污了她。

[15] 据说赫拉是克洛诺斯和瑞亚的后代，因此是宙斯的姐姐。

[16] 在一些变体中，这个角色被赋予了分娩女神艾莉蒂娅：在其他情况下，赫拉阻止艾莉蒂娅进入阿尔克墨涅的房间。

[17] 这种出生被称为异父超聚居，在动物中很常见，但在人类中很少见。根据西克鲁斯在

公元前 60—前 30 年间的著作，赫拉克勒斯首先被命名为阿尔凯乌斯。

[18] 因此，雅典娜是赫拉克勒斯同父异母的姐妹。

[19] 在后期的其他文献中说，杀死狮子是赫拉克勒斯的第一个任务。在这些文献中，狮子被称为尼米亚的狮子。

[20] 一些文献说，他还谋杀了迈加拉；而其他文献说，他的羞愧导致他无法再忍受她的视线，所以把她交给他的侄子伊俄拉俄斯。

[21] 九头蛇的头部数量根据来源的不同而有所不同，从一个到几百个不等。根据阿波罗多罗斯的说法，九个头中只有一个是不死的。这一神话与迦南神话中巴尔杀死七头罗坦的联系在一起。

[22] 赫拉克勒斯的第五个任务是打扫奥古斯马厩，欧律斯透斯也不承认，理由是赫拉克勒斯得到了奥古斯国王支付的报酬，尽管国王不太情愿支付。

[23] 根据萨莫斯的戴奥尼夏在公元前 3—前 2 世纪写的《克洛斯历史》，赫拉克勒斯杀死了母龙"锡拉"，因为它抢走了盖瑞恩的一些牛，之后锡拉的父亲霍克斯用火将她救活。

[24] 正是在这次任务的开始阶段，赫拉克勒斯遇到了被缚和被折磨的普罗米修斯，杀死了老鹰，解放了他。

[25] 公元前 6 世纪的装饰花瓶将这次任务中的海神描绘成半人半鱼的特里顿神。

[26] 根据奥维德的说法，当珀尔修斯向阿特拉斯展示美杜莎的头时，阿特拉斯被变成了石头。当然，这与赫拉克勒斯第十一次任务的叙述是不一致的。

[27] 关于这次任务的某些版本中，阿特拉斯什么也没做，赫拉克勒斯自己摘的苹果，亲自杀死了拉冬。这与欧律斯透斯坚持认为赫拉克勒斯始终坚持独行是一致的。

[28] 关于荷马对这一事件的引用，包括对赫西俄涅的提及，有一个详细的诠释（评注）。

[29] 关于"重生"理论的讨论，参见本书第四章的结束语。

[30] 唯一能进入阴间的其他活生生的人物都是英雄，像赫拉克勒斯，特别是那些被神授的人。他们是奥德修斯、埃涅阿斯（以及西比尔）、俄耳甫斯、忒修斯（以及皮里索斯）和奥维德的《变形记》中的普赛克。

[31] 在赫拉克勒斯与九头蛇的战斗中，也讲述了一个看护泉水的怪物与一个年轻的女人带着一个婴儿的故事。她给战士们展示泉水，却放下了孩子，结果孩子被尼米亚的龙吃掉了。

[32] 转引自罗德岛的阿波罗尼乌斯所著的《阿尔戈英雄纪》（公元前 270—前 245 年）。这是一部闻名于世的作品，讲述了伊阿宋在特洛伊战争前寻求金羊毛的故事。故事记载，卡德摩斯拔出的牙齿有一半落入科尔奇斯国王埃特斯的手中。他将这些牙齿交给伊阿宋，作为对他进行测试的一部分。伊阿宋把它们种在地里，勇士们突然出现，他的任务就是把他们都杀了。伊阿宋通过了这个测试，多亏了被爱情冲昏了头脑的埃特斯的女儿美狄亚公主的帮助，他战胜了守护着金羊毛的科尔奇斯巨龙，夺回了父亲被篡夺的王位。

[33] 拉弥亚神话和美狄亚神话之间的相似之处是美狄亚为了报复伊阿宋娶了一个新妻子而杀死了她自己的孩子。阿波罗多罗斯说，美狄亚在杀死婴儿后，乘着一辆由有翼龙牵引的太阳战车逃跑。

[34] 关于拉弥亚的所有资料，包括一个叫拉弥亚的龙形怪物被杀的故事。另见本书第二章与拉弥亚有联系的莉莉丝的神话和传说；本书第八章为梅卢辛的民间故事传统和 19 世纪对拉弥亚和莉莉丝的艺术描写。

[35] 参见西格蒙德·弗洛伊德《性学三论·性变态》。

[36] 邪恶的怪物规则出现的例外是罗马作家埃利安（克劳迪斯·埃利安努斯，约 175—235 年）在《论动物的本质》里提到的两条龙。为了表现"普遍的理性"和"动物王国中的理性行为"，埃利安讲述了一条龙来帮助一个被强盗袭击的年轻人，另一条龙守卫着一个被兄弟们杀害的王子的尸体，直到他被体面地埋葬。

第二章

《圣经》和圣徒生活中的龙

有史以来，人们认为地狱大红龙是最强的龙，这一点毫无疑问，这里的地狱大红龙就是《启示录》中所记的撒旦。随着基督教以各种形式成为世界主流信仰后，撒旦之龙在关于龙的传说中的影响力变得无可比拟，例如在圣洁的理念上，它影响了圣乔治；在艺术家领域，它影响了威廉·布莱克等；在文学领域，它影响了 J.R.R. 托尔金，从而塑造了他自己笔下邪恶的格劳龙。当然，《启示录》中的撒旦之龙起源于《创世纪》中的伊甸园蛇，此蛇造成了人类的毁灭。这一神话的关键要素耐人寻味，其中原因不仅是绝对邪恶这一概念源自于此，而且正是因为人类在伊甸园的堕落，构建了两性价值观的基础，这些价值观成为了犹太-基督教世界中男性对女性权威的基石。

◇ 《旧约全书》中的龙

起初，上帝创造亚当是为了"打理和看护"（2：15）伊甸园，并且统治一切生物。在伊甸园的中心，上帝有意放了两棵圣树——生命之树和分别善恶树。上帝告诉亚当可以尽情享用伊甸园里其他树上的果子，但警告他不要吃分别善恶树上的果子。"只是分别善恶树上的果子，你不可吃，因为你吃的日子必定会死。"（2：17）为了让亚当完成职责，上帝决定给亚当提供一个"帮手"，用亚当的一根肋骨创造了夏娃。"当时夫妻二人赤身裸体，并不羞耻。"（2：25）

一切都是如此美好，的确完美。完美之外，"耶和华神所造的，惟有蛇比田野一切的活物更狡猾"（3：1），这个狡猾的生物来到夏娃面前，说出与上帝相反的话，告诉她即使吃了分别善恶树上的果子，"也不一定会死"，而且还告诉夏娃她会和上帝一样知道得更多。"蛇对女人说，你们不一定死，因为神知道，你们吃的日子眼睛就明亮了，你们便如神能知道善恶。"（3：4-5）[1] 夏娃禁不住诱惑，吃了禁果，并劝亚当也吃了。亚当和夏娃两个人因裸体而感到难为情,很快用无花果树的叶子为自己做了裙子。上帝非常不悦,把他们喊来问个明白。亚当怪夏娃,夏娃怪蛇,但是上帝对这种相互指责并不感兴趣。他诅咒了蛇一顿并宣布说:"你必须用肚子行走,终生吃土。"(3:14)接着又说:"我又要叫你和女人彼此为仇。你的后裔和女人的后裔也彼此为仇。女人的后裔要伤你的头,你要伤他的脚跟。"又对女人说:"我必多多增加你怀胎的苦楚,你生产儿女必多受苦楚。你必恋慕你丈夫,你丈夫必管辖你。"

现在轮到亚当了,上帝告诉他,他的未来也将是痛苦的:"地必为你的缘故受咒诅。你必终身劳苦,才能从地里得到吃的。地必给你长出荆棘和蒺藜来,你也要吃田间的菜蔬。""你必汗流满面才得糊口,直到你归了土,因为你是从土而出的。你本是尘土,仍要归于尘土。"(3:18)值得注意的是,上帝的观点是这样的:

> 看啦!他已经变得和我们一样知道善恶,现在担心的是他会不会伸手去采摘生命树的果子吃,那样他也会变得长生不老。

意大利贝加莫的圣米歇尔教堂14世纪的壁画《伊甸园之蛇与夏娃》

> 所以，主耶和华就打发他出了伊甸园，耕种他自己所出之土。

主耶和华把亚当赶了出去之后，又在伊甸园的东边安排了"基路伯和四面转动发火焰的剑，要把守生命树的道路"（3：22-24）。

犹太-基督教信奉的某些基本宗教原则和社会价值观就这样确立了。死亡是违抗上帝的结果；以变化无常的夏娃为代表的女性要臣服于男性；上帝打定的主意是永远不允许人像他一样，因为人类虽然可以像上帝一样获得善恶知识，但无法获得永生。因此，父权制的统治，肮脏、野蛮和短暂的生命以及上帝对其独特权力的强烈保护，都是无法改变的事实。

那条大蛇造成人类受到诅咒，自己也成了被诅咒的大敌，后来怎样了呢？犹太教徒、随后的基督教皈依者和神学家们可能会按照惯例将那条大蛇定义为撒旦，混乱的化身和万恶的源头。这种界定至少在某种程度上暗示了莉莉丝神话的存在，她是亚当的第一任妻子且不听从上帝的安排。在早期圣经训诂学家的眼里，莉莉丝神话解释了为什么在《创世纪》1：28 里提到"上帝就照着自己的形象造人，乃是照着他的形象造男造女"。这比《创世纪》2：22 里提到的用亚当的肋骨创造夏娃要早。（这里原作有错误，1：28 应为 1：27——译者注）虽然这种解释被认为是相当严谨的，但莉莉丝的真正起源与犹太教几乎没有什么关系。

在美索不达米亚的史诗《吉尔伽美什》中，可以找到人类在伊甸园堕落的最早痕迹。这部史诗至少能追溯到公元前18世纪，所以它早于希伯来《圣经》前五卷《律法书》的形成，《律法书》被希腊语翻译成《摩西五经》，即"五卷书"。似乎有两条蛇影响了《创世纪》中关于蛇的概念：一条与莉莉丝有关，另一条与史诗般的英雄吉尔伽美什有关。在史诗《吉尔伽美什》的苏美尔版本中，莉莉丝被描绘成一个住在树上、发出尖叫声的恶魔女神，她带着缠身的自我之蛇来到人间，选择生活在一个神圣的果树林里。吉尔伽美什杀死了那条蛇，赶走了"荒凉少女"莉莉丝。

吉尔伽美什一生都在寻找长生不老的秘诀，莉莉丝这段只是个小插曲。由于他未能通过连续七天保持清醒状态的基本测试，从而失去了长生不老的机会。一个富有同情心的神仙告诉了他一种补救方法，那就是他可以去海底取回一株带刺的植物并吃掉它就可以重获青春。吉尔伽美什成功地取回了那株植物，在回家的艰难旅程中，他需

伯尼浮雕"夜之女王"是公元前 1800 年的巴比伦雕塑。该女子是否为莉莉丝存在争议

要休息。在他睡觉的时候，一条蛇靠近他，从他手里偷走了那株植物并吃掉了它。离开的时候蛇蜕了皮，人们相信这是蛇再获青春的明显标记。像人类一样，吉尔伽美什回春乏术，终将死去。[2]在史诗《吉尔伽美什》中，我们所看到的正是发生在伊甸园里的戏剧性事件的基本元素：一条在神圣的果园里拥有罪恶的蛇和一条确保已经死亡的蛇。

在许多中东神话中都有关于莉莉丝的传说，她有时被说成是可怕的恶魔，有时被认定为一条龙形蛇。她出现在伊甸园的说法最初可追溯到公元前 3 世纪的民间传说或《旧约全书》的注释[3]，最终被记录在 7—10 世纪的《便西拉智训》中[4]。据该文献记载，莉莉丝拒绝服从亚当的权威，离开了伊甸园，定居在红海附近，在那儿她每天都会生下 100 个恶魔般的孩子。根据便西拉强硬的父权制观点，莉莉丝代表着最坏的女人：在性关系中占据主导地位，

自行其是，给女人带了个头。如果被所有女人效仿，男人的地位将受到威胁。由于莉莉丝与吉尔伽美什有关联，随后的犹太典籍再次让她污名化，人们大多数情况下把她与伊甸园的蛇联系在一起，当然也与撒旦联系在一起了。这种演变的过程大量体现在中世纪的艺术作品中：龙（蛇）一样的莉莉丝要么与亚当和夏娃一起出现，要么更加具体化地被描绘成一条伊甸园的母蛇，鼓动不幸的夏娃从分别善恶树上摘果子。

为了让大家理解各种类型的龙，除了莉莉丝之外，《塔纳赫》——犹太教的正典《圣经》——用了3个术语来识别龙的存在、龙的行为或龙的象征

雨果·范德，《诱惑》，1470年。右边是撒旦

意义。[5]第一种叫纳卡什，这条蛇也许体现了邪恶的力量，也许是生育力和治愈力的象征，用这个词来形容伊甸园的蛇，最初的意思是"耳语"或"嘶嘶"，这种解释可能具有隐喻性，用于解读蛇对夏娃的阴险诱惑。第二种叫坦尼恩，通常是指大地龙或者海洋龙。第三种叫萨拉夫，"一条闪亮的龙"，有时是指出现在沙漠中的一条毒蛇，更确切地说是指一条向被攻击者的皮肤上喷出毒液的火龙或者蛇，它曾经也是一条带着治疗能力的铜蛇。在1604—1611年间翻译的詹姆斯国王钦定版本的《旧约全书》中，这些术语大致都被准确地翻译了出来。[6]纳卡什、坦尼恩和萨拉夫在希伯来语中有明显的概念重叠，它们在《旧约全书》中的重要性体现在这些术语与善或恶联系在一起。

在《圣经》之前的神话中，通常把以龙的形状出现的蛇描述成具有破坏性的生物，如古埃及龙神"阿佩普"（又叫阿波菲斯），它是混乱邪恶的生物，当给予生命的太阳神拉坐着太阳船穿越黑夜时，它会从尼罗河升起攻击拉神。类似的传说还出现在巴比伦神话中，造成混乱的本源是有鳞的蛇形怪物女妖迪亚马特，她生出了大量的龙形蛇，她的克星是人类的守护神马尔杜克这位秩序之神。在某些版本中，马尔杜克是迪亚马特的儿子。[7]

在古代中东的某些地方，关于赫梯巴尔的系列传说保存在乌加里特青铜时代迦南贸易中心的数千块石碑中，其中一部分讲述的是暴虐的龙状海神雅姆挑战风暴和生育之神巴尔。在这场争夺对众神的统治权斗争中，海神起先占据了上风，但在最终对决中，巴尔使用了魔法雷电获得胜利。由于神话有不同的版本，人们不清楚雅姆是否被杀。[8]有趣的是，巴尔的下一个挑战者是死神莫特。尽管巴尔被莫特杀死，但他又复活了，因此，一些《圣经》评论家认为，这预示了基督的死亡和复活。

在人们把龙描写成可怕之物的同时，也有相当多的例外，那就是原始龙蛇（有时，是两条蛇），最早的可追溯到公元前14世纪的埃及文献，在该文献中，龙蛇乌洛波洛斯（也译作衔尾蛇）是一个巨大的爬行动物。它咬着自己的尾巴环抱住世界，与伊甸园蛇和吉尔伽美什蛇相反，衔尾蛇意味着永恒

复制于阿舒尔纳西里帕尔二世的宫殿墙板《马尔杜克屠杀迪亚马特》，公元前885—前860年

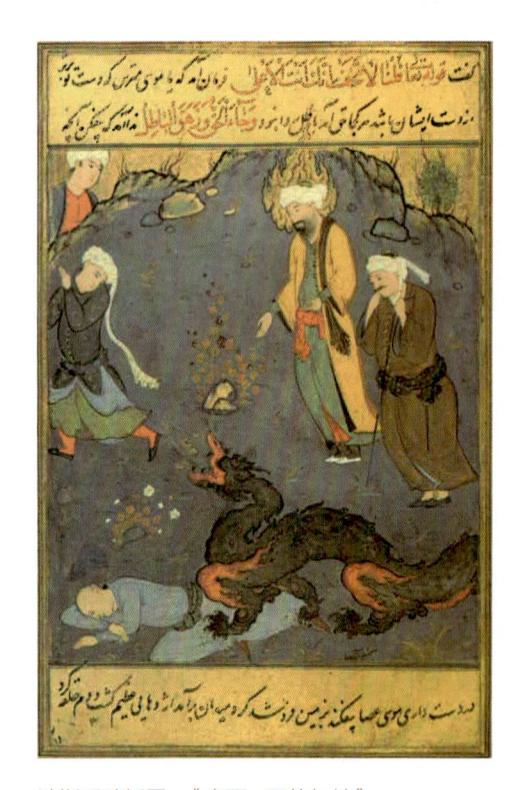

波斯手稿插图，《摩西、亚伦与蛇》

的轮回，一个生死循环，最终通向不朽。与衔尾蛇相关的是埃及蛇神迈罕，在拉神危险的夜间旅程中，迈罕盘在他的身上保护他。[9]

在《旧约全书》中，对于龙和蛇的看法既有正面的也有负面的，这肯定不是巧合。在《旧约全书》中，它们既代表了神圣的力量，也象征着致命的危险。当犹太民族遭受敌人的压迫或偏离了正义之道时，龙（坦尼恩）经常会被先知们搬出来说事或者出现在《诗篇》中。总之，用龙来说事的语言纯粹是一种虚夸性的，通常是消极负面的。例如：所多玛和蛾摩拉罪人的酒"是虺蛇残害的恶毒"（《申命记》32：33）；上帝在第二次降临时对不义之人惩罚的一部分将是"作野狗的住处"（《以赛亚书》34：13）；弥迦说，在撒玛利亚和耶路撒冷陷落时，"我必

詹姆斯·蒂索，《亚伦的魔杖吞噬其他魔杖》，约 1896—1902 年

大声哀号"（《弥迦书》1：8）。（这三处英文均用的"dragon"——译者注）值得注意的是，这种关于龙的提法有时与"尖叫猫头鹰"一样都带有负面所指，后者在希伯来语中指的就是莉莉丝。

与之相反的是，和摩西有关的两条龙蛇都给出了正面的描述。第一个故事发生在《出埃及记》（7：7-17）里，当时摩西试图说服法老允许他带领受压迫的百姓离开埃及。神指示摩西，当法老吩咐他行神迹的时候，他的哥哥先知亚伦要把蛇杖丢在法老面前，杖就会变成蛇。这事一出，法老召集他的博士和术士前来，叫他们丢下杖来，这些杖也都变成蛇，但当亚伦的蛇把它们都吞下的时候，法老仍然不为所动。上帝告诉摩西此刻就去尼罗河的河岸，等法老来时，他会扔下亚伦的蛇杖，接着亚伦会举起蛇杖越过埃及所有的水源，带来的后果是尼罗河的水变成了血水，埃及所有的水都被污染了。[10]

第二件故事发生在《民数记》中，摩西在寻找应许之地，他被迫带领犹太人沿着一条贫瘠、迂回的道路穿过敌人的边界，那里有致命的蛇出没，许多人被咬。神介入并告诉摩西创造"火蛇"（萨拉夫），简单地说就是一条由黄铜制成的蛇，并把它挂在一根杆子上，"凡被咬者，一望这蛇，就必得活"（《民数记》21：9）。[11]据说铜蛇是几个世纪以后被打碎的，当时力图改革的希西家王毁坏了以色列臣民崇拜的一切偶像（《列王记下》18：1—4）。

除了那些隐喻性消极表达之外，上帝在犹太民族流浪旷野时给予庇护时也有积极的表现。在正统的《旧约全书》中，只有一个龙形生物发挥着积极作用，那就是海怪利维坦。[12]

利维坦在《约伯记》中有非常详细的描述，篇幅达34节。在《约伯记》前几章，上帝就约伯的生活和局限性谈了一些观点，希望约伯从孤独凄凉中重整旗鼓。上帝问约伯能否认为他可以以任何方式统治利维坦，甚至同它缔约，上帝继续描述利维坦的物理力量：

> 谁能开它的腮颊？它牙齿四周是可畏的。
> 它坚固的鳞甲为众人夸耀，
> 紧紧闭合，封得严密。
> 这鳞甲一一相连，
> 甚至空气都不得入其间，
> 都是互相联络，
> 胶结不能分离的。
> 它打喷嚏，就发出光来；
> 它的眼睛好像早晨的光线。[13]
> 它从口中喷出烧着的火把
> 与飞迸的火星；
> 它从鼻孔中冒出烟来，
> 如烧开的锅和点着的芦苇。
> 它吐出的气点着煤炭，
> 有火焰从它口中发出。

第二章 《圣经》和圣徒生活中的龙

> 它颈项中存在劲力,
> 在它面前的都被恐吓。
> 它的肉块互相联络,
> 紧贴其身,不能摇动。
> 它的心结实如石头,
> 如下磨石那样结实。
> 它一起来,勇士都惊恐,
> 心里慌乱,便都昏迷。(《约伯记》41:14-25)

利维坦除了是一条巨大的、鳞片状的、喷火的深渊巨龙之外,它刀枪不入、无所畏惧:世上没有一个像它一样毫无恐惧的人。(《约伯记》41:33)

然而,关于利维坦的具体神话并没有,留给我们的只有 4 部引人入胜的参考文献。[14] 在《诗篇》74:14 中,据说上帝"砸碎了利维坦的头",并"把它作为旷野的飞禽走兽的食物";在《诗篇》104:26 中,提到了利维坦是上帝创造神迹的一个例子。然而,在《以赛亚书》中,有人预言上帝将毁灭利维坦:"到那日,耶和华必用他刚硬有力的大刀,刑罚鳄鱼,就是那快行

詹姆斯·蒂索,《血灾》,约 1896—1902 年

古斯塔夫·多雷，《利维坦的毁灭》，1865 年

手稿插图，体现居鲁士大帝观看但以理给龙投食

的蛇，刑罚鳄鱼，就是那曲行的蛇，并杀死海中的大鱼。"（《以赛亚书》27：1）这里提到的"那日"是指上帝在世界末日时的最终审判。然而，在《阿摩司书》中，再次提及利维坦时，似乎又带有某种启示性，其中海怪是上帝发出力量的工具。阿摩司报告上帝说，即使他的敌人藏在"海底"，他也"必命蛇咬他们"（《阿摩司书》9：3）。综上所述，《旧约全书》中关于利维坦的说法并不能相互佐证。

这种明显的

矛盾可能是由于来源不同，人们对利维坦的看法出现了差异。在《约伯记》的描述中，上帝似乎珍爱他创造的海怪；在《阿摩司书》中上帝利用了利维坦，这些都可能源于埃及神话中势均力敌的阿佩普和拉神，两者都可以被视为体现了上帝的力量。至于《诗篇》和《以赛亚书》中提到的利维坦，它们似乎反映了或者可能接近于一个传统信仰的开端。在这个传统信仰里利维坦被妖魔化了。这一难题似乎困扰着犹太教《米德拉什》的编纂者。该文献是对《旧约全书》之谜的权威解释，据说有两个利维坦，一公一母，但上帝为了阻止它们繁殖而杀死了母的。恶魔利维坦的信条在中世纪已经确立，人们认为末日审判时，利维坦就是地狱的入口，受到诅咒的人将通过它进入地狱。

除了《旧约全书》中龙的例子之外，还有一个令人好奇的地方：贝尔和龙的虚构故事。这个公元前2世纪的亚拉姆语故事虽然没有出现在《塔纳赫》中，却被附录在希腊《七十士译本》的《但以理书》中，最早被詹姆斯国王钦定版本的《圣经》收录。[15] 在这个故事里，巴比伦国王居鲁士崇拜偶像，但是他的客人先知但以理却指出他被骗了。居鲁士崇拜的第一个神是个黄铜和黏土雕像，叫"贝尔"，意思是"主"或者"主人"。居鲁士认为这就是神，所以每天晚上给它供奉食物和美酒，早上起来，食物和美酒都不见了，但以理证明是居鲁士饥饿的祭司和他们的家人在夜间偷偷溜进来吃了祭品，于是贝尔被砸碎，祭司们接着也完蛋了。[16]

有点尴尬的国王向但以理提出挑战，要求但以理证明他的龙神，一个活生生的家伙，也是假的。但以理的回应是用沥青、脂肪和头发做成蛋糕，喂给龙吃，龙自己体内的火会点燃蛋糕，龙就会爆炸。在希腊文化与希伯来文化的交融过程中，人们认为但以理皈依居鲁士的故事是件相当不幸的事情，可是，但以理的屠龙术让书写圣徒生活的人充满想象力，随后成为欧洲民间传说中常见的屠龙方法。

虽然贝尔与龙的故事对未来屠龙传说的戏剧化产生了独特的影响，但是在《旧约全书》中讲述了法老在摩西面前投下龙，讲述了利维坦继续演变，

龙：恐惧与权力

后来成为龙对圣徒产生威胁的主要表述方式（例如下面的《圣托马斯和圣菲利普的生活》）。在《启示录》中，伊甸园之蛇演化为地狱大红龙，与此类似的是在《旧约全书》中龙被视为邪恶至极，通常是撒旦之龙的各种化身。接下来，我们转向《启示录》，看看伊甸园之蛇是如何在高度戏剧化的过程中演变为终极邪恶的龙的。

比阿特斯·多斯玛，《女人与龙》，来自一本11世纪晚期西班牙的手稿

◇ 《新约全书》中的龙

随着时间的流逝，强大的犹太教中派生出了基督教，后者将期待已久的犹太人弥赛亚确定为拿撒勒人耶稣，引发了善与恶之间越来越极端的对立评论。对此，有人认为是罗马对基督教的迫害，迫害始于64年罗马皇帝尼禄统治时期，一直持续到313年，君士坦丁大帝在《米兰敕令》中承认了基督教的合法地位，中间有一段

《对野兽和龙的崇拜》，摘自10世纪晚期的西班牙插图手稿《比阿特斯·埃斯科里亚尔》

时间的宗教宽容期。1世纪末，皇帝图密善对基督教进行了最严酷的迫害，正是在此期间，《启示录》问世；事实上，长期以来，学者们把《启示录》都看作是早期基督徒苦难的象征性叙述。

《启示录》是一位有远见的人对天启即上帝的最后审判的描述。[17]《启示录》第一章讲述了作者直接从上帝那里接受耶稣基督见证的重大真理，随后是一个包含5个部分的周密安排：1. 给七个亚洲教会的信（2–3）；2. 打开有七个封印的书卷（5–8：5）；3. 七位天使吹号（8–11）；4. 七灵（12–15：6）；5. 当七个碗倾倒在大地上时，神圣的审判就开始了（16）。《启示录》的结尾部分讲述了上帝战胜一切邪恶，创造了一个新的天堂和一个新的地球以及基督应许他的第二次降临即将发生（17–21）。[18]在第四节中，那条龙，"大龙就是那古蛇，名叫魔鬼，又叫撒旦"（12：9），第一次出现。

一个即将生下男婴的女人出现在天上，"身披日头，脚踏月亮，头戴十二星的冠冕"（12：1）。接下来出现"一条大红龙，七头十角，七头上戴着七个冠冕"（12：3）。[19]这条龙站在女人面前，准备孩子一出生就吞掉他。但是龙却蒙羞了，因为女人的孩子一出生，上帝就把她的孩子带到他的宝座上，直到他"用铁杖辖管万国"（12：5）。同时，女人逃往旷野，上帝在那里为她预备食物，并保她安全。

现在一场大战在天庭爆发，一方是上帝的大天使米迦勒和他的天使们，另一方是与上帝对立的红龙和他的天使们。大战的结果是米迦勒获得胜利，红龙和他所有的叛军都被打翻在地（12：7–9）。龙立刻去追那个女人，但是没用，因为她现在被赋予了翅膀。狂怒中，龙吐出了一场大洪水，但大地帮忙将洪水吞没，女人又一次得到保护。接着龙把它的愤怒转向那些信徒，即"她其余的儿女们"（12：14）。（原文经文标注错误，应为12：17——译者注）

在接下来的异象中，一只豹子般的野兽从海里浮现出来，它的七个头上刻着"亵渎"字样。龙赋予了这只野兽力量和权威，还治愈了它一个头颅上的致命伤。人类对龙的力量感到敬畏和恐惧，开始崇拜龙和带有"亵渎"字

尼古拉斯·巴塔伊尔，《龙嘴吐出三个青蛙精灵》，1373—1387年

样的神兽，因此在上帝指定的连续三年半里，创造了一种撒旦式崇拜。当野兽开始亵渎一切神圣的东西，并向圣徒发动战争，让人类堕落的时候，和第一个野兽一样强大的第二个野兽，从大地冒了出来。这种"双角如羊羔"的野兽，说起话来像"龙"（13∶11），这是"假先知"（20∶10）的显著标志，这就引起了对亵渎之兽和其他各种偶像的崇拜行为，第二只野兽也因"他名字的数字……六百六十六"（13∶17–18）而被知晓。这些数字刻在所有皈依邪道人的右手或额头上，这是撒旦的信徒们共同制造的骚乱。

接下来，《启示录》描述了上帝倒空七个碗，对那些崇拜恶魔的人进行的报复。在倒第六个的时候，《启示录》的作者看见，龙和野兽的嘴里各吐出一个"污秽的灵"（16∶13），之后就是世界末日大决战。这两个野兽被抓住后"就活活地被扔在烧着硫黄的火湖里"（19∶20）。然后上帝派一位天使带着钥匙去了无底坑："他捉住那龙，就是古蛇，又叫魔鬼，也叫撒旦，把它捆绑一千年。"（20∶2）不出所料，龙一旦被"暂时释放"（20∶3），就开始像以前一样让人类堕落。现在上帝采取行动，没有妥协，龙和两个野兽被扔进同一个燃烧的湖里，在那里他将永远遭受折磨（20∶10）。这个湖实际上就是地狱，那些在生活中犯罪的人将被投进来，"惟有胆怯的、不信的、

林堡兄弟的地狱祈祷书绘画，1412—1416 年

可憎的、杀人的、淫乱的、行邪术的、拜偶像的和一切说谎话的，他们就在烧着硫黄的火湖里。"（21：18）（此处原文经文标注错误，应为 21：8——译者注）

巴塞洛缪虚构的《问题》（福音）中对龙形撒旦的本质进一步提出了见解。该文本试图通过巴塞洛缪审问耶稣来阐明早期基督教中更加晦涩的形而上的问题。[20] 在《问题》的第四章中，巴塞洛缪要求耶稣揭露"人类的敌人"（4：7），他所指的就是《启示录》中的撒旦龙，在这里被称为彼列（意为"恶魔"）。尽管耶稣警告说，看到这只怪兽会使巴塞洛缪、众使徒和玛利亚倒地死亡，但所有人仍然敦促他按照巴塞洛缪的要求去问：

大地震动了，由660个天使抓着，火热的铁链捆着的彼列上来了。他的身长1600肘，宽40肘，脸如闪电，眼目黑暗。从他的鼻孔里冒出一股恶臭的烟雾；他的嘴好像悬崖绝壁下的深渊，他有一个翅膀长80肘（4：12）。[21]

正如料想的一样，所有人都死了，耶稣又让他们复活了，然后告诉巴塞洛缪要踩在彼列的脖子上，这样"他才会告诉你他的工作是什么，他是如何欺骗人的"（4：15）。

彼列支支吾吾，找出各种借口，这可以理解，最后巴塞洛缪踩住他的脖子，要他"不得有任何隐瞒"（4：26）。彼列告诉他，他是上帝创造的第一批天使，最强大的一个天使，接着列举了所有其他天使的等级和功能，包括那些目前在冥府迫害他的无名天使。然后描述了他和后来的600个小天使被赶出天堂的原因是他们拒绝服从大天使米迦勒的命令去崇拜亚当，米迦勒是上帝的第二个创造物，"因为他是上帝自己的形象"（4：53）。正是上帝对彼列的惩罚，导致彼列的复仇，从而导致人类在伊甸园的堕落。彼列解释说，只有当夏娃喝了被他的汗水污染的泉水后，才有可能受到诱惑。通过上述方式，巴塞洛缪终于理解，耶稣在各方面都与彼列迥然不同。作为这一顿悟的结果，巴塞洛缪接受了耶稣的祝福并担任信徒的牧师。

巴塞洛缪的福音为早期洞察撒旦的心理提供了一个独特的视角，从这里可以看出，撒旦对上帝作恶，其行为并不是没有动机，可以被看作是俄狄浦斯情结中充满怨恨的长子行为。撒旦的名字叫"Satan"，意思是"上帝的使者"（4：25）。他正忙着完成父亲的指令，却不知道他的最新任务是"从世界的四个角落"收集土块和水（4：53），是上帝要给他所造的万物戴上亚当的冠冕。

当米迦勒（撒旦觉得他比自己低等）告知撒旦，上帝的旨意是要求他也必须服侍和尊敬亚当时，撒旦认为父亲做得太过分了，儿子质疑父亲的权威，导致他被逐出天堂，逐出家园。因此，所有在地球上发生的一切都是儿子执迷不悟、破坏父亲作品的结果，始于伊甸园的堕落。在这场持续的战斗中，人类未来的前景完全取决于它是否正确地运用了上帝赋予的自由意志，是否能判断出上帝会取得终极胜利。根据基督徒的观点，上帝必胜，只要他重新把自己塑造成儿子的形象，并降临到地球上来拯救堕落的人类，那么此后，撒旦的日子屈指可数了。

让我们回到《启示录》，看到的是它用寓言的方式叙述了这个家庭大剧的全部历史，从创世纪到末日审判，即从伊甸园到拿撒勒。长期以来，人们一直对如何破解这一寓意的密码提出质疑，例如，披着日头的女人可以代表玛利亚，她的男性后代是耶稣，或者她可以代表早期的教会，孩子代表信徒。但是，撒旦之龙很清楚。这是我们所能想象到的最伟大的怪物，一个只为自己服务的宇宙恶魔。至于那两只野兽，它们是龙宏大的毁灭计划的其他方面：亵渎和虚假预言。用硫黄和火对这三种邪恶进行惩罚让人不得不强烈地联想到宙斯对泰坦堤丰的惩罚，这绝不可能只是巧合，因为《启示录》不仅借鉴了《圣经》传统，而且还借鉴了最早的古典神话和中东神话。

《启示录》中撒旦之龙的影响，尤其是对西方文化的影响不可估量，毫不奇怪，这在众多圣徒的生活中最为明显，从最早的基督教时代一直到中世纪。下面举的例子是对无数圣徒的生活进行了深刻的观察得出的结论：当面对一条恶龙时，勇敢地服从上帝的旨意，其结果不仅是个人免于永恒的诅咒，而且以身作则，让很多人皈依上帝，得到拯救。

◇ 圣徒和龙

毫无疑问，史上最著名的屠龙者是圣乔治。和在英国一样，圣乔治被尊为世界不少国家和城市的守护神，例如阿拉贡、加泰罗尼亚、格鲁吉亚、立陶宛、埃塞俄比亚、保加利亚、巴勒斯坦、葡萄牙、巴西、加拿大、罗马尼亚、德国、

阿尔布雷希·阿尔特多费尔,《圣乔治屠龙》,16世纪

拉斐尔·桑西,《圣乔治与龙》,1506年

希腊、马耳他、莫斯科、伊斯坦布尔、热那亚和威尼斯。他历来受到士兵、农民、弓箭手和骑士的景仰,被视为麻风病人、瘟疫受害者和梅毒患者的保护者。有时,圣乔治与圣人殉道者阿尔-希德尔联系在一起,后者被认为既是摩西的精神导师,又是屠龙者。除此之外,数以千计的教堂以圣乔治命名——仅在佐治亚州就有365座,还有许多医院和慈善机构也用圣乔治命名。这不同凡响的一切究竟是如何发生的,尤其是圣乔治如何成为最著名的屠龙者那段历史令人神往。

尽管没有确凿的历史证据,但人们认为圣乔治是3世纪的基督徒,出生在土耳其或巴勒斯坦的贵族家庭。他父母双亡后,他像父亲一样应征加入了罗马军队。他晋升到军事法庭的高层,因此成为皇家卫队的一员。圣乔治突然面对皇帝戴克里先的法令,法令要求所有基督教士兵放弃他们的信仰,不然将予以逮捕。圣乔治强烈反对,拒绝服从,戴克里先刚开始与他理论,但是圣乔治态度坚决。戴克里先觉得别无他法,下令让圣乔治进行了可怕的殉难。罗马的亚历山德拉皇后目睹了这一切,她钦佩圣乔治的勇气和不可动摇的信念,立即皈依基督教,因此戴克里先下令她应该与圣乔治一同殉难。

一个6世纪的拜占庭圣徒传记的作家极其详细地描写了圣乔治在4月23

第二章 《圣经》和圣徒生活中的龙

日（古埃及历的法尔毛提月）被波斯国王折磨致死的过程，后者被认为是"深渊的龙"或者就是"龙"，但没有证据表明圣乔治和龙之间的这种早期联系是否在后来的记述中把他神话化为屠龙者。更有可能的是，也许早在11世纪晚期，正是由于十字军从圣地返回家园，龙之战被添加到圣乔治的

兹沃勒的 I.A.M. 大师，《圣乔治斗龙》，15 世纪

生活中，与那些越来越流行的骑士英雄故事很像。毫无疑问，虽然这种特殊的神话化的背后灵感来源于广为人知的古希腊神话即赫拉克勒斯拯救赫西俄涅、珀尔修斯拯救安德洛墨达，但是屠龙一直是圣徒生活的一部分。圣徒用生活证明上帝有力量战胜一切邪恶（通常以龙形出现），证明上帝的所选之人——他的圣徒，有能力战胜邪恶。

圣乔治屠龙最早的书面记载见于12世纪希腊语的《圣乔治的奇迹》，但是却不太为人们所知，就像人们对于圣徒生活不太了解一样。圣乔治屠龙最有水准和最有影响的记载出现在雅各布·德·沃拉吉恩的《金色传奇》中，这是一本在13世纪中期备受欢迎的圣徒生活集。圣乔治作为一个保民官旅行时，来到了利比亚的西里纳城附近。这里有一个大沼泽，住着一条可怕的龙，尽管军队和孤胆英雄多次尝试，但没有人能够杀死它。更糟糕的是，龙有靠近城墙喷发毒烟的习惯，导致很多居民惨死。起初，城里的居民试图安抚龙，每天给它留下两只羊，但是当羊的数量不足时，他们就用自己的孩子来凑数，为此他们组织了一次残忍的抽签。结果，西里纳国王的女儿被抽中，国王许诺大家如果饶过他的女儿，他们将得到巨额财富，但是没人愿意。国王别无选择，只好含泪送别女儿，让她去沼泽接受厄运。就在此时，圣乔治出现了。

53

龙：恐惧与权力

伯纳特·马托雷尔，《圣乔治屠龙》，1434—1435 年

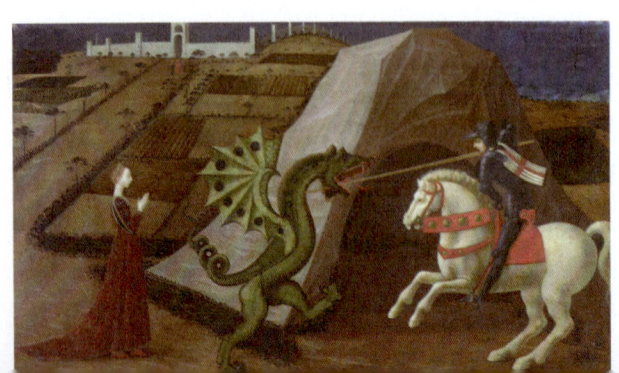

保罗·乌切洛，《圣乔治与龙》，约 1470 年

起初，女孩催促圣乔治赶快离开，但当他得知她的困境时，他坚持"以基督的名义"站在她身边。当龙靠近时，圣乔治举起长矛，把龙刺成重伤，龙轰然倒地。圣乔治让女孩迅速把带子套在龙的脖子上，结果它像一只"最温顺的狗"一样跟着女孩。女孩牵着龙往城里走，城里的人惊恐地四下逃散，圣乔治宣布，只要大家接受他的洗礼，他就把这个怪物杀掉。所有人都热切而真诚地接受了他的条件，恶龙及

时被杀死了。为了纪念圣母玛利亚，已经皈依基督的国王，建造了一座教堂，教堂里流出的水能治愈疾病。圣乔治拒绝了所有的奖赏，他教导国王要以正直的基督徒方式统治他的臣民，然后他就离开了。

雅各布接着讲述了圣乔治的殉难，这里的反派是戴克里先的总督达奇安；然而，与之前叙述不同的是，上帝给了迫害圣乔治的人应有的惩罚，正如雅各布所解释的，"当他（达奇安）从刑场回到他的宫殿时，火从上面降下来，烧毁了他和他的随从"。

《英国立刻需要你》，1915年英国议会招募委员会的海报

圣乔治的殉难从普通民间传说演变为举世闻名的神话传奇，圣乔治和龙的故事似乎为宗教激励人们无私奉献树立了一个标准。因此，圣乔治超越了政治和宗教的分歧。英国的圣乔治十字勋章就是白色背景上有一个红色十字架，它是16世纪英国宗教改革期间亨利八世清洗天主教圣物时唯一幸存下来的圣像旗。正如圣帕特里克代表着爱尔兰天主教徒，圣乔治代表了英国新教徒，如上面的征兵海报所暗示的那样，英国人常常无法区分（有的人是不愿意）英格兰和英国，这一点众所周知。

如同在其他许多国家一样，圣乔治的故事深深地植根于英格兰流行文化中。一首17世纪的街头民谣——《圣乔治和龙的新民谣》将圣乔治视为最伟大的英雄，专为"英格兰"而战的英雄，由于他的巴勒斯坦血统，这就有点讽刺了：

> 读古老的故事，你会看到，
>
> 圣乔治啊，圣乔治啊，
>
> 他如何打得龙逃跑的；
>
> 圣乔治为了英格兰，
>
> 圣德尼斯为了法兰西，
>
> （唱）亲爱的，是谁不好呢？

无论是过去还是现在，在英国众多的节日、庆典和游行中，圣乔治备受人们的喜爱，有些可以追溯到异教徒时代，那时的圣乔治与季节的更替联系在一起，还有他帮助当地人杀死龙的两个民间传说：其中一个故事发生在赫里福德郡的布林索普，当地的教堂就是为了纪念圣乔治而建的；另一个故事中，圣乔治在伯克郡唐斯镇的乌芬顿村附近与一条龙搏斗，乌芬顿的龙对后世的奇幻小说产生了不可估量的影响。

1898年，当时的伯克郡居民肯尼斯·格雷厄姆，后来的《柳林风声》的作者，他创作的儿童短篇小说《情非得已的龙》就零散地取材于这个民间传说，这使圣乔治与龙的故事第一次进入了文学创作的领域。故事想象了一个孩子与一条无害的龙成了朋友，圣乔治拒绝杀龙。鉴于格雷厄姆的巨大影响力，我们完全有理由认为，在圣乔治和龙的神话上，我们必须感谢朱莉娅·唐纳森的《佐格》和雷西达·考威尔的《无牙龙》这样的同类作品。[22]

尽管圣乔治屠龙的故事简单得有点不可思议，但龙在许多其他圣徒的生活中所遭遇的情况要复杂得多，有时甚至令人迷惑不解，其中许多可以被视为圣乔治神话的范本。然而，就像圣乔治神话一样，龙与末日的联系是永恒不变的，这是《启示录》对传统《圣经》传说寓言化的直接结果。

在2世纪颇具影响力的基督教作品《赫尔姆斯的牧羊人》中，牧羊人在乡间漫步的时候看到了一条海怪龙。这个巨大的五颜六色的生物，正朝他直奔而来，起初吓坏了他，但当上帝告诉他要保持信心和勇气时，他振作起来，

继续前进，这只怪兽只不过是向他伸出了舌头。安全地经过之后，牧羊人遇到了一位天使般的女性，她向他解释说，龙的颜色代表了世界的罪恶和最终的毁灭，代表了那些将要得救的人和那些不会得救的人，也代表了基督对永生的应许。

菲利皮诺·利皮，《圣腓力从希拉波里斯神庙驱赶龙》（局部），佛罗伦萨，新圣母大教堂斯特罗齐小教堂，1487—1502年

在3世纪早期的《圣佩尔佩图阿受难记》中，也有类似因信仰被激发而对猛龙视而不见的故事，它可能是以《创世记》28：10-19中雅各的梯子为原型。在这部作品中，被囚禁的佩尔佩图阿梦想着爬上天堂的梯子，梯子上固定着一排锋利的刀刃，梯子下面是一条龙。佩尔佩图阿依靠的就是自己的宗教信仰，她把龙的头作为她的第一根横木，这很可能是指上帝在伊甸园对蛇下的诅咒，然后毫发无伤地升入天堂。

同样成书于3世纪的《多马行传》中，龙就吃了天大的苦头。使徒托马斯在印度的路边偶然发现了一具年轻人的尸体，他意识到这可能是个陷阱，所以当一条巨大的公龙出现的时候，他毫不惊讶也不慌乱。龙有点奇怪地告诉使徒，它咬了这个年轻人并毒死了他，原因是龙爱上了年轻人正在追求的女子。托马斯要求龙说出它是谁的后代，龙吹嘘自己是伊甸之蛇的儿子、利维坦的亲戚。它说，利维坦环绕世界，咬着自己的尾巴。托马斯谴责了龙，

并命令它吸出年轻人体内的毒液并救活他。经过一番抗议,龙按照他说的做了,那个年轻人活了过来,结果那条龙体内充满了空气和毒液,爆炸了。

到了4世纪,关于龙的描述已经与异教徒反对基督教福音传道者深深联系在一起。在这些故事中,要数使徒圣腓力的传说最丰富多彩。圣腓力在贞洁的妹妹玛丽安和使徒巴多罗买的陪伴和耶稣的指引下,从今天的土耳其出发,前往小亚细亚去改变那里的居民。[23] 为此,他们沿着"蛇之路"前往"蛇之城"欧菲奥姆,"众蛇之母"厄喀德那在那里受到民众的偶像崇拜。[24] 为了保护玛丽安,耶稣告诉玛丽安掩饰自己的女性身份,以免像夏娃一样被蛇引诱。

旅程没进行多久,他们进入了一片龙女(蛇女)所在的荒野,遇到了一只在他们面前卑躬屈膝的豹子,让它把从龙的领地救出来的一只小山羊带了出来。因为豹子和山羊都可以说话,并且确信自己是基督徒,所以圣腓力让它们当了去欧菲奥姆的向导,并允许它们一起完成使命。几天后,天空变暗了,旅行者受到一条巨大的火腹龙的攻击,龙有一大群蛇的后代充当帮凶,腓力拒绝逃跑,他带领他的同伴祈祷,龙和所有的蛇立刻被闪电击中,粉身碎骨。

然而,他们与龙之间的纠缠还远没有结束,很快他们遇到了50个恶魔,在圣腓力的命令下,它们现出了原形,一群大蛇出现在路边,后面跟着一条巨大的火龙。这些生物是撒旦的后裔,是法老针对摩西而饲养的蛇的近亲。它们承认面对圣腓力身上被赋予的救世主力量,它们无能为力,它们提出为"受难者"建造一座圣城作为圣地,作为交换,允许他们逃到一个不再被找到的地方。圣腓力接受了这些条件,圣城建好后,很快就有成千上万的基督教皈依者前来居住。

传教士们现在到达了欧菲奥姆,厄喀德那的"蛇人"信徒们最初认为他们与自己是同类,尽管圣腓力早前曾导致守卫城门的两条龙死亡。圣腓力、玛丽安和巴多罗买在一家废弃的治疗师诊所安顿下来后,开始进行慈善活动,治愈病人,改变民众的信仰,消灭蛇。但他们很快遇到了有权势的居民和厄喀德那神职人员的激烈抵抗,没过多久,他们被捕并遭受了酷刑和羞辱,但他们非常有尊严地承受住了。使徒圣约翰的干预和耶稣的显现，使玛丽安和巴多罗买获得了自由，圣腓力却被倒着钉在十字架上。圣腓力对迫害他的人的野蛮行为非常愤怒，他诅咒厄喀德那，导致一个深渊开启，把她和她的追随者们一起吞没。圣腓力呼出最后一口气，升入天堂。

尽管这位圣人的生活常常让人觉得古怪，有时令人困惑不解，但它还是有一定的历史基础的。事实上，欧菲奥姆就是被毁灭的古城希拉波里斯，毗邻今天的土耳其城市棉花堡。更可靠的历史告诉我们，考古证据也证实，正是在这里，对圣腓力的崇敬在他殉难后变成了一种狂热的崇拜；也是在这里，玛丽安建造了修道院，她平静地在这里生活着。至于圣腓力，他经历了与龙的各种考验和磨难，将他的使命隐喻化显然是常态，这可以在4世纪末一本虚构的著作集《使徒竞赛史》中看到。据说这本著作是巴比伦第一位主教俄巴底亚汇编而成，人们认为他是《路加福音》（10：1-20）中被集体提到的耶稣七十二门徒之一。

俄巴底亚的著作记录着圣腓力在小亚细亚传道的大约20年的生涯。正如预料的那样，圣腓力遭遇了很多阻力。有一次他被逮捕并被带到了罗马战神玛尔斯的神像前。从神像里钻出一条猛龙，开始攻击逮捕圣腓力的人。一些人身体受伤，更多的人由于龙呼出的毒气而生命垂危。圣腓力控制了局面，他要求大家拆掉神像，放上一个神圣的十字架。大家照做后，圣腓力命令龙离开，去往一个无法伤害人类的地方。龙离开后，所有受伤和病重的人都完全康复了。他们忏悔自己愚蠢的异教徒行为，并转而崇拜圣腓力，可以肯定地说，这让圣腓力都惊愕不已。

圣西尔维斯特的生平有好几个版本，都叙述了一个和圣腓力在神庙驱逐巨龙相似的故事。他在314年成为罗马教皇，受到了罗马第一位皈依基督教的皇帝君士坦丁大帝的庇护。《西尔维斯特的圣迹》讲述了他的故事，一条龙住在罗马塔尔佩安巨石的一个坑里，那些被描述为"亵渎的处女"和"法师"（巫师）的人走下深坑的多层台阶，"就像下地狱一样"，向怪兽献祭和喂食。

有一天，龙爬上台阶，虽然它实际上并未出坑，但仅仅是它的呼吸就足以导致许多人死亡。异教徒们敦促西尔维斯特把龙制服，以证明上帝的力量。他刚开始拒绝接受这样的信仰考验，但是圣彼得在幻象中告诉了他制服龙的方法，于是他按照异教徒的要求行事。异教徒们千方百计吓唬他，他不为所动，而是成功地把台阶底部的大门锁住，这样就永远把龙关起来了。其结果是，他给所有先前服侍龙的人施了洗礼。

正如早期圣徒生活所显示的，杀死、驱逐或驯服龙和毒蛇通常体现了祈祷的力量，证明了上帝对万物的统治权。此类故事在早期基督教叙事中比比皆是，有些圣徒是历史人物，有些则是纯属虚构！安条克的圣玛格丽特（玛丽娜）因拒绝背叛上帝而遭受囚禁和折磨，被龙吞下后，她做出了十字架的标志，龙爆炸了，而她却安然无恙地重新出现，之后她被尊为分娩的守护神；圣希拉里翁命令一条凶猛的龙停在柴堆上，他接着点燃柴堆；圣洁的隐士阿蒙驯服了两条龙，命令它们看守自己的隐居地，不让盗贼光顾，他向上帝祈祷的时候，另外一条龙爆炸了；圣多纳特使用了一种不同寻常的战术，他向龙的嘴里吐唾沫，然后杀死它；被流放的圣维多利亚在一条龙面前祈祷，将它驱逐出附近的一个城镇，从而让镇上冥顽不化的异教徒皈依了基督教；圣安德鲁对一条龙下了一个充满神力的致命诅咒，它要是杀死一个小男孩，圣徒就会随后让他复活；同样，正是祈祷拯救了圣加卢邦，当圣加卢邦因恐惧而瘫痪时，祈祷拯救了他，并将两条龙逐出他的圣所。

无一例外，上帝所选之人的力量一定超过龙，这表明（通常在叙述中明确地提到）从伊甸园的堕落到基督诞生的漫长过程中，上帝在与撒旦的斗争中获得了终极胜利。尽管故事的情节构造不可避免地公式化，但也有许多创造性，在某些情况下，还有微妙的象征性。这方面的另一个例子是关于一个贵族妇女的死亡和埋葬的故事。她生前在道德上有许多缺陷，她的安葬地被一条龙侵犯，她的身体被龙吞噬。正是在圣马塞录的祈祷下，龙才乞求得到宽恕并离开那个地方，永远不再出现。此处，龙不仅仅是撒旦的化身，而且是可以被更具体地解读为女人罪孽的象征，就像它最终的忏悔和离开可以被解释为上帝对她的宽恕。

圣徒中许多人的生活一直被视为中世纪的重要典范，这主要归功于《金色传奇》。随着基督教在整个欧洲的传播，新的皈依产生了新的圣徒生活，通常包含古代的宗教主题，如驱逐或消灭龙和蛇。在某些情况下，这些故事，像圣乔治的故事，继续与民族认同感有着深刻的联系。

对爱尔兰来说，正是罗马-英国"爱尔兰使徒"圣帕特里克在5世纪的生活，证明了该国境内无蛇带来的纯净和人民的忠诚。731年，德高望重的比德说过爱尔兰是一个没有蛇的国家，尽管比德并不认为这是圣帕特里克的功劳，但他确实在其中感受到了某种近乎超自然的东西：

> 那里没有爬行动物，也没有蛇；因为虽然（蛇）经常从英格兰被带过来，但只要船一靠近陆地，它们就会呼吸到空气，然后死掉。事实上，这个岛上几乎所有的东西都能不受毒药的侵害，我也看到被蛇咬过的人喝了从爱尔兰来的书页上刮下来的碎片浸泡过的水。这种药水抑制了毒药的扩散，减轻了肿胀。

然而，直到12世纪末，威尔士的杰拉尔德才将爱尔兰无蛇的一部分功劳归于帕特里克，直到13世纪初弗内斯的乔斯林在《帕特里克的一生》中，才说他在天使的帮助下，把所有的蛇赶到梅奥郡的高岬上，并"将整个瘟疫宿主推下去，使其被海洋吞没了"。

帕特里克驱逐蛇的故事，或者更确切地说是驱逐龙的故事，一直在爱尔兰民间传说中流传着。这些传说讲述了他与母龙、恶魔卡奥拉纳赫和克拉的战斗。关于他的故事有了许多演变，在这些演变的故事里，往往是他在战斗中没有杀死龙，而是把龙限制在特定的湖里。[25]《金色传奇》记载了帕特里克的成就，尽管只有简短的一段，却使得他在整个欧洲享有盛名，就像比德

手稿插图，《安条克的圣玛格丽特》，约 1440 年

一样，人们也说"即使是那个地区的树木和树皮也能有效地解毒"。人们现在知道，后冰河时代的爱尔兰从未有过蛇，但这也许不是重点，因为作为爱尔兰的守护神，帕特里克曾经确保了在异教徒皈依的过程中消除了蛇患。在传统的圣徒生活中，蛇是各种非基督徒行为的邪恶表现，从这个意义上说，皈依前的爱尔兰到处都是可恶的生物。

在《旧约全书》和《新约全书》中，就像在圣徒的生活中一样，善恶两极分化的趋势日益增长，这使龙成为了魔鬼撒旦的化身。正如本章所指出的，这都是《启示录》中撒旦大红龙巨大影响的直接结果。因此，追根溯源，关于伊甸园之蛇的意义我们找到了解释，正如我们所见，这是一个非犹太起源的神话。不像在希腊和罗马神话中，龙与神的行为和对人类的挑战明确联系在一起，《新约全书》中的龙代表了妨碍人类皈依基督教的力量，而这种迫切需要的皈依在犹太教中并不存在。

那么，邪恶的龙，无论它们以何种形式出现，人们都讨厌它们的存在，如果人们必须面对，常常是通过召唤上帝至高无上的力量来控制它们。因此，任何对基督教不坚定的东西都是龙，包括各种形式的人类弱点，如我们所见，基督教和犹太教都有性别偏见，女性的性行为既是人类弱点的缩影，同时也能激发人类弱点，所以要加以限制或者完全抑制。随着这种观念在基督教文化中根深蒂固，再加上皈依过程中带来的类似古典神话的偏见，龙女将不可避免地成为整个基督教世界的民间传说和传奇故事的主要内容。

| 注释 |

[1] 伊甸园之蛇是《圣经》前五部书中仅有的两种会说话的动物之一，另一种是巴兰的受神启示的驴。

[2] 这个故事是公元前13—前10世纪的十二块石碑中的第十一块重新描述的。

[3] 从公元前6世纪起，莉莉丝这个名字就出现在许多碗和护身符上，有时还伴随着作为夜叉的形象。《死海古卷》希伯来语言本《圣歌》中的怪物名单中也包括了莉莉丝，该文本被认为可以追溯到公元前1世纪。

[4] 从13世纪开始，犹太教密宗经典《光辉之书》在基督教的欧洲被人熟知，但它的历史可以追溯到公元前2世纪。《光辉之书》中对莉莉丝的重要性进行了大量的阐述，将她定义为撒旦邪恶的女性形象，也就是他所谓的"剩余的灵光"。莉莉丝也被认为是希腊神话中的拉弥亚。

[5] 虽然学界对于《塔纳赫》的正典是什么时候确定的还没有达成一致观点，但公元前2世纪似乎可能性比较大。至于它什么时候开始发展，也许是公元前8—前6世纪。然而，它的叙事起源可能要更久远。

[6]《旧约全书》的钦定本很大程度上依赖于1534年威廉·廷代尔的《圣经》，该《圣经》

直接从希伯来《圣经》翻译而来。

[7] 原始的苏美尔蛇龙库尔据说是迪亚马特的帮凶或后代。

[8] 由于希伯来人的神一度被称为巴尔，而亚玛又被称为罗坦，因此有人认为这个神话与神挑战利维坦是对应的。

[9] 迈罕以两条蛇的形式环绕着世界，代表了拉和奥西里斯的结合，奥西里斯是冥界和死者的神。另一个围绕着世界的蛇是埃及神话中的西托，他也象征着宇宙的秩序。

[10] 在《摩西五经》（《圣经》的首五卷）中，当亚伦把杖扔下去的时候，杖就变成了龙，但是当摩西把杖扔下去的时候，杖就变成了蛇。

[11]《使徒行传》（28：3-6）中也反映了这个故事，当时保罗的圣洁使他在被毒蛇咬伤后免受伤害；在虚构的《多马福音》中，孩提时代的耶稣奇迹般地治愈了另一个同样被毒蛇咬伤的孩子。

[12] 1534年，威廉·廷代尔无论是否将那条"大鱼"翻译为"鲸鱼"，它反正吞下了约拿，作为他违背上帝差遣的惩罚（《约拿》1：17；2：1；2：10），但将它看成一条龙还是令人质疑的。除了耶稣将他即将遭受的苦难与约拿的监禁之苦相比较（《马太福音》12：40）之外，约拿的"鱼"在圣经的龙故事中再也没有戏份了，如那些在圣徒的生活中讲述的故事。

[13] 从字面上看，"neesings"这个词的意思是打喷嚏，但在这里它最有可能是指从利维坦的嘴里喷出的水。

[14] 这不包括提及雷哈布，它有时被认为是埃及的意思（《诗篇》87：4；89：8-10；《以赛亚书》51：9），有时被认为是凶猛傲慢或骄傲的意思（《以赛亚书》30：7；《约伯书》9：13；26：12）。根据中世纪犹太人的民间传说，雷哈布是一条海龙，可能与利维坦是一样的。这不可与约书亚中的妓女喇合混淆。

[15]《旧约全书》是公元前3—前1世纪从希伯来《圣经》翻译而来的。1885年，伪经从《圣经：钦定本》中被删除。

[16] 贝尔这个名字很可能来自迦南神巴尔和巴比伦神马杜克的别名。

[17] 这个有远见的人到底是谁还在争论中。传统上认为是使徒约翰，但最近有人认为是帕特摩的约翰，关于他的情况所知甚少。

[18] 每个部分有七个小节，数字七在《圣经》传统中具有象征意义。

[19]《启示录：17》中对妓女之母，也被称为巴比伦大娼妓，也有类似的描述。这种生物以及《启示录》中所预设的其他生物背后的灵感，很可能就是《但以理书：7》中所描述的。

[20] 这本书共分五章，最初是在4世纪用希腊语写的，后来以拉丁语和斯拉夫语译本的形式保留了下来。

[21] 一肘通常是约44厘米。

[22] 关于《情非得已的龙》和育龙现象的讨论，分别见本书第八章和第十章。

[23] 以下故事保存在菲利普的《使徒行传》《殉道者》以及被认为是阿卜迪阿斯编纂的《使徒历史》中。

[24] 厄喀德那无疑是指古希腊的泰坦怪兽，它的许多龙的后代被赫拉克勒斯杀死。见本书第一章。

[25] 关于柯南的神话，柯南是费尼安不朽的英雄芬恩·麦克库尔的儿子，他在帕特里克到来之前几个世纪就杀死了卡奥纳奇。

第三章

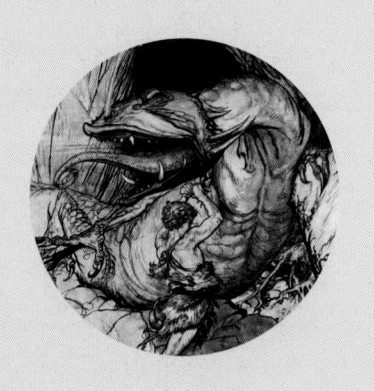

日耳曼龙（上）：
古斯堪的纳维亚神话和古英国文学

>   龙一定在古墓里，老态龙钟，为宝藏而沾沾自喜。

上面的说法来自古英语智慧诗《格言诗》。总体上，这首诗歌明确无误地属于基督教哲学，但其中许多关于事物本质的直言不讳、看似听天由命的陈述可以追溯到异教徒时代，它似乎在说，"龙和龙道是真的，一直是，并永远是"。当然，正如上一章所指出的那样，对于日耳曼基督徒来说，龙是一种困扰，就像龙同样困扰着或者曾经也困扰日耳曼异教徒。龙哪怕没有作恶，人们也认为只要看见它们就是灾难的预兆，例如，793年，维京人第一次进攻英国，攻击地点是北海林迪斯法恩岛上的修道院。《盎格鲁－撒克逊编年史》在记载这一事件时，用启示录的语言哀叹了这一事件：今天，可怕的警告降临到了诺森伯兰人的土地上，并使人民极度恐惧。旋风狂猛，电闪雷鸣，火龙在空中飞舞。随后发生了一场大饥荒，不久之后，在同一年，异教徒大肆蹂躏、抢劫和屠杀，毁掉了林迪斯法恩上帝的教堂，让人悲伤。

可以说，用龙来解释不幸事件是老生常谈。尽管如此，在早期日耳曼文献中，龙的来源更为广泛，其作用也更为复杂，表达了深深的社会焦虑。本章和下一章认为，盎格鲁－撒克逊、英格兰、中世纪斯堪的纳维亚和日耳曼的龙故事，以人类的担忧为背景，表现了龙对人类安全，某些情况下，甚至对宇宙的秩序构成了可怕的威胁。

◇ 冰岛《埃达》中的龙

日耳曼异教神话和传说最早的文献包含在《诗体埃达》中，这是一部非凡的诗集，创作于13世纪的冰岛，一直是其口头文学的一部分。[1]然而，《诗体埃达》只叙述了部分异教信仰，还有大量的材料没有收录，冰岛中世纪最伟大的作家斯诺里·斯图鲁松（1179—1241年）对此却如数家珍。为了避免冒犯教会教义,斯诺里把古老的传说制作成小册子送给那些胸怀抱负的诗人,同时为传统诗句里的修饰性语言提供解释。例如,斯诺里指出,对宝剑的形容(比喻性,通常隐喻式)有"战斗的蝰蛇""强大的战蛇""被杀的蠕虫",这清楚地表明在北欧勇士看来,在战斗中龙形生物的力量值得推崇。斯诺里珍贵的《散文埃达》在1220年左右完成。

根据《诗体埃达》和《散文埃达》中严格的神话学观点,有两条龙(蛇)很特别,众神和人类应该畏惧它们:一条是会飞的爬行龙尼德格,其名字的意思是"充满仇恨并持续攻击的那条龙",另外一条是巨大的海蛇米德加德或者叫世界之蛇,也就是众所周知的乔蒙甘德(巨蛇)。它们在神话体系中的地位不容小觑。

北欧人把宇宙设想为有三层,可容纳九个世界,它们是神族、侏儒、精灵、巨人和凡人的家园。最上层是众神的阿斯加德城堡和"英灵殿"瓦尔哈拉。主神奥丁在此聚集了他的军队,军队由大批死去的凡人英雄组成,为最后一场拉格纳大战(诸神的黄昏,即终极之战)做准备。中间层是中庭世界,凡人和众神的主要敌人——巨人都居住在这里。中庭世界被海洋环绕,米德加德蛇咬着自己的尾巴,盘绕在中庭世界的整个圆周上。最底层是冰冻世界赫尔,这里由死于疾病或者高龄的人组成,或者,在《诗体埃达》和《散文埃达》的一些描述中,这里更像基督教中的地狱,那些在生活里不守规矩的人在此受罚。掌管这里的是同名女神赫尔,赫尔世界中有一片区域叫纳斯特隆德(死尸之绳),尼德格在这里趾高气昂。

北欧的宇宙中心是世界之树——伊格达希尔位于北欧的中心,其字面意思是"奥丁之马",意为一种巨大的生命力,它的根被尼德格啃坏了。虽然尼德格来历不明,但米德加德蛇、巨狼芬里尼和女神赫尔都是洛基神的后代。洛基神最初只是淘气但最终变得恶毒,他的孩子们被称为"洛基怪物之窝",与尼德格一起,都是北欧神话里最具危险性的生物。[2] 在异教徒的词汇里,无论对生者还是死者而言,这些生物的名字都是最接近邪恶和恐怖的。

虽然没有专门的神话介绍尼德格，但它的强大力量和病态的欲望在两首埃达诗中有所描述：《格里姆尼尔语录》和《女先知的预言》（瓦洛斯帕）。《格里姆尼尔语录》讲述了奥丁如何谎称自己叫格里姆尼尔（"蒙面者"或"隐藏者"）与他妻子的门徒（名叫盖罗）残酷遭遇的事情。在奥丁长期遭受折磨的过程中，他传授了很多关于北欧宇宙及其居民的知识，包括尼德格和毒蛇对生命之树造成伤害的大量细节：

> 更多的蛇
>
> 躺在生命之树下的
>
> 灰烬里，任何傻瓜
>
> 都猜不到。
>
> 去吧，去吧！
>
> 他们是格拉夫维特尼尔、格拉巴克和
>
> 格拉夫沃卢的儿子，
>
> 编织和睡觉。
>
> 我想他们
>
> 将一直
>
> 撕裂树枝。[3]

> 生命之树的灰烬
>
> 会承受着任何人
>
> 都不知道的巨大
>
> 痛苦。一只雄鹿从上面
>
> 咬它，它从
>
> 两边腐烂，
>
> 尼德格把它从下面切掉。[4]

生命之树代表着生命的重要能量，而尼德格代表着一切威胁它的力量。

在《女先知的预言》中，奥丁由于其知识的局限性无法确定未来，他只好从冥界召唤了一位女先知来启发他。女先知以第三人称的方式，告诉了奥丁神话的整个跨度，过去、现在和未来，她对尼德格在赫尔的住所进行了毛骨悚然的描述：

北欧宇宙的图式化，显示了环绕中庭的米德加德蛇和位于生命之树根部的尼德格

一个大厅里，她站在远离太阳的地方，
在死亡之滨。朝北面对着大门，
毒液滴了进来。
通过通风口。那个大厅是由蛇的刺制成的。

看见她在黑暗的溪流中涉水，伪证者和
杀人犯，
还有那些腐蚀别人妻子的人。
尼德格在那里吮吸死者的尸体……

女先知第二次提及尼德格也许更令人不安。在她预言的最后几节，她清楚地陈述了拉格纳大战并不是万物的终结，因为世界重生了，某些神要么在大灾难中幸存下来，要么从冥府复活。在这个新世界里，到处都是绿色的牧场、美好的欢乐和愉悦——一个乌托邦。但是在最后一节中，就在女先知沉入地狱之前，她做出了这个神秘的陈述：

然后，阴影中的龙飞来，
闪亮的蛇从月亮山的
黑暗中升起。
当尼德格飞越山谷时，
他的羽翼中
带着尸体。
现在她必须沉下去。

我们可以用两种方式来解释女先知所说的意思：一方面，尼德格的到来可能是实时发生的，就发生在女先知讲话的时刻，因此龙的出现预示着拉格纳大战的开始。如果是这样的话，那么众神的重生象征着未来的希望。另一方面，它可以被理解为尼德格也居住在拉格纳大战之后的重生世界。这意味着拉格纳的创世是一个循环过程，未来是一个持续重复并充满厄运的过程；换句话说，不管这个世界多么频繁地重生，混乱总是会随之而来，因为这是所有生物的最终命运。

在古日耳曼世界中，尼德格象征着最令人不安的龙的形象。这种怪物的行为缺乏动机：没有黄金宝藏需要守护，没有心存恐惧的处女可以囚禁。就像我们在日耳曼早期资料中看到的那样，尼德格所做的一切就是折磨死者，试图破坏生命的本质，最重要的是，尼德格带来了所有社会最畏惧的东西——混乱。没有一个屠龙英雄能够对抗像尼德格那样强大的黑暗力量，这一点我们或许可以理解。

可怕的米德加德蛇至少有个旗鼓相当的对手，那就是英雄雷神索尔（也译作托尔——译者注），他是中庭所有逍遥法外的怪物的克星。索尔与蛇遭遇过3次，第一次发生在他受到巨人乌苏塔卡达 - 洛基的诱骗，表演了一系列看似简单的高难度动作，其中之一是他要把一只猫举过头顶。[5] 就像在这个神话中索尔必须经受考验一样，他败下阵来，他只举起了猫的一只爪子。索尔根本不知道，由于巨人施展了魔法，他举的实际上是米德加德蛇。

17 世纪冰岛手稿插图中的尼德格啃咬着世界之树的根

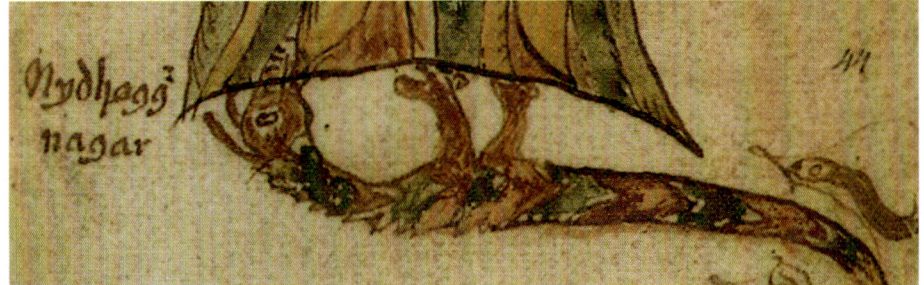

龙：恐惧与权力

约翰·海因里希·富塞利,《索尔大战米德加德蛇》,1790年

后来,索尔意识到自己受到了羞辱,他决意报仇以恢复自己的名誉。索尔穿过中庭,来到巨人海弥尔在海边的家,要求巨人带他出海钓鱼。索尔把一头巨牛的头拧下来当鱼饵,然后逼迫巨人不断向大海的深处驶去,巨人变得不安。索尔投下鱼饵,成功地钩上了米德加德蛇。他把蛇拖出水面,用他的雷神之锤(姆乔尔尼尔)把蛇砸得嘶嘶作响。惊慌失措的海弥尔割断了鱼线,放跑了雷神的猎物。索尔被海弥尔的怯懦激怒了,把他打下船,然后大步上岸。虽然古日耳曼的其他文献认为,在这次遭遇中,索尔杀死了米德加德蛇,但是如果我们把神话看成是有时间顺序的话,那么,这次,他没有杀掉蛇。[6]

索尔与米德加德蛇的最后一次交手是在拉格纳大战中,当他无法将其父奥丁从怪狼的利齿中救下时,他冲向米德加德蛇,把蛇打死了,但是他跟跟跄跄后退了9步,中蛇毒而亡[7],正如《女先知的预言》所说:

地球著名的

孩子(索尔)

来了，奥丁的

儿子冲向前去，

地球的保护者

愤怒地击中

那条蛇，

人人都要放弃他们的家园。

九步之遥

奥丁的孩子

（索尔），困难

重重，

从蛇那里

回来，

不再嘲笑。

就像生命之树和尼德格一样，索尔和米德加德蛇也代表着生命正反两方面的对立。

众神和怪兽的相互毁灭当然是拉格纳大战的戏剧性高潮，但即便如此，在日耳曼传说中，英雄被他的对手龙杀死的情形也是罕见的。[8]古英语诗歌《贝奥武夫》就是这种情况的一个重要实例：英雄最后也与龙进行了惨烈之战，其构思本质上是以索尔和米德加德蛇的神话为蓝本的。

◇ 《贝奥武夫》与怪兽

6世纪的盖尔斯王国位于瑞典西南部，在贝奥武夫国王统治下，50年来国泰民安。但是，国王不知道大祸临头了。一个受虐的奴隶、一个无名小卒，受不了主人的残暴，逃跑了。他躲到了遥远的海边悬崖上的一个土堆里。不知不觉中，他进入了一个古墓。一个勇士族的唯一幸存者曾经把全族的财富埋藏在这个古墓里，然后等待自己悲惨的结局。勇士死后不久，一条在空中飞行的、15米长、能喷火的爬行龙横在古墓上，龙在那里已经待了300年，把宝藏当做自己的珍宝，狂热地守护着。

看到巨龙，绝望的奴隶震惊了。快受到攻击时，他顺手抓了一个宝物，一个镶了珠宝的金杯，逃之夭夭。回到主人家后，他交出金杯，很快恢复了工作。与此同时，龙发现少了宝物，还发现了一个人类的脚印。它怒火中烧，决定找到谁就向谁报复。夜幕降临，巨龙从巢穴中腾飞，它要把盖尔斯王国的土地化为灰烬。黑夜里燃起熊熊大火，一切都无法幸免：农场、要塞甚至国王贝奥武夫金碧辉煌的王座。

贝奥武夫不是一个意志消沉的人，但是突如其来的变故还是让他困惑和震惊，他甚至怀疑自己冒犯了"神"。然而，他的一贯作风是要采取行动，他计划反击。他不打算大举起兵，而是穿上新近锻造的铁盾护身，带领一支由11名勇士组成的精锐铠甲小队出击。现在，贝奥武夫搞清楚了龙的来由，强迫那个奴隶带路去古墓，虽然奴隶很不情愿。他们到了以后，贝奥武夫打算不顾危险，单枪匹马地对付王国的破坏者。

贝奥武夫把他的勇士们安置在安全的地方，然后向悬崖走去。一股沸腾的溪流从古墓下方涌出，贝奥武夫发出了挑战的呐喊。巨龙喷着火焰出现了，贝奥武夫意识到他的宝剑纳格林——一贯可以信赖的传家宝——对龙的鳞甲无计可施。他的手下看见国王陷入绝境，纷纷逃跑，只剩下一个人。这个人是威格拉夫——贝奥武夫的亲戚，他至今还未在战场上经受过考验。贝奥武夫与威格拉夫并肩向龙发动攻击，威格拉夫的椴木盾牌被龙火烧掉，他就躲在贝奥武夫的盾牌后面。趁着龙稍微分神，贝奥武夫成功地击中了龙的头部，宝剑被折断了，他的脖子也被龙咬了一口。现在威格拉夫出手了，他成功地刺破了巨龙的肚子，扑灭了它的火焰，贝奥武夫得以用一把刀对它的肋骨发出了致命一击。

但是，贝奥武夫为胜利付出了巨大的个人代价，他被龙咬了以后毒发而死，他临终前交代王位由威格拉夫继承。让他感到欣慰的是他的臣民得到了宝藏，他要求将他的骨灰安葬在俯瞰大海的岬角上。威格拉夫下令将龙的尸体推下大海，没收了逃兵们的财产并把他们流放。但是贝奥武夫错了，他对盖尔斯王国的希望破灭了，因为宝藏被下了诅咒，臣民们并没有从中受益。大部分宝藏在贝奥武夫火葬的柴堆里烧毁了，剩下的被永远埋在为他新建的海岬坟墓里。可以预见，随着贝奥武夫的离去，盖尔斯王国的未来黯淡无光，因为一些在贝奥武夫长期统治期间被压制的古老家族要卷土重来了。

这是对《贝奥武夫》最后一千行主要情节的概括，几乎占整首诗的三分之一。但是这些诗行所表达的依然微不足道，因为其大部分内容是回忆，回忆过去的部落战争、血腥战斗和时代宿仇，从经验和祖先的记忆里得到的可怕警告和对未来的恐怖预言。就像诗的其他部分一样，它的基调是一种遗憾的悲伤，一种挥之不去的失落感。然而，在所有的厄运和阴霾中，那些光明磊落、勇往直前、坚韧不拔、对家人和朋友忠贞不渝的英雄，人们歌颂他们。在这些英雄中，贝奥武夫堪称典范。

《贝奥武夫》只存于一份手稿中，大约可以追溯到 1000 年。尽管这首诗在两个多世纪前被首次翻译以来，但它的实际创作日期是学术界一直存在争议的话题，总的来说，8 世纪中叶似乎是最可信的。关于这首诗起源的主要问题是：五六世纪斯堪的纳维亚异教徒的故事，进入了基督教化的盎格鲁－撒克逊英格兰诗歌，这是如何发生的？对此，我们只能推测：首先，必须记住，盎格鲁－撒克逊人是北日耳曼民族的一支，他们征服并定居在英格兰，与诗歌中记录的事件大致处于同一时代；其次，即使贝奥武夫的传说不是由盎格鲁－撒克逊入侵者直接引进的，但与北方异教徒一直有贸易往来，该传说很可能是通过贸易到达英国海岸的。

一些古老的传统难以消失，它们告诉我们生活多么艰辛，告诉我们正确的处世之道。贝奥武夫的伟大传奇不会轻易被遗忘，无论它潜在的意识形态是什么。也就是说，基督教对诗的影响不可否认，诗歌中虽然没有直接提起耶稣，但是多次提到了《圣经》中的内容。同样，虽然没有提及异教神灵例如奥丁、索尔和他们的同伴[9]，但是，前基督教英雄社会的价值观和信仰贯穿于整个过程。我们只能说，一旦传说被一位天才的盎格鲁-撒克逊诗人掌握，它就演变为基督教的外壳下包装的异教徒的战争和英雄故事。正是基督教理想和异教的结合，造就了这首诗歌独特的表达方式。

这首诗的历史真实性也同样复杂。我们从其他资料中得知，这首诗中的许多人物，尤其是那些地位显赫的人物，都是真实的历史人物。但贝奥武夫本人是一个明显的例外，值得注意的是，这首诗没有提到他有任何兄弟姐妹，而且明确地说他没有孩子。随着贝奥武夫和威格拉夫相继死去，他们威格蒙丁部落的血统就此结束。因此，贝奥武夫这个角色是虚构的，是一种理念。要理解他代表了什么，要理解他与龙的致命遭遇意味着什么，我们必须从他的英雄事迹入手。

贝奥武夫在这首诗中主要而独特的角色是怪物杀手。年轻时，他和他的勇士团从约塔兰（很可能是今天的基特兰德）前往丹麦，丹麦宏伟的宫殿希奥罗特已经被疯狂的怪兽格伦德尔攻击了12年。诗歌中说，格伦德尔是《圣经》人物该隐的后裔，该隐犯下了人类第一次手足相残的罪行后，被上帝判处过流放生活。在格伦德尔遭受袭击的死亡之夜，许多人遇害，年迈的国王赫罗斯加也茫然无措，不知如何才能阻止骚乱升级。

当贝奥武夫到达希奥罗特时，人们对他知之甚少，只知道他的父亲曾经受到赫罗斯加的保护。为了偿还人情债，贝奥武夫觉得帮助国王义不容辞。人们接待他的时候褒贬不一，赫罗斯加的主要顾问之一对于贝奥武夫已经取得了辉煌成就的说法公开提出质疑。因此，我们第一次认识的贝奥武夫，与民间传说中的"前途渺茫的英雄"并无二致。所有认识他的人都认为他是一个平凡的年轻人,但他却不断地出乎人们的意料,取得了非凡的成就。尽管贝奥武夫受到了批评,但他自信而有力地予以了反驳。国王赫罗斯加欢迎贝奥武夫的到来。贝奥武夫随即宣布,他将单枪匹马、手无寸铁地与格伦德尔作战。

当天晚上,贝奥武夫和部下在希奥罗特的大厅里等待着入侵者。果不其然,格伦德尔来了,他砰地一声打开门,抓住离他最近的那个人,然后开始吃人。随后,他伸手去抓贝奥武夫,却发现自己被牢牢地抓住了。当格伦德尔试图逃跑时,贝奥武夫毫不畏惧地把怪物的手臂从他身上扯了下来,愤怒的格伦德尔被迫冲进黑夜里,后来死了。贝奥武夫把格伦德尔的手臂高挂在大厅的墙上,作为他胜利的见证。接下来举行了一场盛宴,其间,作为对贝奥武夫伟大事迹的致敬,国王的一位领主即兴创作了一首诗,描写了一个传奇的屠龙者,诗歌里的英雄叫西格蒙德。[10] 但是丹麦的麻烦没有结束,因为格伦德尔的恶魔母亲来寻仇了,她怒气冲冲地降临到大厅,就像她儿子一样,她抓住离她最近的人。当勇士们拔出宝剑时,她携着战利品逃走了,这次抓的是国王最信赖的顾问。

贝奥武夫和部下做好了追击的准备,他们循着怪兽的踪迹找到了她在沼泽地带的老巢。老巢位于一个深湖的下面,湖中蛇和海龙涌动,贝奥武夫用箭射死了一条蛇。他们在附近发现了一个被砍下来的头颅,就是那个被掳走的国王顾问的头。贝奥武夫佩戴上盔甲,拿起一把珍贵的宝剑,这宝剑是先前诽谤他的丹麦人借给他的。他跳进湖里,游了下去,最终在怪兽的洞穴里发现了她。他们扭打在一起,不断通往洞穴的深处,那里有一大群蛇也来攻击他。他想用借来的宝剑解决战斗,却是徒劳。这时他看见身旁有一把巨大的古剑,他抓住古剑对着怪兽们的头一顿砍杀。然后,他看见了格伦德尔的尸体,就把他的头也砍了下来。这把源于巨人的宝剑血迹斑斑,开始融化,只留下它华丽的剑柄。贝奥武夫紧握着剑柄和格伦德尔的头,游回到战友们身边。丹麦人遭受的痛苦,至少是怪兽带来的痛苦,已经结束了。

那么,这一切都告诉我们诗中龙的意义是什么呢?虽然贝奥武夫屠怪显然是这首诗的核心内容，但这一信息与故事所处的社会政治背景密不可分。诗人的主要目的是对英雄社会的易怒、支离破碎和沙文主义本质提出批评，抑或，这首诗也许是英雄社会的一首挽歌，从中我们了解到，在这样的社会里，在财富和福祉方面所取得的成就很少能持续下去，会有背叛和篡位，创造和平的努力将失败，战争将无处不在。像任何时代的所有社会一样，英雄社会需要3种要素才能繁荣：社会的和谐、争端的结束和赏赐，它能确保在冲突时期保持忠诚，或者用诗人的话来说就是"分配戒指"。

我们分别来看贝奥武夫的可怕敌人，就能发现它们代表着上述要素的对立面。格伦德尔对立的是社会和谐，他是一个孤独者，讨厌听见蜂蜜酒大厅里的欢歌笑语。社会，顾名思义，就是需要考虑他人，而格伦德尔却没有，他要积极地杀戮的目标是那些珍视社会纽带的人。至于格伦德尔的母亲，她可以被看作是世仇心态的一个缩影，但也应该注意到，在她为亲人报仇时，她像男人那样行事，而这些男人当时被称为英雄。正如近几十年来学者们所观察到的，对格伦德尔母亲的描写既是虚伪的父权制产物，也是对世仇政治的批判。至于龙的意义，它是为了金钱而杀人的生物，守护财宝，当成自己的宝藏。它象征权力的滥用，是分配戒指的失败；简而言之，龙是贪婪可怕的化身。

在英雄社会里，贪婪和随之而来的虚荣心被认为是万恶之源，诗人在《贝奥武夫》中明确地表达了这一点。在贝奥武夫杀了格伦德尔的母亲，归来后不久，国王赫罗斯加做了一次"布道"，他对贪婪进行的谴责值得我们注意。他警告贝奥武夫，巨大的力量会带来危险和诱惑，而这是他注定要面对的，他援引了曾经高贵勇敢的古代丹麦国王赫勒莫德死亡的例子。赫罗斯加讲述了赫勒莫德最终"没有给丹麦人民带来快乐……他谋杀了他的同伴……放弃了人类的快乐……变得嗜血，他从来没有为了荣誉给丹麦人分配戒指……他过着郁郁寡欢的生活，为自己的恶行而受苦"。一个冷酷无情的利己主义者不仅会毁了他所控制的所有人，也会毁了他自己。这当然也适用于龙，它守财奴般的满足感完全来自于蹲坐在它的宝藏上；而当它被打扰时，它就会肆意破坏。贝奥武夫和龙，无私和自私，相互抵消，这是这首诗悲观主义的特点，或者有人会认为，这是现实主义的特点。

英雄主义和灾难之间的这种对比始终贯穿着这首诗。这就是评论家们所说的"反讽的并置"，也就是说，当描述某件值得称赞或有希望的事情时，它马上就会有可鄙的或灾难性的事情如影随形。有一个生动的例子：贝奥武夫杀死格伦德尔之后，庆祝活动的一部分就是赫罗斯加的领主向屠龙者西格蒙德献诗致敬。就在这时，国王援引了臭名昭著的国王赫勒莫德的例子。

诗人先告诉我们西格蒙德战胜了一条龙，名利双收，但诗人连一口气都没换，话锋一转就讲到了赫勒莫德国王的暴政，他最终被推翻，随之给他的人民带来了动乱。诗人说，贝奥武夫"被他的朋友们和全人类所珍爱"，而赫勒莫德则被"罪恶"所占据。英雄恢复秩序，暴君制造混乱，这种并置不仅预示贝奥武夫在与龙的致命遭遇中不占上风，还预示格伦德尔的母亲即将受到攻击。J.R.R. 托尔金评论道："灾难已成定局。失败是主题。"龙是这一切的最终保证。

◇ 怪兽与奇迹

还有其他3个关于龙形象的文本值得一提，这些文本似乎在盎格鲁–撒克逊时代就广为人知。也许很重要的是，其中的两个——《东方奇迹》和《亚历山大致亚里士多德的信件》——都是从拉丁语文献翻译成古英语的，并与《贝奥武夫》的手稿来源相同。第三本动物寓言集《自由怪兽》（《怪兽之书》）显然借鉴了前两本，但目前没有古英语译本（或许曾经有过）。[11] 由于它可以追溯到7世纪或者8世纪初，所以创作《贝奥武夫》的诗人明显是个有学问的人，他受到了《自由怪兽》以及其他两部作品的影响，尤其是他对格伦德尔、格伦德尔的母亲和龙的描绘。《自由怪兽》较早提到了海格拉克——盖尔斯的国王、贝奥武夫的叔叔——他被描述为"体形惊人的怪物"之一,他的"骨头保存在莱茵河的一个岛上……作为奇观向远道而来的旅行者展出",由此引发了《贝奥武夫》与《自由怪兽》之间关系的大量学术争论。虽然不可能就这种互文性得出明确的结论,但可以看出,在盎格鲁-撒克逊文学生态中,涉及外来怪物的传闻时,还是有所区分的。

《自由怪兽》由大约120个小段组成,分成3个部分,每个部分都包括了对龙状生物的记述,但最后一部分全部是关于各种各样的蛇的内容。[12] 关于作者,有两件事情值得关注:第一,他是个精通希腊和罗马神话的人;第二,他不太情愿提供资料来源,也对许多资料的来源深表怀疑,尤其是那些他认为是来自异教徒的文献,他倾向于把这些信息斥之为"杂乱无章的故事"。然而,尽管作者作为基督徒有所保留,但他的写作似乎是接受了上级的指示。

在《自由怪兽》的前两部分,作者告诉我们"在阿卡迪亚有一种叫卡库斯的怪物",这是一种住在洞穴里的生物,"从它的胸部喷出火焰"。它喜欢抓住公牛的尾巴,把它们拖进自己的巢穴。同样值得注意的是那些被赫拉克勒斯生擒的龙类动物,例如,勒拿的九头蛇和三头狗以及一种有50个头的生物,它从所有的嘴里喷火,并配有50个盾牌和50把剑。[13] 最后一节讲的是蛇,同时还叙述了一些涉及赫拉克勒斯的故事,其中不少是断章断句或奇怪的表述,很可能是口头传播过程中出现的词句丢失。其中一个例子就是冥河巨龙,"全世界最伟大的龙",据说它环绕着冥府。然而,作者有时会忍不住对自己的资料来源做出判断,如在埃及艳后的故事中,她被"双蛇携群怪在云层中狂吠着"追赶,作者认为这样的表述"用谎言在女王的身后创造了怪兽和虚无缥缈的蛇,同样,这些诗人们也人为地胡编乱造了一些从来没有发生过的事情"。作者似乎对自己的努力感到厌倦,他对全文总结如下:在这些蛇中间……有些是真的,有些则全是假的。还有许多蛇,像迪斯帕德斯、莱古里、海摩洛迪斯、拉特里斯等,我到现在也没发现有什么引人注目或者值得关注的东西。

《东方奇迹》包含 37 个小段，所提到的蛇和龙与《自由怪兽》里的几乎重叠，两者表面上的区别在于，作者对于所叙述的龙和蛇深信不疑，没有任何一处表达了丝毫怀疑。尽管如此，最后一段还是有些隐晦地讲述了艾曼斯和曼布雷斯兄弟。众所周知，在《出埃及记》中的一段丢失或刻意掩盖的伪经中，这两人扮演了巫师的角色。当摩西请求埃及法老释放以色列人时，他们向摩西提出了挑战。在《东方奇迹》中，作者讲述了已故的艾曼斯警告曼布雷斯，上帝因他的偶像崇拜、判断失误而惩罚了他，他现居地狱，"那里有永恒的惩罚之火"。很可能，作者提醒我们的是，当我们要相信包括他自己在内的其他人的文字时，我们需要有自己的见解，否则我们会判断失误。

《自由怪兽》还总结了《亚历山大致亚里士多德的信件》中许多关于怪物或其他未知生物的记述，这封信本身可以追溯到公元前 4 世纪。关于龙形蛇的详细叙述，在此稍微重复下也不为过。《亚历山大致亚里士多德的信件》讲述了亚历山大大帝征服印度的旅程，在此期间，他和他的手下与"蛇类和野兽"发生了许多不愉快的、经常是致命的遭遇。其中一次，一些人被看似河马的东西踩死之后，亚历山大称之为"水怪"，他决心继续前进，集结军队，寻找淡水。经过一段艰难的旅程后，他们来到一个湖边扎营。他们点燃篝火，在夜幕降临前，点亮两千盏金灯，他们认为金灯能保护他们，但情况并非如此。随着黑暗的降临，蝎子入侵了营地，接着是红色、黑色和白色的"有角蛇"，于是"整个乡野都回荡着蛇的嘶嘶声，而我们却毫不畏惧"，亚历山大如是说。

这仅仅只是个开始，因为当有角蛇游走后，两头蛇、三头蛇、有鳞蛇、喷毒蛇、三叉舌蛇和"圆柱大小……甚至更大的蛇"从附近的山坡上接连下来了，显然它们是想到湖里喝水，对路上碰到的任何东西都不闻不问。在随后的混乱中，亚历山大的 30 个士兵和 20 个随从被杀。天亮了，又有大量的野兽向他们发动攻击，当天晚上，亚历山大下令处置那些把他们带入险境的向导，向导可能都是土著印度人，雇佣他们是本次远征中的一贯做法。这次的处罚手段是把向导们捆起来，打断他们的腿，砍掉他们的手，"以便蛇在去喝水的路上把他们吞掉"。至少在这方面，人们可以很容易地得出这样的结论：亚历山大和他的入侵军队与让他们惶惶不安的怪物一样可怕。

尽管如此，人们明确地视《亚历山大致亚里士多德的信件》为一个证据，证明亚历山大的生平和事迹值得钦佩，也是对他的评价，后来还被建制派收录为文献，这一点体现在中世纪教会将亚历山大列为备受尊敬的九圣贤之一，九圣贤是由三名基督徒、三名犹太人和三名异教英雄组成的团体。[14]那么，由于亚历山大叙述了他在印度与龙的遭遇，《亚历山大传奇》一书说他是龙之子就有点讽刺意味了。该书是一本使徒传记，是在3世纪用希腊语写成的，到了中世纪出现了无数的版本。

该故事是这样的：当时流亡在外的埃及法老尼克塔尼布斯二世，是一位颇有成就的魔术师和占星家。他向马其顿国王腓力二世的妻子即亚历山大的母亲奥林匹亚斯预言，她将被古埃及的阿蒙神宠幸并怀上一个儿子。奸诈的尼克塔尼布斯二世然后假扮成龙的样子，找到奥林匹亚斯实现他的"预言"："他站起来，把下巴放在她的手上，然后把整个身体翻转到她的膝盖上，用他分叉的舌头吻她。"

与此同时，国王腓力二世做了一个梦，梦中预言他的私生子长大后将成为征服者；他坚信亚历山大的伟大命运，把孩子当做亲生孩子来抚养。但是亚历山大和尼克塔尼布斯二世之间的关系却令人堪忧，当年轻气盛的

15世纪插画，《卧室里的龙：亚历山大大帝之母受孕》

亚历山大把尼克塔尼布斯二世推进沟里致其死亡时，尼克塔尼布斯二世在临终遗言中透露，他才是亚历山大真正的父亲。尽管如此，亚历山大没有为弑父感到愧疚，他随后标榜自己血统神圣。

虽然早期的日耳曼龙曾经在文化记忆里消失，但是许多个世纪之后，《贝奥武夫》等文本将其恢复，与《亚历山大致亚里士多德的信件》和《亚历山大传奇》一同构建了一个理想的基石，那就是人类的行为会被世俗和宗教权威认可并推广，亚历山大大帝就是这个缩影。[15]

那么，从盎格鲁-撒克逊和古斯堪的纳维亚诗歌以及相关文本对龙的态度中，我们可以学到什么？最清楚的一点是，龙并不总是针对特定的人；相反，它们只威胁所有不幸与它们遭遇的人。就像《贝奥武夫》里的龙一样，龙代表永恒的恐怖——自大狂亚历山大除外——它们是任何正面事物的对立面，它们是任何能增强或者延长人类寿命的对立面。凡是基督教不认可的事情，《自由怪兽》的作者都持悲观态度，他也认可部分龙的故事是上帝创造世界的一部分，换句话说，要避免与强大的恶魔遭遇；如果无法避免，就要抵抗，即使那些抵抗的人知道必死无疑，贝奥武夫就是如此。

尼德格与众不同，无论是谁只要从它的路上经过都难逃厄运，而英雄们与米德加德蛇、贝奥武夫与无名龙作战，结果不仅是英雄们的悲剧，也是寻求他们保护的人的悲剧。[16]指导原则是来自异教信仰还是基督教信仰并不重要，归根结底，它传达的信息是，所有世俗的胜利都是徒劳的。当至高无上的勇士——英雄索尔挺身而出与米德加德蛇战斗时，我们可以假设他明知自己无法获胜，但他依然要战斗。最后这一幕对所有人都起到了榜样的作用，让他们不畏艰险，不因恐惧或怀疑而妥协。无论如何，索尔的行为充满了信仰。

贝奥武夫也是如此。在这里，诗人回顾了一个不同于他自己的时代，一个英雄的时代，并认识到他遥远的异教徒祖先所经历的苦难、不确定性和不可避免的结果是所有时代的共性。诗人通过塑造贝奥武夫这个人物，呈现了一个坚忍克己、意志坚定的典范，这个典范尽管面临着巨大的艰难困苦，但他依然不屈不挠。[17]索尔和贝奥武夫这样的英雄，他们被抽象为生存意志，而龙、米德加德蛇和作为贝奥武夫克星的那条龙，它们被抽象为阻碍生存的力量。无论我们如何寻找这些龙的意义，例如，在《贝奥武夫》中，龙的意义是贪婪，它们的最终意义都是死亡本身。在这方面，尼德格是龙中之龙。

阿瑟·拉克姆，《西古尔德屠龙》，1911年

| 注释 |

[1] 冰岛于9世纪末首次有人居住，并于1000年皈依基督教。

[2] 正如古斯堪的纳维亚语专家鲁道夫·西米克所指出的那样，随着时间的推移，尼德格"像基督教幻想文学中的巨龙一样，与地狱般的惩罚之地联系在一起"。

[3] 本章列举的龙（蛇）《诗体埃达》和《散文埃达》中都没有提供更多的信息，只是《散文埃达》记载，它们的某些名字或是黄金或者是剑的意思。

[4] 《散文埃达》补充说，正是在赫瓦格密尔，所有河流的源头，尼德格对伊格达希尔造成了最大的损害。

[5] 索尔和乌苏塔卡达-洛基的故事只在《散文埃达》中出现。

[6] 在一些文献中，雷神在拉格纳大战之前似乎就杀死了米德加德蛇。

[7] 索尔的"九步"可能指的是北欧宇宙的九个世界。

[8] 中古日耳曼诗歌《奥特尼特》也以龙杀死英雄为特色。

[9] 除了《盎格鲁-撒克逊编年史》中的一些家谱参考外，奥丁只在另外两个现存的古英语资料中被提及，两者都被大量基督教化。在《格言1》中，"奥丁创造了偶像，但万能的上帝创造了天堂"。在《九草咒》中，"奥丁拿了九根荣耀的树枝，击打蛇，使它分成九个部分"。

[10] 这是题外话，下文将具体讨论，西格尔蒙德的名字与西格蒙德的名字是一样的，西格尔蒙德是英雄西古尔德的父亲，西古尔德是冰岛《沃尔松格萨迦》中杀死龙法夫纳的人（见本书第四章）。《贝奥武夫》的作者不太可能在这方面被误导，特别是考虑到他要让读者很好地理解古老的故事。因此，似乎有一个更古老的传说，其中西格尔蒙德是屠龙者，在后来的扩张中，他的儿子被赋予了这个角色，不管怎样都没有证据。

[11]《自由怪兽》《贝奥武夫》与7世纪学者、诗人阿尔德海姆作品之间也存在关系（阿尔德海姆曾经是马姆斯伯里的修道院院长，后来是舍伯恩修道院的创始主教。他写了不少关于龙是邪恶和诱惑化身的作品）。

[12]《自由怪兽》显然是基于2—5世纪的希腊《博物学家》。详见本书第五章。

[13] 最后这个生物到底是谁还不清楚，但它可能是革律翁（见本书第一章）。

[14] 亚历山大是异教英雄之一，另外两位是赫克托耳和尤利乌斯·恺撒；犹太人是约书亚、大卫和犹大·马加比；基督教徒是亚瑟王、查理大帝和11世纪法兰克十字军布永的戈弗雷。

[15] 7世纪叙利亚语翻译的《亚历山大传奇》中美化了他，将亚历山大与龙进一步联系在一起，这可能是受到了《但以理书·贝尔与龙》（见本书第二章）的启发。据说亚历山大通过诱骗龙吞下石膏、沥青、铅和硫黄的混合物杀死了它。

[16] 一些学者认为《贝奥武夫》中龙的名字是硬石，意思是"坚强的心"。

[17] 另一种观点认为贝奥武夫本人就是一个怪物，从基督教的角度来看，异教的过去意味着骄傲和邪恶。

第四章

日耳曼龙（下）：
古老的萨迦

就文学产出而言，冰岛是中世纪欧洲生产力最高的国家。从12世纪到15世纪，冰岛有数百部萨迦，其中许多篇幅相当长且主题多样，包括了圣徒的生活、斯堪的纳维亚大陆国王的传记、有关早期殖民者的现实主义风格的小说、自由翻译的希腊和罗马史诗以及对前殖民时代英雄的生活和行为的奇幻描述。虽然龙在许多这样的萨迦体裁中都出现过，但在最后一类，古代萨迦（神话萨迦）中，我们发现龙的形象最为丰满。[1]

毫无疑问，最有趣和最有影响力的古代萨迦是13世纪的《沃尔松格萨迦》（《沃尔松格传奇》），它和《贝奥武夫》一样，贪婪的龙、被诅咒的黄金和超人的英雄事迹为其标配。这个萨迦的灵感来源于古老的日耳曼故事，讲述的是沃尔松格家族的西古尔德，也就是人们熟知的西格弗里德的传奇故事。它也是19世纪晚期理查德·瓦格纳四幕歌剧《尼伯龙根的指环》的主要灵感来源。瓦格纳自誉自己的成就是他的全部艺术作品，阿道夫·希特勒认为这些作品表达了纳粹的意识形态。沃尔松格的传奇和英雄贝奥武夫的故事同时也是最具影响力的现代奇幻小说——J.R.R. 托尔金的中土小说《霍比特人》（1937年）和《魔戒》（1954—1955年）的灵感来源，这一点人们争议不大。因此，本章将最密切地关注这一萨迦及其相关内容，并考察其他萨迦——龙在其中扮演了威胁性的角色。

◇ 被诅咒的黄金和《沃尔松格萨迦》

《沃尔松格萨迦》中的巨龙故事始于奥丁、洛基和颇具神秘色彩的神霍尼尔，他们要探索阿斯加德以外的世界。他们到达了安德瓦利的瀑布，在那里他们看到一只特大水獭正在吃刚捕到的鲑鱼。洛基朝水獭砸了一块石头，一下子把水獭砸死了。众神把水獭和鲑鱼收拾起来，继续赶路，到了一个农场，他们要求主人让他们留宿。这家主人叫赫瑞德玛，他有3个精通法术的儿子。众神向赫瑞德玛展示他们的猎物,兴高采烈地宣布他们将有一个丰盛的晚餐。当赫瑞德玛看到水獭以后,他叫来儿子法夫纳和雷金,告诉他们,他们的哥哥欧特已经被杀,凶手就在这里,众神迅速被抓并被捆绑起来。

众神提出了补偿的方法,随便赫瑞德玛要多少财富都给他。赫瑞德玛剥下水獭的皮,要求众神用黄金装满并覆盖住水獭的皮。奥丁派洛基去找黄金。洛基径直去找海洋女神兰,借了她的大渔网,然后他回到安德瓦利的瀑布撒网,捕上来一条梭子鱼,他知道这条鱼是侏儒安德瓦利伪装的。洛基知道侏儒有一些特别的本事,就把他押到了他的洞穴,要求他用一大笔赎金换取自由:安德瓦利必须交出所有的黄金。当侏儒把金子拿出来的时候,洛基注意到侏儒试图把一枚金戒指藏在胳膊下面。洛基要他把戒指也交出来,安德瓦利恳求神让他保留戒指,因为这是"安德瓦利之宝",一枚魔法戒指,它可以造出更多的金子。洛基拒绝了,这毫不奇怪。

安德瓦利的所有财产都被夺走,他于是给戒指下了诅咒,说无论谁拥有戒指都会招来无穷的灾祸。洛基感谢侏儒提供了这个有用的信息,但还是把戒指拿走了,并回到了赫瑞德玛的农场。奥丁被"安德瓦利之宝"弄得眼花缭乱,决定把它留下,占为己有。水獭的皮现在塞满了金子,众神按照赫瑞德玛要求的那样开始用剩下的黄金覆盖它。但是当他们宣布工作完成时,赫瑞德玛并不满意,因为一根水獭须仍然可见。奥丁别无选择,只能用"安德瓦利之宝"来覆盖它。他们被释放并随即离开,洛基将魔戒的致命诅咒传给了赫瑞德玛。

众神离开后,法夫纳和雷金要求父亲分发黄金,父亲拒绝了他们的要求,他们两人就把父亲杀了。雷金要求和哥哥平分黄金,法夫纳戴上了他父亲的"恐怖头盔",这是一顶魔法头盔,也是一种符文,能让人产生幻觉。法夫纳不费吹灰之力,就把雷金两手空空地赶出了家门。法夫纳把黄金带到附近的荒野,并建造了一个巢穴来保护他的财富。随着时间的流逝,法夫纳变成了一条龙。

◇ 西古尔德、法夫纳和雷金

雷金在一个皇室家庭找到了一份铁匠的工作，但是他被要求抚养一个叫西古尔德的马童，这是一个令人印象深刻、有前途的年轻人。雷金教会了西古尔德许多本领，并很快得知西古尔德的父亲是传说中的沃尔松格国王西格蒙德，他在西古尔德还未出生时就被一个皇家的情敌杀死了。雷金还得知，沃尔松格家族的财富被安全地保存在西古尔德的母亲赫尔蒂丝手中，赫尔蒂丝已经再婚，一些仍忠于沃尔松格家族的国王保护着她。听到这里，雷金嘲笑西古尔德太穷了，连一匹马都没有。这一点很快就被弥补，奥丁出手帮助西古尔德获得宝马格拉尼，这是奥丁本尊的座驾八足神驹斯莱布尼尔的后代。

随着西古尔德不断长大，他越来越把为父亲报仇视为自己的基本职责，但雷金有不同的想法，他认为，西古尔德装备精良，正是那个能够战胜他那变成龙的哥哥的人，从而可以帮助他夺回原本属于他的财富。出于这个目的，他告诉了西古尔德黄金的来源以及在哪里可以找到法夫纳，但他没有提到他参与了谋杀他的父亲，这恰好说明了雷金很会骗人。

在雷金的说服下，西古尔德答应处理完家事后去对付法夫纳，于是他让雷金为他铸造了一把宝剑，但是当西古尔德用铁砧试剑时，宝剑断了。雷金第二次试剑时，宝剑也断了。西古尔德去看望他的母亲，并向她要了父亲的碎剑——格拉墨。母亲很高兴地把剑的碎片给了他，并相信她的儿子将名扬四海。西古尔德随即把宝剑的碎片给了雷金，要他重新锻造格拉墨；完工后，当西古尔德再次用铁砧试剑时，断裂的是铁砧。西古尔德策马扬鞭，征募了一支强大的军队，成功地为他的父亲报仇雪恨。凯旋后，他和雷金出发去对付法夫纳。

当西古尔德和雷金到达法夫纳盘踞的荒野时，他们发现了一条路，法夫纳习惯顺着这条路爬去找水喝。从路上的痕迹看，法夫纳的体形要比雷金先前说起的大得多。为了安全起见，雷金建议西古尔德在路上先挖一条沟，坐进去，等龙爬过头顶时把宝剑刺入它的心脏。西古尔德在挖沟的时候，一个留着胡子的老者打断了他，告诉他多挖几条沟，这样就可以盛下喷涌出来的龙血，也许可以让西古尔德不被龙血淹死，这个老者就是奥丁，他随即离开了。西古尔德照做了，很快，在一片可怕的喧闹声中，恶龙爬了过来，在他面前喷着毒液。然而西古尔德并不害怕，当恶龙从头顶经过时，他把格拉墨连剑柄一起插进了恶龙的胸膛，浑身是血的他从沟里跳了出来。

法夫纳意识到自己遭遇了致命一击，咆哮着问是谁干的。如《沃尔松格萨迦》和《诗体埃达》中的《法夫纳的故事》所述，一开始，西古尔德掩饰自己的身份，他怕暴露身份会让自己处于不利地位。但是法夫纳没有上当，他指责西古尔德的回答是在撒谎，西古尔德便报出了自己的名号和血统。法夫纳问，人人都畏惧他的"恐怖头盔"，一定是谁指使他来的。西古尔德吹嘘说是自己的判断和勇气使然。法夫纳虽然嘲笑西古尔德，但是对于西古尔德提出的问题一一作出了明智的解答，这些问题涉及了北欧三女神的代言人、拉格纳大战等，这表明法夫纳掌握了凡人不能获取的知识。法夫纳还透露，他知道是雷金怂恿西古尔德来杀他的，并告诉西古尔德雷金也会毫不犹豫地杀了他。最后，法夫纳建议西古尔德趁现在还来得及赶紧离开。西古尔德毫不畏惧，他宣布要先去法夫纳的老巢中拿取黄金。法夫纳临死前告诉了西古尔德黄金的诅咒，但西古尔德没有被吓倒，在把法夫纳打入地狱之后，他只是放言没有人会永远活着。

看见法夫纳死了，雷金从藏身之处走出来向西古尔德表示祝贺，但是有点奇怪的是，他对参与杀害自己的哥哥表示了内疚，当然，这是他转移西古尔德注意力的手段。西古尔德批评他胆小懦弱，这也恰好掩盖了他即将对西古尔德动手的计谋。雷金自己喝下了龙血，据传说这样做可以让他刀枪不入，他让西古尔德把龙心烤给他吃，就算是西古尔德为杀戮赎罪了。

西古尔德尽心尽职地烤了龙心，当他品尝龙心是否熟了时，他发现自己可以听懂鸟语。从小鸟的口中，西古尔德获悉，让雷金活下去很不明智，正如法夫纳预言的那样，雷金正盘算着杀掉西古尔德。受到如此警告，西古尔德拔出格拉墨砍掉了雷金的头颅。现在，黄金和"恐怖头盔"都归西古尔德所有，他骑上骏马格拉尼载着宝物飞驰而去，但他将遭遇更大的危险。[2] 在鸟儿的指引下，他找到了沉睡的"战斗少女"——曾经为奥丁效力过的瓦基里·布伦希尔德。西古尔德就这样找到了一生的挚爱，但最终也是他的厄运。显而易见，后来，"安德瓦利之宝"和黄金上的诅咒应验了。

◇ 历史和传说

在《诗体埃达》的35首诗中，有17首要么部分涉及沃尔松格家族传说，要么全篇都是写的该传说，很有可能还有其他的诗歌涉及了这个传说，但是没有流传下来。根据已知文献和部分不知道来源的文献，斯诺里·斯图鲁松的《散文埃达》对沃尔松格家族传说总结得最为详细，也最让人信服。本章的第一部分解释了"黄金"是"水獭的支出"这个隐喻语的由来，除了这个文献和《沃尔松格萨迦》本身，还有源自日耳曼的故事都有沃尔松格家族传说的不同版本，其中两个版本流传很广。

最详细的描述出现在中古高地的日耳曼史诗《尼伯龙根之歌》中。故事的主人公西格弗里德是典型的中世纪浪漫故事中的侠义骑士，但他也不幸卷入了与冰岛传奇人物相同的角色之中。[3] 然而，诗中只简略提到了主人公屠龙的事，这一戏剧情节的重要性在于，西格弗里德杀死了龙之后，就像《沃尔松格萨迦》中的雷金一样，他沐浴在野兽的血液中，因此他将刀枪不入。然而，一片落叶挡在了他后背上，一片皮肤因此没有沾到龙血，留下了"致命的弱点"，一旦被对手知道，则必死无疑。西格弗里德身披鳞甲，拥有超人的力量和巨大的财富，只有一个弱点，从某种意义上说，这就是法夫纳对西古尔德的翻版。

另外一个来源是13世纪的《提德瑞克萨迦》，它重述了一部分西古尔德的故事，大致遵循了与《尼伯龙根之歌》相同的轨迹。由于它也是高地风格，

第四章　日耳曼龙（下）：古老的萨迦

这个萨迦可能是早期低地日耳曼故事的一个翻译，或者是挪威人根据多个日耳曼资料汇编而成的诗歌。诗歌的氛围与《尼伯龙根之歌》相似，都属于基督教，但在讲述方面与冰岛的文献有重要区别，例如，西古尔德必须杀死的龙（也许是伪装的龙）是雷金而不是法夫纳。无论如何，那条龙不是法夫纳，因为西古尔德用一根棍子敲它的头就把它杀了，并用龙血浸泡身体，随后把龙吃掉。这样一来，西古尔德像《尼伯龙根之歌》的西格弗里德一样有了鳞甲，也像《沃尔松格萨迦》中的西古尔德一样能听懂鸟语。

实际上，在《提德瑞克萨迦》中，西古尔德的传奇故事是条次线，主线是希·冯·伯恩的生活，就是萨迦标题中的提德瑞克。他的冒险故事似乎起源于西奥多大帝的传说，西奥多大帝是生活在 5 世纪末和 6 世纪的国王，他在意大利建立了东哥特王国。提德瑞克在他的一生中杀死了两条龙，第一条是和另一个英雄一起杀的，他们从飞龙的血盆大口中救出了一个人。第二条龙在杀死当地的国王后抓住了提德瑞克，这一次，他被囚禁的时间不长。和贝奥武夫与格伦德尔母亲的战斗一样，提德瑞克很幸运地在龙的巢穴里找到了一把宝剑，他用宝剑杀死了龙和它的后代。第二次屠龙的一个后果是，提德瑞克娶了国王的遗孀，因此当上了国王。提德瑞克有一次能喷火，这再次表明英雄的力量和对手龙的力量之间的界限模糊。

相比之下，虽然《沃尔松格萨迦》充满了异教的神话色彩，但它的背景却是一个比《尼伯龙根之歌》和提德瑞克的故事更普通的世界。这些风格上的差异表明了在异教时代以及后来的欧洲基督教时代，斯堪的纳维亚和日耳曼传说演变过程的复杂性。然而，所有这些来源都有真实的历史背景，可以追溯到 4 世纪和 5 世纪的欧洲移民时期以及持续到领土纷争的 6 世纪。这是一个动荡的时期，罗马帝国的北部边界在日耳曼部落向南和向西流动的压力下崩溃了。同一时期，在匈人阿提拉的领导下，游牧的欧亚勇士们将东哥特部落从黑海帝国驱逐出去，向西进入与日耳曼人掠夺和征服相同的地区。[4]

西古尔德 / 西格弗里德传说的大部分背景是日耳曼人占领的 5 世纪的勃艮

第（不要与现代法国的勃艮第混淆），它恰好位于部落冲突最严重的地方，也就是说，在莱茵河的西北河岸。虽然实际的历史人物是可以确定的，比如匈人阿提拉，他是《尼伯龙根之歌》中的埃采尔以及《沃尔松格萨迦》中的阿特利，但时间和地理上的异常使我们无法以任何真正的历史背景来阅读这些传说。在众多的推测中，有一个可能性相当吸引人，那就是西古尔德/西格弗里德传说的原型是 6 世纪墨洛温王朝的西格伯特一世国王（561—575 年在位），他的领土包括勃艮第王国。西格伯特一世的王后叫布伦希尔达，可他后来也惹上了麻烦，他因此被谋杀，据说布伦希尔达进行了血腥复仇。尽管在中世纪的冰岛文献中并没有这样记载，但两者在姓名和家族冲突方面却非常相似。

◇ 奥丁和莱茵河黄金的角色

尽管这个传说的历史真实性是一个由各种可能性交织而成的错综复杂的网络，但是《沃尔松格萨迦》为何如此详细叙述龙和被诅咒的黄金？对于这个问题，我们可以构思出多种答案，而在此之前，我们首先需要考察奥丁在萨迦和更广义神话中的角色，因为这是萨迦悲剧的核心所在。

人们会记得是奥丁帮助西古尔德得到了他的宝马格拉尼，当西古尔德在通往法夫纳喝水的小路上挖沟时，是奥丁再次出现并给了他建议。然而，这并不是奥丁在萨迦中仅有的干预，因为奥丁从传奇故事一开始就领导着亡命之徒西格（据说是他自己的儿子）离开这个国家，去追求巨大的财富和权力。就在西格被推翻并在叛乱中被杀之前不久，他有了一个儿子雷瑞尔，这孩子后来也变得异常强大。然而，雷瑞尔的问题是，他不能让妻子怀上继承人，为此，他们向奥丁的妻子弗丽嘉祈祷，请求她帮助他们。作为回应，弗丽嘉让奥丁送去了一个"愿望少女"和一个有生育能力的苹果，雷瑞尔的妻子因此怀孕。但是在孩子出生之前，雷瑞尔病亡。怀孕 6 年后，雷瑞尔的妻子命人将孩子从她腹中剖出，虽然她知道这样做她自己必死无疑。这个孩子就是沃尔松格，是父母一直盼望的男性继承人。沃尔松格一长大，由于神的再次帮助，他娶了奥丁派来帮助雷瑞尔夫妇的同一个愿望少女，家族的血脉自然得到了延续。

沃尔松格国王的宫殿大厅中矗立着一棵巨树巴恩斯托克。一天，一个独眼的陌生人出现了，他挥起一把巨大的宝剑将其刺入树干，只留下剑柄在外。他宣称，谁若能拔出此剑，就可以将它作为礼物收下，而他也将证明这柄宝剑举世无双。这次，来的人又是奥丁，这把剑就是格拉墨。西古尔德后来为了替父报仇而重新铸造了这把剑，用它战胜了法夫纳，这让人想起亚瑟王获得神剑的方式。唯一能拔出格拉墨的人是沃尔松格的大儿子西格弗里德——西古尔德的父亲。

不久之后，沃尔松格在与一位国王的战斗中死去，这位国王娶了沃尔松格的女儿，他嫉妒西格弗里德获得了格拉墨。西格弗里德经历了许多考验和磨难，才夺回了他与生俱来的权力，他最终娶了公主赫约迪斯，但他的第一次婚姻是灾难性的。赫约迪斯很快怀孕了，但在她生下西古尔德之前，西格弗里德遭到伏击并被杀。西格弗里德最后一战的决定性时刻是，一个挥舞着长矛的独眼陌生人加入战斗，似乎站在对手一边。当西格弗里德试图解除他的武装时，格拉墨被打得粉碎。西格弗里德临终前对妻子说，这个陌生人就是奥丁，因为他，西格弗里德……对神来说……已经毫无用处了。

值得注意的是，西古尔德的许多祖先在他们的妻子怀孕或刚生下孩子后不久就以血腥的方式死去，沃尔松格的死亡是唯一的例外，奥丁确保了他的儿子西格弗里德从巴恩斯托克中拔出了格拉墨，不久后他才死的。奥丁的干预显然包括确保沃尔松格血脉的延续，就这一目标而言，奥丁似乎是在进行一项可以被称为基因工程的计划，以培养出终极勇士。奥丁干预了沃尔松格家族五代人，高潮是西古尔德的出生，从这一点上说，西古尔德的个人使命在他一出生似乎已经实现了。

奥丁多才多艺，他有无穷的智慧并精通诗歌，这一切都是为了实现一个更加宏伟的目标：在英灵殿聚集凡人的英雄大军，这是备战拉格纳大战的一部分。但是奥丁想在拉格纳大战中取胜的愿望并没有实现，正如上一章所述，这场最终的决战导致了双方的毁灭，奥丁自己也战死了。因此，沃尔松格基因工程是奥丁宏大计划的一部分，要是从西古尔德的最终命运来考虑的话，这个计划是否成功有待争议。

如前所述，在西古尔德杀死法夫纳并缴获被诅咒的黄金后，他出发去寻找瓦基里·布伦希尔德，发现她穿着盔甲沉睡在那里。瓦基里的职责是谨遵奥丁的指令，让那些奥丁需要的伟大凡人勇士在战斗中被杀，然后把他们送到英灵殿。但布伦希尔德却违背了主人的命令，让一个特定的勇士在战斗中获胜，而不是被杀，因此背叛了她的主人。作为惩罚，奥丁诅咒她，用一根"睡眠针"刺了她，并把她赶出了英灵殿。

前述对她的惩罚还不够，西古尔德遇见她并把她从囚禁中解救出来后不久，他就给了她"安德瓦利之宝"作为爱情的信物，她因此受到了双重诅咒。正如我们已经知道的，西古尔德拥有法夫纳的黄金，这将最终给他带来厄运，那就是在床上被谋杀，这是失恋和饱受折磨的布伦希尔德安排的，因为西古尔德被他后来娶的女人古德伦公主的母亲骗喝了一杯"健忘酒"。为了证明他对古德伦的爱，西古尔德把一些法夫纳的心给她吃了，这让她"比以前更冷酷、更聪明"。古德伦新得到的特质起了重要作用，一个更主要的原因是西古尔德从布伦希尔德那里要回了"安德瓦利之宝"，并把它送给了古德伦，她随即也被诅咒。

在古斯堪的纳维亚的其他地方流传着这样的说法：为了到达英灵殿，一个战士必须战死沙场，最好是手握宝剑，就像西古尔德的父亲西格弗里德一样。尽管《沃尔松格萨迦》讲述了西古尔德死在古德伦的怀抱之前，如何成功地将宝剑刺向凶手并杀死了他，但没有文献表明西古尔德后来到达了英灵殿。[5] 鉴于这位终极勇士的死亡有点不体面，他死后唯一能去的地方就是赫尔——一个无法逃离的冰封地狱，《诗体埃达》中有两首诗支持这种可能性，那就是《布伦希尔德的赫尔之旅》和《古德伦的磨难》，它们可能是根据早期冰岛的口头传说创作而成的。

在《布伦希尔德的赫尔之旅》中，已经去世的布伦希尔德反思了自己生命中的悲剧，表达了前往赫尔与西古尔德团聚的决心。在《古德伦的磨难》中，古德伦也反思了她诸多的个人悲剧，并回想起西古尔德曾经说过要从赫尔回来看望她，因为他已经提前知道了未来。在《沃尔松格萨迦》中也有类似的说法，布伦希尔德去世前做的最后一件事是命令古德伦杀掉西古尔德3岁的儿子[6]，这样沃尔松格家族就没有男性继承人来延续血脉了，那么西古尔德死亡产生的最严重的后果就是奥丁的计划失败，没有达成他预想的结果。值得注意的是，萨迦中的黄金最后全部沉没在莱茵河中。莱茵河流过古老的勃艮第，在欧洲早期的历史中，几个世纪以来交战的部落一直在这里争夺霸权。

因此，人们很容易将被诅咒的黄金解释为莱茵河本身的象征，就像在《沃尔松格萨迦》中所记录的那样，古老的民间记忆提醒人们，没有人能最终占有莱茵河流经的西部土地。事实上，古德伦的兄弟们被阿特利俘虏后，受到折磨，正是他们的英勇不屈才使得萨迦中的黄金最终消失在莱茵河里，没有人知道黄金的确切位置。这里潜在的道理似乎是：黄金关乎众神的厄运，同样也关乎凡人的厄运。

正是由于这种无处不在的厄运，我们才能理解法夫纳的形象，他就像《贝奥武夫》中的龙一样，体现了人类在生存斗争中的阴暗面——个人利益凌驾于部落忠诚和集体生存之上，而且永远都会如此，因为龙的性情正是人类本性的一部分。当传奇的天平上增加了人类心理的砝码，无论奥丁怎样干预都已经无济于事了。奥丁的局限性是这部萨迦的核心信息，奥丁试图操控的是不可抗拒的力量。"命运如此！"如贝奥武夫所说：被诅咒的黄金和对黄金的贪婪是这种必然性的象征。

作者引用并精心糅进萨迦的那些故事来源，在9世纪和10世纪欧洲文学的市场上已经明显地变成了硬通货，这主要归功于维京人。他们带着各种故

拉姆逊石刻局部：西古尔德屠杀法夫纳

拉姆逊石刻上的图画

事登上龙骨船，开启他们的扩张之旅，让人印象深刻。在维京人教堂的椽子、洗礼池和雕刻了如尼文的石头上，西古尔德和法夫纳的故事随处可见，足见他们对此的喜爱。无论在故乡还是他乡，他们都让自己感受到西古尔德和法夫纳的存在。基督教之所以容忍异教偶像，基于他们认定的一个事实：依照基督教的观点，龙代表撒旦，而屠龙者要么是圣徒，要么是上帝托付的英雄。

最引人注目的画面之一是瑞典的拉姆逊石刻，它可以回溯到1030年。在这块平坦的岩石上，雕刻着西古尔德炙烤着法夫纳的心脏；鸟儿们警告西古尔德，他的同伙是个奸诈的家伙；格拉尼被拴在一棵树上；无头的雷金等画面。所有这些画面都被一条巨大的龙环绕着，这条龙从下面被西古尔德的剑刺穿。也许是出于对这个传奇悲剧本质的认同，这件雕刻品的创造者在法夫纳的身体上用如尼文留下了纪念："阿尔里克的母亲、奥姆的女儿西格丽德，为她丈夫西格罗德的父亲霍尔格尔的灵魂建造了这座桥。"

◇ 黄金－索瑞尔

在冰岛的一些传奇故事中，人们讲述了黄金的腐蚀力量，它可以像对待法夫纳一样，把黄金的主人变成一条龙，例如《黄金-索瑞尔萨迦》（也叫《阿尔斯卡夫约萨迦》），其核心情节以龙为主体。萨迦的主人公是冰岛人索瑞尔，后来也叫黄金-索瑞尔，他和9个亲兄弟一起去了挪威，在那里他们以捕捞鳕鱼为生。一天晚上，索瑞尔看到附近山坡上有一团奇怪的火在燃烧，别人告诉他那是一场石棺之火，守卫着它的是巨魔阿格纳尔，它的财宝就埋在石棺之下。尽管受到严厉警告要远离石棺，但是索瑞尔和同伴凯蒂尔·比约恩还是决定闯进去，拿走宝藏。按照他们的想法，如果能摆脱枯燥的渔夫生活，就算冒险也值得。

他们的冒险之旅一开始并不顺利，因为当他们登山时，一场暴风雨把他们刮下了山坡，他们连站都站不稳了，精疲力竭，最后睡着了。索瑞尔在梦中看见阿格纳尔来找他，并因他蓄意抢劫惩罚了他，然后又说自己是索瑞尔的叔叔。考虑到亲戚关系，阿格纳尔决定帮助索瑞尔，条件是他必须去寻找其他的宝藏。如果索瑞尔同意，阿格纳尔将为他装备精良的武器、防火外衣和具有治疗能力的手套。他们在对阿格纳尔的宝藏进行了一番争论之后，最终达成了协议，于是阿格纳尔告诉索瑞尔他即将要找的宝藏的故事：

有一个名叫瓦尔的维京人，他拥有很多黄金。他把宝藏带到了北边的一个山洞里，就在丹姆沙夫附近，他躺在金子上面，他的儿子们也和他一起躺着，他们都变成了飞龙。他们头上戴着头盔，翼下插着剑。

然后，阿格纳尔给了索瑞尔一杯药水，告诉他应该喝两口，而凯蒂尔·比约恩只喝一口，无论发生什么情况，都不能超过这个剂量。现在，索瑞尔醒来，发现阿格纳尔的礼物就在身边，包括魔药杯，然而，按照指定剂量喝完之后，索瑞尔又把剩下的药水喝光了。他们再次进入梦乡，阿格纳尔也再次出现在索瑞尔的梦中。阿格纳尔先是告诉索瑞尔他会后悔喝了第三口，然后建议他如何用最好的方法战胜瓦尔和他的儿子们。

索瑞尔和他的同伴们前往瓦尔的洞穴，这个洞穴位于一座深山的峡谷中。起初，只有索瑞尔准备冒险穿越峡谷，但最终，他的决心说服了其他几个人加入他的队伍。他们成功到达洞穴后，发现眼前一片漆黑，无法继续前进。索瑞尔召唤阿格纳尔帮助他们，这时一束强有力的光柱照向了洞穴深处，从那里传来龙的嘶嘶声。当他们接近龙的巢穴时，光柱击中了龙，将它们击倒。索瑞尔他们抓住这个机会发动了攻击，朝所有龙的翅膀下刺去。这些怪兽都昏迷了，但是当索瑞尔想抓住最大的一条龙巨大的头盔时，它醒了，用它的牙齿咬住了索瑞尔的一个同伴，然后喷射火焰，飞出了洞穴，其他的龙跟在它后面。当龙攻击洞穴外面的人时，索瑞尔和同伴拿起宝藏，并设法把宝藏安全地运出了峡谷。然后，他们用阿格纳尔的手套治好了受伤的幸存者，带着战利品回家了。索瑞尔把其中大部分的宝藏，都留给了自己，这种自私的行为并没有得到所有同伴的支持。

索瑞尔回到冰岛西北地区的阿尔斯卡夫约，已经富甲一方的他停不下来，他要让自己成为一个有权势的大地主，于是他背信弃义、杀人越货，财富不断增加。但是，他还不满足，贪得无厌、心怀恶意，与邻居打交道心胸狭窄，引发了很多冲突，导致人们畏惧他，认为他无比可耻。我们可以这样认为，索瑞尔的报复心态部分是由于他喝了太多阿格纳尔的药水，部分是由于黄金带来的社会分裂效应。最后，当索瑞尔的一个儿子战死时，他神秘地失踪了，之后有传闻说一条龙从山上飞向一个瀑布，这个瀑布后来被称为戈尔福斯（金色瀑布）。当地人断定这条龙就是索瑞尔变的，在瀑布下面的某个地方，他正孤独地躺在他的财宝上。[7]

虽然《黄金-索瑞尔萨迦》并没有明确指出从瓦尔洞穴中取走的黄金带有诅咒，但它传达的信息似乎是，巨大的财富可能是造成巨大伤害的原因。对于那些拥有这种物质力量的人来说，这种伤害不仅表现为道德上的沦丧，而且以龙的形式呈现。事实上，这个萨迦有两个不同寻常的意义：第一，龙为叙事框架，因此在幻想和熟悉的现实之间建立了一个对比；第二，它关注的是主人公令人不安的性格变化。[8]

与法夫纳不同，在他获得黄金之前，我们对他一无所知，除了他为了黄金杀了父亲，而索瑞尔一出场就是天生的领袖，"取得的成就……超过了所有的同龄人"。甚至早在黄金到手之前，同伴们就注意到黄金对索瑞尔的影响，"他们发现索瑞尔和以前相比，完全变样了"——他用了一生的时间来蜕变。因此，索瑞尔故事展开的背景显示了社会生活中的社区纷争，这些纷争在萨迦中屡见不鲜，其中几乎没有超自然力量影响情节的发展。这样看的话，《黄金－索瑞尔萨迦》完全可以解读为对阿克顿勋爵那句名言的评论："权力容易导致腐败，绝对的权力导致绝对的腐败。"

这部萨迦从结构上看，其中与龙作战的情节与《贝奥武夫》中的与怪兽作战的情节异曲同工，民间故事称呼这种结构为"熊之子"，贝奥武夫下沉到湖里与格伦德尔的母亲作战，如此做法与索瑞尔深入瓦尔的老巢如出一辙。尽管贝奥武夫矢志不移、清廉无邪，这与索瑞尔迥然不同，但是《贝奥武夫》中关于那个唯一幸存者的叙述有点奇怪，他死前最后一件事是把部落的宝藏埋在荒野里，的确，这似乎与索瑞尔类似。因此，人们很容易认为，龙在幸存者死后不久就飞来，实际上，龙就是幸存者变的。[9] 然而，关键的区别是，在冰岛，人们对索瑞尔性格的钦佩正在淡化，"他变得令人讨厌，难以相处，随着年龄的增长，他变得更加难以相处"。

实际上，在瓦尔洞穴事件之后，整个萨迦情节的重点是索瑞尔对那些被迫与他打交道的人以及整个社区的负面影响。作为一条幼龙，索瑞尔在他消失之前很久就已经具备了龙的所有特征，然后才彻底变形的。《黄金－索瑞尔萨迦》中的龙不仅象征着贪婪和强权，如同《贝奥武夫》中残暴的国王赫勒莫德，而且，化身为龙的索瑞尔象征着觉醒后的恶托邦。

◇ 拉格纳·洛德布罗克和双腿龙形蛇

13世纪的《拉格纳·洛德布罗克萨迦》似乎是《沃尔松格萨迦》的续篇，可能出自同一位作者。在这部萨迦中，拉格纳娶了孤儿亚丝拉琪为他的第三任也是最后一任妻子，人们也叫她"克鲁卡"（克罗），在《沃尔松格萨迦》中，她是布伦希尔德与西古尔德短暂恋情所生的女儿，拉格纳扮演屠龙者的角色并不是在与她的婚姻期间，而是在与第二任妻子苏拉的婚姻中，她是一位瑞典伯爵的女儿。

在离皇家住所不远的地方，苏拉的父亲为他心爱的女儿修建了一个封闭的凉亭，他按照惯例每天送给女儿一个礼物。一天，他送给她一条小蛇，她把它放在一个有黄金衬里的箱子里，让它躺在上面。很快，蛇开始长大，变成了一条有两条腿的龙形蛇，与此同时，黄金开始神秘地变多。龙长得很快，箱子放不下了，随着时间的推移，凉亭里也放不下了，它必须躺在外面，环抱着凉亭，只有送食的仆人敢靠近它，它每顿要吃一只牛。伯爵深深地担忧女儿的处境，他承诺，只要有人杀了龙，他就把女儿嫁给他，还附赠龙的黄金。但是，无人响应。

时值夏天，年轻的拉格纳和他的海盗船员在离凉亭不远的一条小溪里靠岸。拉格纳习惯穿自己做的衣服，包括一件在沥青里煮过的斗篷和蓬松的裤子，他因此得到绰号"洛德布罗克"，意思是"毛茸茸的马裤"。如此穿着好之后，拉格纳在黎明前上岸，在沙滩上戴好斗篷，走到双腿龙盘绕的地方。他用长矛两次刺龙，并成功地给了它致命的一击。当他转身离开的时候，一股龙血喷溅到他肩膀上，幸亏有衣服的保护，拉格纳毫发无损。苏拉被双腿蛇的尖叫声吵醒，急忙跑到凉亭门口，招呼拉格纳并问他是谁。拉格纳用一段相当隐晦的诗句回答她，吹嘘自己杀了龙，然后没有多言，他径自离开。天亮以后，人们惊讶地发现，双腿龙已经死了，拉格纳的长矛依然插在龙身上。

第四章 日耳曼龙（下）：古老的萨迦

现在，要处理龙的尸体倒是一件难事。

伯爵感到困惑，有人做了好事居然不承认，他下令把封地上的人全部聚集起来开会，他要弄清真相。开会那天，拉格纳和他的船员也到场了。伯爵要求谁能证明自己是长矛的主人，就上前一步，拉格纳骄傲地拿着长矛的柄走上前来，他得到了黄金和心存感激的苏拉。不幸的是，在几年幸福的婚姻之后，苏拉去世了，拉格纳悲痛欲绝，重新开始了他的海盗生活。

拉格纳的最终死亡是一种黑色讽刺，他在英格兰北部的诺森布里亚被抓，手无寸铁地被扔进了国王的蛇坑。他坚强地挺到最后，相信自己会进英灵殿，他没有表现出任何痛苦，根据12世纪的诗歌《拉格纳·洛德布罗克死亡之歌》，他夸耀自己的许多事迹，包括他杀死了双腿蛇，提到龙形蛇时，他用到了一系列隐喻词，如"地狼""石楠鳗""地圈"：

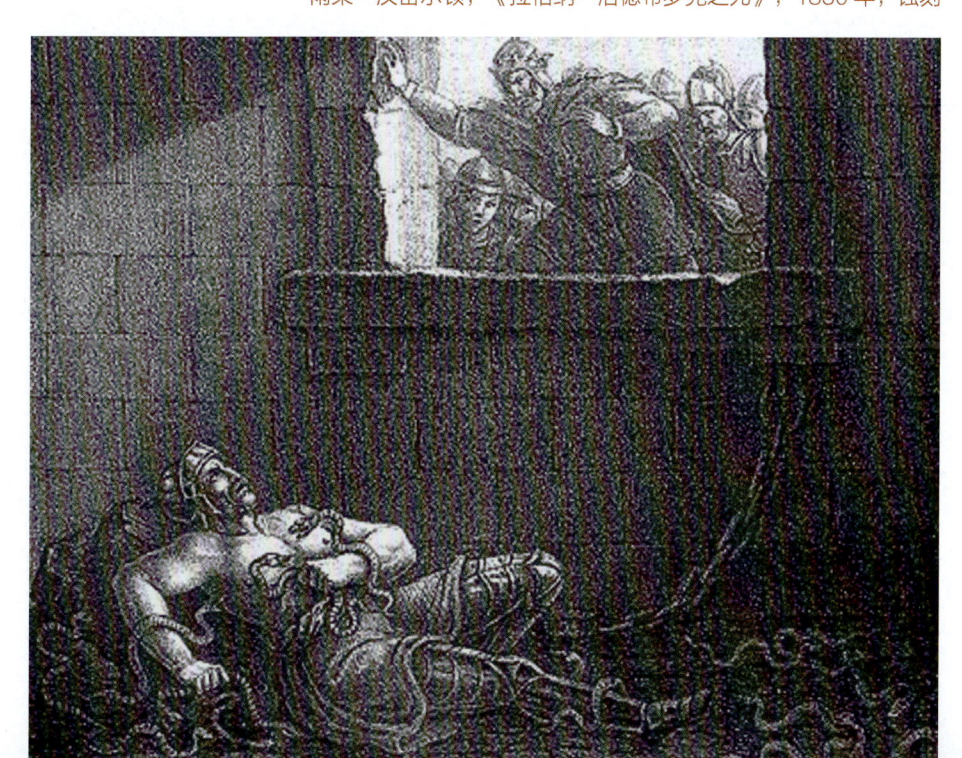

雨果·汉密尔顿，《拉格纳·洛德布罗克之死》，1830年，蚀刻

我们用剑砍柴。

那是很久以前，

我们去了高特兰，

为了杀掉地狼。

我赢得了美丽的苏拉，

在我放下

那个石楠鳗之后，

人们唤我洛德布罗克，

因为我用镶亮的钢

杀死了地圈。

拉格纳临终遗言是"我会大笑而亡"，这是维京人刚毅不屈的缩影。萨迦说，拉格纳死得如此屈辱，引发了亚丝拉琪带领拉格纳的4个儿子入侵英格兰，并在约克建立了王国的后续。[10] 这里，传说融入了历史，根据现代和近现代的文献记载，866年征服约克的3个海盗头目的名字与萨迦中拉格纳的3个儿子同名，尽管对于13世纪的萨迦作者来说这些是众所周知的。至于萨迦中讲述的拉格纳的生活和他那个时代的所有其他事情，是否为历史真实，人们一直在持续争论。[11]

拉格纳屠龙的故事显然是虚构的，其最明显和最直接的灵感来自其他斯堪的纳维亚文献中出现得较早的书面版本。例如，在12世纪末至13世纪初由基督教教士萨克索·格拉玛蒂克斯编写的《丹麦史》中，有两个故事与萨迦中致使拉格纳和苏拉订婚的事件相平行。在其中一个故事中，主人公阿尔夫在成功地打败两条巨龙之前也披上了保护服，这两条巨龙最初是由小阿尔维德的过分保护她的父亲送的。在另一个故事中，主人公雷格纳杀死了一只熊和一只猎犬，以赢得少女拉特格尔塔的芳心[12]，但是他们的婚姻很短暂，雷格纳转而追求苏拉，他以与萨迦中完全相同的方式赢得了苏拉，但在萨克索的叙述中，雷格纳必须首先杀死两条龙，正如阿尔夫和阿尔维德的故事中所描述的那样。

萨迦作者引用了萨克索故事中的龙，但也许萨克索不是唯一的来源。有一个冰岛的民间故事《拉加弗洛特的水龙》首次成文于 1345 年，但几乎可以肯定其创作年代一定更久远。在这个故事里，一个女孩有一条龙形蛇，它越长越大，威胁性不断增加。女孩设法把龙和龙曾经待过的金框盒子沉入深河中，据说，它们至今还在那里。我们也不能忽略希腊神话向北迁移的可能性，特别是珀尔修斯和安德洛墨达的故事，因为这个神话有着与日耳曼神话相同的情节结构，至少有所谓的龙、少女、屠龙者的"三角恋"。

◇ 弗洛蒂和比亚尔基

弗洛蒂的故事包含在萨克索的《丹麦史》中，英雄不是出于爱情动机，而是纯粹出于经济原因去龙的老巢找它。弗洛蒂继承了他父亲的王国，但他惊恐地发现，王室的财力已经被他父亲发起的无数次战争耗尽了，以至于他现在都无力支付士兵的军饷，因此王国处在危险之中。有一天，一个同乡迎面而来，唱着当地的龙之歌。弗洛蒂听了以后很感兴趣，觉得这就是给自己送财来了。从歌中得知，一条龙住在附近的岛上，守护着巨大的宝藏。但是，这位歌手说，龙体形庞大，盘曲如蛇，鳞状皮肤，尖牙利齿，三舌并吐，喷出致命的酸性毒液。歌手继续说，尽管如此，也还是有一个方法对付它，它的腹部下方有个软肋，只要击中那里就可以了。在与龙遭遇之前，需要在盾牌上贴上公牛皮，人也需要用牛皮裹起来。歌手一说完，弗洛蒂直接就去按照要求做准备了，他要独自与龙对抗。

当龙正从饮水坑返回时，弗洛蒂发动了第一次攻击，他先用了宝剑，但无功而返；第二次他换成标枪进攻，依然无果。他再次用了宝剑，这次他一击而中，刺中了龙的腹部。尽管巨龙试图咬他,但他和他的盾牌都毫发无损。在龙"同时吐出它的生命和毒液"之后,弗洛蒂收好宝藏,回去完成他的主要任务——装备他的军队去打仗,这个任务现在在经济上已经没有了障碍。

弗洛蒂的英雄事迹和西古尔德杀死法夫纳有着惊人的相似之处,这无疑是数百年的传说交融并产生了新的变体的结果。13世纪早期冰岛的《罗尔夫·卡拉卡萨迦》(《罗尔夫·杆梯萨迦》)里,战士伯德沃·比亚尔基的屠龙情节也是如此,也许更甚。这个萨迦讲述了传说中的6世纪丹麦国王罗尔夫·卡拉卡(卡拉卡的意思是"杆梯")的生活,在早期日耳曼文学中,他的统治也许最负盛名,在《贝奥武夫》中,赫罗斯加国王的一个侄子就叫这个名字。还有一种可能是,比亚尔基本人就是贝奥武夫的一个翻版,他的名字可以被翻译成"蜜蜂狼"或者"蜜蜂猎人"。然而,与《贝奥武夫》和《沃尔松格萨迦》不同的是,在这里被杀的怪兽除了衬托比亚尔基的勇气和如熊般的力量外,对故事的主要情节贡献甚微。

隆冬时节,国王的手下一反常态,个个愁眉不展。新来的比亚尔基问其中一个叫霍特的人为何如此。素以胆小著称的霍特解释说,连续两个冬天,一条可怕的长着翅膀的龙把土地变成了废墟,吞噬了他们的牲畜。在国王罗尔夫的直接命令下,任何人都不能冒着生命危险去对付这个怪物。但是比亚尔基不以为然,那天晚上他强迫吓坏了的霍特和他一起去找那个掠夺者。他们很快就找到了龙,当霍特吓得瘫倒在地的时候,比亚尔基向前走了几步,却发现自己的宝剑拔不出来。当他终于把宝剑从剑鞘中拔出后,一个箭步扑过去就把龙杀死了。比亚尔基然后扶起颤抖的霍特,带着他去看这条龙的尸体。不仅如此,比亚尔基还让霍特吞下了两口龙血,并吃掉了它的部分心脏。然后,他向霍特发起挑战,并高兴地看到霍特变得像其他人一样勇敢。他们把龙支撑起来,让它看起来仍然活着,然后回家了。第二天,罗尔夫国王询问龙的行踪,一个哨兵侦察回来报告说龙还活着,正朝他们走来。国王的手下武装起来,打算去阻止它,当国王来到龙的面前时,他发现龙没有动。霍特自告奋勇要去杀掉龙,条件是国王把珍贵的宝剑借他一用。国王对于霍特的变化颇感惊讶，欣然同意，霍特走到恶龙跟前，挥剑猛击，恶龙应声倒地。为了表彰霍特突然变得勇敢，他被重新命名为"剑柄"。

这个萨迦除了与《贝奥武夫》中的情节有所关联，例如有一条毁灭大地的龙，这种离奇的屠龙情节还与《沃尔松格萨迦》中西古尔德和法夫纳的战斗最为相似。比亚尔基和霍特扮演了西古尔德和雷金的角色，这似乎是对西古尔德屠杀法夫纳的戏仿，一个曾经的胆小鬼杀死一条死龙来证明自己的勇气。在这种情况下，要找寻其屠龙的意义只能去问萨迦作者了，他相当清晰地借鉴了长期以来确立的屠龙传统，给我们带来了一点乐趣罢了。

早期日耳曼文献中关于龙有个直接的观点：龙的外形和能力多种多样。我们把它们描绘成蛇形或两栖动物，爬行或飞行，喷火或喷毒液，健谈或愚蠢地咆哮。它们还有一系列的主要功能：看守宝藏，而英雄来夺宝，夺来的宝藏可能对自己有利如贝奥武夫、西古尔德和黄金－索瑞尔，也可能对自己和他人都不利；囚禁处女、少女，而英雄来救美，一方面证明自己的男子汉气概，另一方面证明对少女的父权；比亚尔基和霍特的故事，龙除了娱乐一下，无他作用。在确定龙的角色和功能时，我们也应该确定英雄的角色和定位，很明显，龙对社会构成威胁，必须有伟大的勇士去征服它。

这就是说一些古老的北欧龙的故事超越了单纯的社会性，而是对生存本质的评论。这样的评论不可能是预祝未来的美好前景，而是给我们以教训。只有当人类面临绝望和危险时，才知道他们是否能保持尊严，摆脱困境，的确，能够做到的就是英雄，而传说记住了他们的事迹，赋予他们永生。正如一首埃达诗歌所言："唯有英名不朽。"实际上，声誉是我们理解早期日耳曼英雄的核心，值得进一步思考。

声誉文化，抑或羞耻文化，其主要特征是它与内疚文化迥然不同。在声誉文化的社会里，基本都没有文字，别人如何评价你最为重要；在内疚文化的社会中，通常有了文字，全能者对你的判断最为主要，如犹太－基督教的上帝。正如神经心理学家 A.R.卢里亚在 20 世纪 30 年代采访中亚不识字的民族后所报道的,当他问他们:"你会如何描述自己?"一个典型的回答是,"去问别人吧;他们可以告诉你我的情况"。在一个声誉文化的社会中,别人对你的评价就是全部的你。对于贝奥武夫这样的英雄来说,永远没有回头路,必须迎着怪兽而上,如贝奥武夫死后威格拉夫所言:"对任何贵族而言,死亡高于可耻的生!"

然而,声誉文化的社会积极因素与令人不安的消极因素交织在一起。众所周知,日耳曼龙常与亡灵(古斯堪的纳维亚语中的尸鬼)有共同之处,两者的联系体现在:恐怖的行为、神秘的智慧和遥远的古墓。古墓一般位于冥界,或者"位于一个远海岬……那些死后依然不安分者最青睐的坟墓地点"。同样,对于那些屠龙者而言,有时候也会出现"生—死—重生"的循环。

15 世纪《圣奥尔本斯编年史》手稿缩影:戴头巾的梅林向伏提庚国王解释红白龙之战的重要性

第四章　日耳曼龙（下）：古老的萨迦

这种循环在西古尔德战胜法夫纳的过程中尤为明显：当西古尔德从下面用剑捅了法夫纳后，他浑身都是龙血，就像一个刚从母亲子宫里出来的新生儿。在这之后，西古尔德就像是"重生"了一样，最明显的是，他获得了龙的力量，从负面的意义上来说，他拿走了被诅咒的黄金。重生的概念在两个头盔中得到强化：一个是法夫纳的"恐怖头盔"，一个是黄金-索瑞尔在瓦尔洞穴中遭遇的龙所佩戴的头盔。头盔可以被理解为一种虚无的武器，那些受到头盔挑战的人面临的不仅仅是死亡的恐惧，还有"对虚无的恐惧，对解体的恐惧，或者一种被困在身份即将失落、具有龙性的阈限之地的恐惧"。西古尔德和黄金-索瑞尔都准备好面对这种未来的虚无感，他们戴上龙头盔，无论好坏，都可以衡量他们是否有能力在生者和死者间穿越。这个理论的含义之一是，与龙作战已经超越了传统意义上的时空概念。

无论从何种角度看，龙与死亡有着本质的联系，也许有人会补充说，显然龙的一日三餐就是死亡和毁灭。日耳曼之龙就是一个代码，当代码解开时，我们发现它陈述的是生活的罪孽和脆弱，并且通过联想，表达了与之抗争需要何种个人素质，即使这些素质只是为他人树立一个榜样。

| 注释 |

[1] 在冰岛晚期的骑士传奇里，龙也很突出，这部传奇被称为《里德阿拉斯之歌》，它的灵感显然来自中世纪的传奇故事。例如，在《埃雷克斯传奇》中，一个骑士被传奇中的英雄从龙嘴里救出，英雄拒绝了骑士赏赐给他的整个王国。

[2] 有些文献分析了"恐怖头盔"的意义，并推断西古尔德和法夫纳的关系可以解释为父子关系。

[3]《尼伯龙根之歌》被广泛认为是对传统传奇故事的刻意现代化，以反映12世纪晚期的特征。

[4] 正如杰西·比约克所指出的，"没有证据表明冰岛萨迦的读者理解或考虑到了匈人和

日耳曼部落之间的种族差异,这一点值得关注。阿提拉的东方起源已被遗忘,他被视为移民时期几个相互竞争的领导人之一"。

[5] 在《沃尔松格萨迦》中,奥丁决定让西格蒙德死掉,暗示着奥丁要带他去英灵殿,就像他在这个萨迦的前文中带走西格蒙德乱伦出生的儿子辛菲特利一样。在 10 世纪中叶的古斯堪的纳维亚诗歌《埃克萨尔》中,西格蒙德和辛菲特利向维京国王血斧埃里克抵达英灵殿表示祝贺。从托尔金对西古尔德的生活、爱情和悲剧的相当自由的诗意渲染推断,西古尔德确实到达了英灵殿。然而,这是诗人的创作自由。

[6] 当布伦希尔德看到西古尔德尸体上的伤口时,她那凶残的、像龙一样的愤怒在《古德伦的第一首叙事诗》中有所描述,据说"火在她的眼睛里燃烧,毒液在她的呼吸中喷发"。

[7] 他后来变成了一条龙。

[8] 很可能,索瑞尔是一个历史人物,因为他的家族在冰岛定居,索瑞尔在挪威获得了大量的黄金,这在 12 世纪的《开拓者之书》中有简单的介绍。

[9] 虽然人类变成龙在古斯堪的纳维亚语中并不罕见,但在《黄金皮肤》中,一个奇怪的例子是,出现了金色皮肤的人形龙,引诱了哈拉尔德·哈德拉达一个朋友的妻子。哈拉尔德得出的结论很可能是,龙人曾经是一个巫师,在此之前,他已经变成了一条龙。

[10] 从拉格纳的两个儿子的名字中可以看到更多蛇形龙的联想:眼睛里的西格德蛇和无骨的伊瓦尔。

[11] 一种可能性是,在 845 年围攻巴黎的维京人首领雷金哈里是拉格纳·洛德布罗克。

[12] 在《拉格纳·洛德布罗克萨迦》中,拉格纳的第一任妻子的名字也是拉特格尔塔,尽管拉格纳在求婚中并没有表现出英雄气概。

第五章

动物寓言集和
凯尔特神话中的龙

欧洲中世纪的时候，基督教与古典思想中的龙或多或少地结合在一起，形成了龙的传统。关于龙的形式和意义，观念上有了进化，很多动物寓言集收录了这种进化，还收录了一些对外来生物的学术性讨论。[1]12世纪影响巨大、佚名的动物寓言集《野兽之书》显示，中世纪基督教对龙的看法是典型的道德说教，《野兽之书》来源于同样说教的《自然史》及后世历代的翻版。《自然史》是一本成书于2—4世纪之间的希腊语动物寓言集，而《野兽之书》共有150个条目，比《自然史》多3倍，足见人们对自然奇观的热情持续增加。

《野兽之书》收录了《自然史》中"龙"的条目，并将其与"豹子"进行了对比：龙是"唯一被认为是敌人的动物"，而豹子象征着"我们的主基督耶稣"，他被钉死后下了地狱，"那里捆绑着巨龙"，也就是撒旦。因此，当豹子发出"打嗝"的"香味"时，龙"逃到地洞里，被恐惧击倒"，在那里它"一动不动，好像死了一样"。同样，一头被称为"微不足道的大象"的象具有独特的能力，能够喂养被猎人困在陷阱里的一群更大的象，因为这种生物可以抵抗所有的邪恶。"微不足道的大象"如豹子一样象征着耶稣，在这个例子里，它还象征着善良的撒玛利亚人，在险境中帮助受伤的人，这样无私的行为被耶稣形容为一种美德的榜样——爱你的邻人。《野兽之书》的作者说，这可以和亚当与夏娃的得救相媲美，他们在耶稣受难后，颠覆了伊甸园之蛇，从而获得救赎。

《野兽之书》对德拉科龙特别关注，它"在所有生物中……最大""在埃塞俄比亚和印度繁殖，那里有永恒的热量"。书中还说，它的力量来自它的尾巴而不是牙齿，"它通过摆尾造成伤害，而不是用牙咬"，所以不造成"毒伤"。根据与前一条目相同的神学惯例，德拉科龙在此再次等同于撒旦。撒旦据说有"一个羽冠或者王冠，因为他是骄傲之王"，德拉科龙说，任何人"被罪恶的枷锁所困，他就会死去，毫无疑问，他会下地狱"。

书中还有几个类似的条目，涉及龙或几个传统上与它们相关的生物，如鳄鱼、鲸鱼和神话中的蛇怪，所有这些都能带来可怕和致命的后果。然而，其"毒蛇"

的条目尤其令人好奇，毒蛇是《圣经》中典型的龙类动物。据说，未出生的毒蛇啃穿它们母亲的身体，然后"涨裂出来毁灭她"。再者，雄蝰蛇"把头伸进雌蝮蛇的嘴里，把精液吐进去"，雌蝮蛇"在雄蝰蛇拔出来的时候就咬掉它的头"，最终的结果是雌雄双方在繁殖过程中都以某种方式死去。

书中用"已婚夫妇的习惯"这个类比解释了这个有点让人困惑的现象。丈夫"可能有点粗鲁、乱糟糟、不诚实，还有点醉醺醺"，他要求性交，本应拒绝的妻子却没有，而是"拥抱了湿滑的蛇"。作者总结道，这就像"雌蛇咬掉雄蛇的头"，与夏娃用分辨善恶之树的果实诱惑亚当时所表现出的邪恶是一样的。女性的这些行为给男性"掌握领导权找到了合理的借口，因为他们害怕自己会再次被女性的一时冲动所毁"。接下来是长篇说教，论及女性如何欺骗、如何威胁男性的尊严等。作者如何从毒蛇的行为中得出这样的结论，我们或多或少感到不解，但它反映了父权制的不安全感和对妇女的偏见。这种偏见可以追溯到《创世纪》和后来的犹太教评论，这些评论认为亚当的第一任妻子是妖魔状的龙女莉莉丝。

中世纪动物寓言最明显的特征是它确立了正统。在这些作品中，依照基督教的观点，龙不仅构成对人类的威胁，也象征世上所有的邪恶，并暗示，龙是一切违反圣律的化身，因此，对于所有给人类社会带来稳定的事物，龙都是一个真实和现实的威胁。

伯尔尼《自然史》中的《龙和豹》，9 世纪

◇ 凯尔特龙：爱尔兰

虽然基督教关于龙的教条性结论如在动物寓言中所发现的，明确地确立了龙的身份和意义，但中世纪高雅文化中出现的龙还是受到土

著传统的影响，尤其是凯尔特神话和传说，而神话的两条主线是在盖尔语（主要是爱尔兰语和苏格兰语）和布里顿语（主要是威尔士语和康沃尔语）中发现的。

凯尔特神话中明显有与印欧神话类似的内容（见本书引言），它还吸收了比印欧神话晚了很久的神话。在拉泰纳时期（公元前500—前100年），凯尔特人的家园遍布西欧和东欧，并延伸到小亚细亚，毫无疑问，邻近文化中的神话在凯尔特神话中留下了印记。凯尔特神话不仅吸收了希腊和罗马神话，也吸收了中东神话，因此文化同化早在基督教于5世纪下半叶到达爱尔兰之前就已经发生了。有一个例子也许是个佐证：凯尔特人相信龙通常住在一个神圣的小树林或者湖边，充当现实世界和精灵世界的守护者。这种想法很可能源自古埃及人对尼罗河鳄鱼之神索贝克的崇敬，然而，正如我们已经看到的，必然会发生神话的交叉传播。当凯尔特人没有文字的时候，其历史就变得非常复杂，所以识别他们神话的起源更多的是建立在相似性的假设上而不是绝对的确定性。

凯尔特人的龙是西欧最古老的龙，其神话的轨迹可以追溯到铁器时代。8—17世纪中古爱尔兰的手抄本中保存了一些诗歌和散文，人们从中已经确定了4个故事集：《神话故事》《阿尔斯特故事》《芬恩故事》《历史故事》，所有这些故事或多或少地注入了希腊和罗马的传说，当然，后代皈依基督教的编者在其中加入了基督教的价值观和信仰。除了这些因素之外，9—11世纪活跃在爱尔兰的北欧海盗也对当地的龙观念产生了影响，这一点在爱尔兰的艺术中体现得特别明显。

《神话故事》讲述了一个超自然民族来到爱尔兰，他们被称为"达努女神的子民"，由努阿达·阿卡特拉姆领导，他也叫银臂努阿达。最初他们被视为仁慈的神，他们战胜了爱尔兰的土著居民"袋人"（意思是被战斗怒火冲昏了头脑的战士）后，他们的主要敌人就是恶魔般的弗莫尔人。这群混乱之神由巴罗尔·比鲁格得克领头，人称邪眼魔王巴罗尔。经过一系列的战斗，努阿达和巴罗尔都死了，托塔·戴达南最终胜利了，但也被入侵的米利都人征服，也就是爱尔兰最初的凯尔特人和盖尔人。戴达南一族被驱赶到地下的另一个世界，在那里他们成为众所周知的联邦德国，一个精灵民族。[2]

《阿尔斯特故事》的背景是1世纪的爱尔兰东北部，讲述了阿尔斯特国王康奇厄伯·涅萨和著名英雄库丘林的英勇事迹。同样，《芬恩故事》发生在3世纪的蒙斯特和莱斯特两个区，讲的也是人类的英雄事迹，主要英雄是芬恩·麦克库尔和他的勇士战团——费奥纳骑士团。[3] 在这个故事中，英雄们不仅在人间而且还在仙境历险，龙也出现得最多，它被称为"蠕虫"。最后，《历史故事》主要是宫廷诗人献给国王的赞美诗，从完全属于传说的5世纪的国王到具有历史意义的爱尔兰国王布莱恩·博罗（1002—1014年在位）。

◇ 芬恩·麦克库尔

科学结论认为，自冰川时代后期以来，爱尔兰一直没有任何种类的蛇，中世纪文献中记载的圣帕特里克在爱尔兰驱蛇是对圣徒事迹的夸大，但是神话和传说中依然有大量的龙。这些龙一般是隐喻性和装饰性的，偶尔被认为是真实发生的。[4] 17世纪的诗作《杜纳伊·芬恩之歌》中的《斯里亚布·特伊姆的追逐》，是士兵兼抄写员奥德·多卡塔伊的作品，他和芬恩·麦克库尔的侄子卡里特·麦克雷南一起讲述了大量芬恩屠龙的故事。

经过一整天的狩猎，芬恩和他的勇士战团来到了库安湖，遇到了一个自称为"战斗巅峰"的怪兽，它的头比山还大，眼窝大得足以容纳100个英雄，尾巴比8个人还长，它要求他们给它喂食。芬恩问及它的家世，它说它是希腊蹲岩巨龙的儿子，它从希腊来到爱尔兰就是为了对付芬恩和他的勇士战团。芬恩于是下令攻击龙，许多人被龙杀死了，要么死于巨龙发出的刺雨，要么被它活活吞了下去。很快，芬恩就让龙偿命了，当他从龙的肚子里爬出来的时候，他不仅解救了很多手下，也给了龙致命一击。[5]

卡里特继续叙述，或者更确切地说，列举了芬恩和他的勇士战团种种屠杀龙形怪兽的事迹，他们在尼阿湖、库伊兰湖、本·埃达尔、格伦·多查、恩·法尔、艾奇湖、阿斯·克利思、莱因湖、里格湖、格兰姆湖、西里安湖、福伊尔湖、香农河、伊姆哈尔湖、格伦·因内湖、梅奇湖、塞拉湖、马斯克湖、拉盖尔湖、鲁尔根湖和班纳河等地大量屠杀巨人、幽灵、野人和鬼魂，如卡里特所言："爱尔兰的峡谷中，没有一只爬行动物不被他痛击。"

17世纪，英格兰强行在爱尔兰推行新教，遭到爱尔兰天主教的抵制，奥德·多卡塔伊的诗歌受此启发，这与他从神话中获得灵感一样重要。即便如此，其诗歌的神话特征在《芬恩故事》收录的12世纪的《与古人一席谈》中得到了印证，《与古人一席谈》支持了一种说法，即芬恩·麦克库尔和他的勇士战团曾负责清除了爱尔兰的各种蛇类——有一条除外，哪怕是这一条，也让卡里特写进了芬恩的功绩中。

卡里特和芬恩的儿子奥西安活到了很大年纪（不是不可能），他们都得到了圣帕特里克的祝福，并在圣帕特里克见证下接受了莱因斯特国王伊奥查德·莱斯德伯格的盘问。国王问卡里特，为什么芬恩和勇士战团在爱尔兰消灭了这么多怪物，却没有杀死罗埃纳格峡谷中那条臭名昭著的龙。卡里特解释说，"他们没有杀龙的原因是，这个生物是梅斯盖格拉大脑的第四部分，曾经被大地吞噬，并将其转化为一条巨大的蠕虫"。卡里特接着补充说，这条龙杀死了上百位战团勇士以及他们珍贵的猎犬，直到泰利钦人到来，它才注定死亡；换句话说，圣帕特里克所宣扬的基督教的某个信徒有朝一日会将其捆绑直到末日审判。

◇ 梅斯盖格拉的大脑

为了理解卡里特提到的"梅斯盖格拉的大脑"暗示了什么，我们必须转向《阿尔斯特故事》，其中大部分涉及1世纪及其前后的爱尔兰王国之间的世仇争斗。在这个特定的故事里，当时的阿尔斯特王国与莱斯特王国和康诺特王国之间长期敌对。在《围攻豪斯》一文中，阿尔斯特的年轻勇士康纳尔·瑟纳赫向莱斯特年迈的国王梅斯盖格拉发出挑战，要和他比剑，结果他把梅斯盖格拉的头砍了下来。按照勇士胜利的惯例，康纳尔提取了梅斯盖格拉的大脑，然后将其钙化，滚成一个球，放在架子上作为一个令人羡慕的战利品，留给梅斯盖格拉悲伤的妻子一个没有大脑的头颅。尽管如此，预言说，梅斯盖格拉仍会复仇。

在《阿尔斯特故事》下半部的《国王康奇厄伯的悲剧之死》中，以恶作剧闻名的康诺特武士塞特·麦克马加奇狡猾地从康纳尔的两个宫廷弄臣那里偷走了大脑，并把它放在腰带里，打算有一天用它来杀死某个出名的对手，最好是阿尔斯特的冠军之一。他的机会来了，他从阿尔斯特偷牛，被阿尔斯特人和他们的国王康奇厄伯·麦克涅萨追赶。一大群康诺特人迅速赶来援助塞特，一场战斗随即展开。以相貌英俊著称的康奇厄伯很快退出了战斗，来到一大群仰慕他的女人面前，没有注意到塞特混在她们中间。塞特拿出弹弓，瞄准了康奇厄伯，用梅斯盖格拉的大脑当子弹，射进了康奇厄伯的头骨。

康奇厄伯幸存下来了，又活了7年，但基本丧失了行动能力。后来显然人们在故事中插入了基督教的元素，一个德鲁伊人告诉他，耶稣也是那天被钉在十字架上的。康奇厄伯被这个消息激怒，他开始在费拉罗伊斯的一个树林里挥剑乱砍，那里靠近罗埃纳格峡谷。这时梅斯盖格拉的大脑从他的头骨里迸发出来并杀死了他，梅斯盖格拉以这种方式对阿尔斯特人进行了复仇。

卡里特提到的"梅斯盖格拉大脑的第四部分"是罗埃纳格峡谷让人恐惧的龙，但是这个故事本身已经失传，而芬恩和他的战团拒绝挑战它似乎表明他们不愿意干涉祖先的血仇。梅斯盖格拉大脑的故事表明，龙不仅是世界之门的守护者，也是人类不和谐的缩影。

◇ 弗格斯·麦克莱蒂

不和谐也是弗格斯·麦克莱蒂神话的核心，据说他是早期的阿尔斯特国王，然而确切时间不详。[6]弗格斯在无情地侵占了佃农的土地和财产之后，去海边旅行，在海边睡着了。在他睡着的时候，卢克霍普金精灵（小精灵）——这是已知文献中首次出现这些著名的"小个子"——偷走了他的剑，把他带到海里。但是当弗格斯的脚碰到水时，他醒了，抓住了3个小精灵，并要求他们满足他几个特定的愿望以换取他们的自由。小精灵们对此表示同意，弗格斯被赋予了超人的力量，可以在海洋、池塘和湖泊中游泳，而不必浮出水面换气。然而，小精灵们说，有一个例外，那就是他新获得的力量不能在鲁德拉伊格湖里使用，该湖位于他自己的领地内（即唐顿县唐顿内湾）。随着时间的推移，不可避免的是，弗格斯还是去了鲁德拉伊格湖游泳，结果他遇到了一条巨大的龙——缪尔德里斯，它像风箱一样膨胀和收缩。这种生物是如此恐怖，以至于弗格斯在逃到陆地之前，他吓得嘴巴转到了后脑勺。他变得如此畸形，但是弗格斯自己却浑然不觉。

弗格斯已经永久毁容了，德鲁伊们就毁容的国王是否应该继续在位展开争论，最后他们决定，他们要竭尽所能让国王本人和他的臣民们看不见他的脸。因此，大家一致同意，只有数量非常有限的、受信任的贵族和仆人可以在国王身边走动，在他的宫殿里不放任何一面镜子。7年来，这个计谋一直奏效，直到有一天，弗格斯的女奴多恩没能正确地为他洗脸，他鞭打了她。多恩是弗格斯一个佃户的母亲，她原先也出身贵族，土地被弗格斯抢占后沦为奴隶。她当即嘲笑弗格斯毁容的脸，并拿出一面镜子。弗格斯惊呆了，一剑把她劈死。然后，他立即出发去鲁德拉伊格湖向缪尔德里斯寻仇。战斗整整持续了一天一夜，最后弗格斯成功地砍下了缪尔德里斯的头，然后他带着砍下的头游到了岸边。当弗格斯从湖中浮出来时，他的脸恢复了正常，他把那颗被砍下的头颅高高举起,说道:"我是幸存者!"说完,他累得倒地而亡。鲁德拉伊格的湖水被龙血染红了整整一个月。

弗格斯·麦克莱蒂的神话显然说的是英雄的野心过度及其带来的后果,但是,正如学者们所观察到的那样,它也有一个潜在的法律背景,即探讨对执政者进行权力限制。[7] 在这方面,小精灵的介入、弗格斯的毁容以及他最后一次致命地遭遇缪尔德里斯,都是对他虐待佃农的超自然审判。这一特定的神话持续流行似乎已经超越了法律的复杂性,更多地体现了英雄的落败,原因是其行为残酷无情和目空一切,面部毁容讽刺的正是他目空一切。在文化传承方面,故事中小精灵的介入也许吸引了 18 世纪的乔纳森·斯威夫特,人们认为,他的梅尔·格列佛在小人国的故事(《格列佛游记》,1726 年)从弗格斯神话的某个版本中获得了灵感。

◇ 《弗拉赫之死》

几个世纪以来,爱尔兰神话的传播经历了从口头传说到早期手稿,再到民间故事的过程,这也导致了它们的讲述方式发生了巨大变化。这方面一个显著的例子是弗拉赫(也被称为弗瑞赫或弗莱赫)的故事,他的意义随着故事的不同版本而有区别,但所有故事都叙述他曾与一条龙战斗过。《莱坎黄皮书》始于 8 世纪,到 11 世纪时已经有了 4 份手稿,据其记载,弗拉赫年轻英俊,他在向芬达拜尔公主求婚时,成功地战胜了这个怪物——龙。此后,他经历了无数的风险,直到在著名神话《夺牛记》中死去,死时还算年轻。

但是,引起人们共鸣的是弗拉赫向芬达拜尔求婚和屠龙的插曲,有一个盖尔语的民间传说可以作为例证,它被收录在 16 世纪的《利斯莫尔院长之书》中。故事的背景是苏格兰西部的马尔岛,正是在这个叫《弗拉赫之死》的传说中,龙杀死了弗拉赫。随后的叙述引用了《莱坎黄皮书》作为神话的第一部分，这部分讲述了弗拉赫在芬达拜尔的父母那里受到的阻挠，之后讲述了他在苏格兰版民间故事中的命运。

弗拉赫的父亲是康诺特的伊达，人们对他知之甚少，而他的母亲则是联邦德国精灵族的波芬德，这表明弗拉赫可以接触到凯尔特人的另一个世界，并具有凯尔特人的特质。当他还很小的时候，他的母亲给了他12头具有神力的白色奶牛。8年来，他一直在照看奶牛，直到有一天芬达拜尔公主引起了他的注意，他立刻被迷住了。公主对他也有意，受此鼓舞，尽管他的社会地位比她低，他还是决定去拜访她的父母——梅德布王后和艾利尔国王，并向她求婚。在此之前，他去看望了他的母亲，母亲给了他50个穿着奇装异服的骑兵，还有猎狗、号手、竖琴手、小丑和许多其他对骑士来说的奢侈品。

弗拉赫和他的随从们到达皇家城堡时，一大群人聚集过来围观，这场景以前从没有人见过。两个多星期中，弗拉赫和他的伙伴们受到了盛情款待。他们用丰盛的猎物和美妙的竖琴演奏回报主人，顺便说一句，竖琴演奏的忧伤乐曲让几个听众悲伤不已，当场死掉，国王和王后似乎也没有指责他们。然后，有一天早上，弗拉赫跟着芬达拜尔来到附近一个她常去洗澡的湖边，恳求她跟着他一起离开。芬达拜尔知道她的父母永远不会同意这样的婚姻，她暗示自己可能得真的准备私奔了。

受到如此大的鼓舞，弗拉赫请求艾利尔国王将女儿嫁给他，但国王索要的彩礼包括他的神牛，远远超出了弗拉赫所能筹集到的数量，而且，令人沮丧的是，他也这么说出来了。艾利尔国王现在怀疑，无论如何，弗拉赫可能都会把芬达拜尔带走，那样的话，不仅会让他蒙羞，还会因为软弱招致爱尔兰的其他国王来攻击他。对国王来说，唯一的解决办法就是干掉弗拉赫。

艾利尔国王一直留意着弗拉赫，他要求弗拉赫去附近的湖中岛，在一棵树上摘一些罗文浆果给可怜的梅德布王后，据说这些浆果有治疗的功效。艾利尔国王向弗拉赫保证，黑色的湖水绝对不会伤害他，但是他没有透露的是这棵特别的树有一条绿龙看守。弗拉赫按照要求来到岛上，看见龙蜷缩在树的旁边，他设法绕过龙，采集了一把浆果。[8]但是，梅德布王后说，这还不够，她还需要一根树枝。弗拉赫已经知道了有危险，但这关乎自己的声誉，他还是出发了。芬达拜尔已经识破父母的企图，她偷偷藏了宝剑跟着他。

弗拉赫相信自己可以第二次躲开龙，但他完全不想来第三次了，所以他把树连根拔起。[9]但他错了，因为当他往岸边游时，龙跟着他，攻击并咬断了他的一只手臂。芬达拜尔被眼前的一幕吓坏了，她跳入水中，想把剑交给她心爱的人。此时，艾利尔国王从附近的藏身处出现，用一根五角矛向弗拉赫掷去，他接住了矛又把矛扔了回去，差一点就击中了国王。芬达拜尔把剑交给弗拉赫，游回岸上，弗拉赫用宝剑将龙斩首。当弗拉赫手里拿着龙的头游到岸边时，芬达拜尔很清楚，他已经奄奄一息了，她一下子晕倒了。当她醒来时，她怀抱着弗拉赫那只鲜血淋漓、毫无生气的手，她宣布"虽然你是猛兽的口中食，但你的名声已经传遍大地"，并悲伤而死。

就这样，《莱坎黄皮书》中那个经常令人困惑的故事被重新编写，给了主人公一个浪漫的悲剧结局，这都是因为他决心赢得芬达拜尔，同时也维护了他无畏勇士的声誉。尽管在早期对弗拉赫生活的描述中，龙只是英雄必须克服的一个障碍，但不难看出，在民间传说中，龙是种象征，表达了他未来伴侣的父母阻止他们婚姻的凶残决心。

◇ 凯尔特龙：梅林和威尔士红龙

爱尔兰神话和传说对中世纪传奇的影响程度很难评估，尤其是因为它是在盖尔语中流传下来的，因此在中世纪之前一直是一种与世隔绝的文学与文化。[10]尽管如此，从最古老的时候起，英雄理想和龙带来威胁的概念就很明显地出现在凯尔特所有的地区了，龙在威尔士神话中扮演了关键角色，这是意料之中的事。因此，毫无疑问，凯尔特龙对传奇文学产生了巨大的甚至是决定

中世纪威尔士红龙木雕

性的影响，这主要归功于蒙茅斯的杰弗里所著的《不列颠诸王史》。该书用拉丁文大约写于1136年，他首次将凯尔特神话和传说的文学描述带给了非盖尔语使用者。

杰弗里的历史叙述基于大量的早期文献，跨越两千多年，从特洛伊战争到盎格鲁-撒克逊人到英国定居，但几乎没有什么史料价值。[11] 然而，作为一个伪史，它对土著传说《不列颠问题》的影响，尤其是涉及亚瑟王的生活和时代方面，是无可匹敌的。正是在这种背景下，我们找到了后来成为亚瑟王首席顾问的那个人——先知兼巫师梅林。正是从年轻的梅林那里，我们听到了关于龙的最多的信息以及龙在英国人（这里指的是凯尔特的英国人）和撒克逊人之间的战争中的象征意义。

5世纪中叶，不列颠人的伏提庚王受到两支入侵军队的威胁。从东部来的是由霍萨和亨吉思特领导的撒克逊人，他们已经把他们王国的大部分地区夷为平地，而从北部来的是一直令人头疼的皮克特人。由于无法在两条线上有效作战，伏提庚王将王国东部的土地赠与撒克逊人，条件是他们帮助他战胜皮克特人。伏提庚王意识到这种安排的危险性，便让他的瓦匠们在斯诺登山上建造一座无法攻破的堡垒，但是，由于某种诡异的原因，土木工程一再被地震摧毁，国王对此无法理解。他向巫师寻求对策，巫师告诉他，他必须找到一个失去父亲的男孩，杀死他，并把他的血洒在要塞上，要塞就将坚不可摧。

使者们被派遣到王国各处寻找这样一个年轻人，起初收效甚微，但是在访问卡马森时，他们遇到了两个小男孩，一个嘲笑另一个从来没有父亲。他们发现，被嘲笑的孩子是梅林，原来他是一个神秘男人的儿子，这个神秘男人曾到过他母亲的梦里并让她怀孕，从那以后就再也没有人听说过他。[12]梅林就这样被抓住并被带到了伏提庚王面前，梅林得知自己即将被处死及其原因后，他告诉国王，巫师们撒了谎。他说在国王城堡的地基下面有一个水池，水池下面有两个大洞穴。梅林说，是这些洞穴里的东西造成了地震。伏提庚王对梅林的博学感到惊讶，他下令给水池排水，于是洞穴显露出来，里面有两条喷火的龙——一条白的，一条红的——它们立刻开始互相搏斗。起初，白龙占了上风，把红龙逼到了池边，但后来红龙进行报复，迫使白龙后退。

当国王问及这一切意味着什么时，梅林进入了恍惚状态并说出了他的预言。他说，红龙是信奉基督教的英国人，白龙是异教徒撒克逊人，而国王刚刚向他们提供了土地。[13]红龙将被白龙所征服，红龙的所有洞穴将被占据，国家的山脉被夷平，溪流被鲜血淹没，基督教的信仰几乎被摧毁；但是过一段时间红龙会恢复它的力量，白龙会被制服，"它的小花园里的建筑会被拆除"。然而，这只是一个短暂的恢复，因为红龙"将恢复到它真正的习惯，并努力将自己撕成碎片"；然后，白龙会邀请日耳曼龙的女儿去英国，这片土地将被"种下奇怪的种子"。

因此，这种状况将在接下来的450年里一直持续，直到日耳曼龙因"其叛国行为遭到复仇"，而"白龙将从我们的小花园中被铲除，它的后代将被毁灭"。然而混乱没有结束，因为随后更多的龙将会出现，其中，有一条大龙要吞吃一切路过的人，还有一条龙，吐出的气就是火焰，要吃尽树木，侮辱妇人。然后一个超级大的巨人会站起来反抗它，反过来，巨人会受到伍斯特龙的挑战，巨人击败龙，骑上龙，最后用毒剑刺伤龙，就这样龙死在自己尾巴的盘绕中，所以混乱还在继续。

尽管梅林预言的确切含义常常有些模糊，但它寓意着英国的历史，从伏提庚王的统治和尤瑟王的继位开始，尤瑟王得名于他在走向战场时看到的一颗龙形彗星。[14]梅林的预言转向了尤瑟王的儿子亚瑟身上，尽管亚瑟最终破坏了家庭关系，但他的力量和才华暂时带来了某种程度的和平与稳定。随后预言进入了蒙茅斯的杰弗里生活的时代，这时群龙乱舞、百怪出没，其潜在的信息似乎是，英国面临的是几个世纪的混乱，在此期间，这个国家将被一次又一次地征服。尽管英国人多次试图保卫领土，但他们的命运已经注定，他们的土地最终被缩小到只有威尔士和康沃尔郡。正如梅林所说，红龙"真正的习惯"是"把自己撕成碎片"，这是因为凯尔特人没有团结起来对付他们的敌人。

在爱尔兰，龙的故事似乎是凯尔特人从他们的故乡带来的神话记忆和基督教对终极邪恶的观念的结合。与之不同的是，威尔士龙似乎有着更奇怪的历史，从1世纪开始，350多年来，罗马龙骑兵的准则和他们对英国的统治很可能是红龙概念的第一个灵感来源。相反，白龙的概念表明基督教对日耳曼异教的憎恶。这一观点在4世纪和5世纪初就根深蒂固，当时一片混乱：罗马帝国批准了基督教合法化；帝国崩溃，被迫从英国撤军；盎格鲁-撒克逊人抓住机会攻击此时脆弱的英国凯尔特人。梅林的红龙和白龙对立的观点在龙的传说中事实上是独一无二的，并且，考虑到红龙至今仍飘扬在威尔士旗帜上作为民族自豪感的主要象征，而梅林认为红龙是一种具有自我毁灭倾向的生物，人们认为这可能有点讽刺意味。

尽管有关凯尔特龙的神话和传说在西欧历史最久远，但在确定它们的原始意义方面仍然存在很多问题。主要的困难在于：不像希腊神话，在基督教到来之前的几个世纪就有了神话的记载，凯尔特神话是在皈依基督教之后才被写下来的，在某些情况下，甚至是在皈依很久以后。这一重大文化转变的结果是，原始神话被基督教编纂者所引入的价值判断所覆盖，而口头传统也引

威尔士旗帜

入了基督教思想。尽管如此，在凯尔特龙的故事中，还是有可能看到某些原始神话的明确特征，或者可以称之为"神话痕迹"。

正如本章开头所提到的，盖尔人的龙或爱尔兰龙的一个常见特征是它与水源的联系，最明显的是与湖泊的联系。在这里，龙通常担任它领地的强有力的守护者——明显介于人类世界和精灵世界之间的地方。实际上，盖尔人的龙居住在一个边缘地带，人类无权直接进入，一旦贸然进入就有危险，除非，就像弗拉赫一样，他有精灵血统，所以可以进入。然而，即使是弗拉赫，抑或是弗格斯·麦克莱蒂，任何人闯入这个地方企图要去征服或除掉龙，都会带来可怕的后果。有目共睹的是，盖尔人的龙在原始神话中与其说是一种恶魔的威胁，不如说是像梅斯盖格拉的无脑龙，是一种与冥界相连的、有超自然力量的龙，因此也是一种因其力量值得尊敬和仰慕的生物。

然而，随着时间的流逝，基督教认为龙代表邪恶，这个观念体现在动物寓言集和《启示录》中，盖尔人的龙越来越被视为是对文明的威胁。这就解释了为何芬恩·麦克库尔毕生的使命是清除这个国家的龙，这和著名神话里帕特里克清除爱尔兰各种蛇类有异曲同工之处，同时也解释了为何龙被视为人类不和谐的缩影。

正如蒙茅斯的杰弗里对梅林充满厄运的预言描述的那样，英国龙或威尔士龙，是一种明显不同的生物，因为在这里它的寓言功能是以红龙的形式阐明古代英国人的部落身份，同时也以白龙的形式寓意所有威胁它的东西。除了注意到了这一点，杰弗里伪史的主要意义是它是亚瑟王文学现象的先驱。然而，从神话到文学的这一转变不仅导致龙被描绘成仅仅是骑士英雄要征服的、有点丑化的怪物，而且随着时间的推移，也导致龙的故事走到了尽头。受到凯尔特祖先的启发，中世纪巨龙（民间传说中的例外）的力量有一个重要功能，那就是反衬屠龙者的强大。[15]简而言之，我们对原始凯尔特龙的想象，不仅被它的基督教化弄得模糊不清，而且，其结果是，我们很快就会失去想象的空间。

在下一章中，我们要讲述的龙神话永远也不会失去想象力，这就是亚洲龙，其中最著名的是中国龙，它对现代龙的描绘有着无可争辩的影响。

注释

[1] 关于盎格鲁-撒克逊人《怪兽之书》的讨论，见本书第三章。龙也害怕鸽子居住的树，在这里被称为印度的"时间"果树，这一信仰被解释为树本身就是父神，它的影子是子神。关于莉莉丝的讨论，见本书第二章。

[2] 这个童话般的另一个世界有一个名字叫青年之地。

[3] 詹姆斯·麦克弗森在其18世纪极具影响力的《苏格兰/凯尔特神话》中（1761—1765年），把芬恩·麦克库尔命名为芬戈尔。

[4] 认为英雄具有龙的特质的传统，暗示了一种前基督教的观点，而龙被认为是最危险的生物，则暗示了一种皈依后的观点。

[5] 一个有着类似胜利结局的故事与芬恩的儿子柯南有关。他从龙肚子里挣扎出来，当芬恩母亲的胫骨被扔进龙的肚子时，龙在德格湖复活了。"重生"英雄理论适用于这样的遭遇，详见本书第四章总结段落。关于圣帕特里克和卡奥纳奇的战斗，见本书第二章。

[6] 关于弗格斯·麦克莱蒂生平的许多记载，最早的是森查斯·玛尔发现的，可追溯到 7 世纪末或 8 世纪初。这里所讲述的传说借鉴了这一点和后来的版本。

[7] 这里的问题是"财产扣押法"，换句话说，就是地主多大程度上有权从居住在他土地上的人手中夺取财产，就像弗格斯在神话一开始所做的那样。

[8] 在乔治·亨德森《凯尔特人的龙神话》的引言中，他指出这与希腊神话有相似之处。他认为，最明显的是，龙守护金苹果园的神话版本，其中赫拉克勒斯亲自摘了苹果。

[9] 在凯尔特神话中，罗文树被认为是生命之树，由一条绿龙守护，象征着人类和神的王国之间的一扇门。如果弗拉赫将其中一棵拔出，就会被认为是犯了渎神罪，应被处以死刑的惩罚。

[10] 然而，有几个拉丁来源的龙故事，涉及的可能是 5 世纪晚期或 6 世纪早期威尔士的多尔圣参孙，其中一个故事发生在康沃尔，据说参孙把一条恶龙从洞里拖出来，从很高的地方扔下去，摔死了它。

[11] 人们认为，杰弗里的主要来源有 6 世纪吉尔德斯的《不列颠毁灭于征服》、9 世纪尼尼斯的《不列颠史》，其他可能的来源包括 6 世纪威尔士诗人塔里森的诗歌、8 世纪比德的《教会史》以及 10 世纪的《威尔士编年史》和《圣徒志》。

[12] 梅林显然是以默丁为蓝本，默丁是《森林里的野人》中的巫师和先知，其形象在许多早期的威尔士文献中都有提及。

[13] 《马比诺吉昂》中讲述的威尔士兄弟勒瓦尔德和勒菲利斯的故事，这和红龙与白龙之间的战斗故事类似，来自于古老的口头传说，保存在 12—13 世纪的书稿中。

[14] 尤瑟王在战斗中取得了胜利，他制造了两条金龙，其中一条被带到了未来的战斗中。

[15] 在欧洲中世纪，有一个文学作品中巨龙被正面看待，这是个独特的让人好奇的例子，可以在 12 世纪晚期法兰西的玛丽的一则寓言中找到。在这个故事中，真正的反派是一个被龙信任的人，龙委托他保护着藏在蛋里的财宝，他却想要打碎蛋，偷走宝藏并杀死龙。

第六章

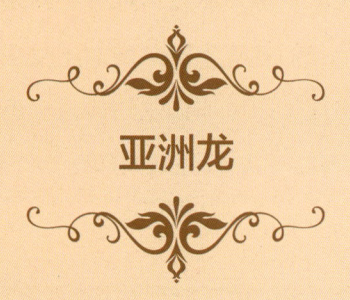

亚洲龙

端午节的龙舟

龙与中国文化联系之深超过世界上任何其他国家。中国人对龙的崇敬可以追溯到几千年前，龙一直被视为皇权和威严的象征，因此是一种所有人都应该尊重和崇敬的动物，这一点体现在数百年间的艺术、装饰、建筑和文学中。在中国，龙不仅在古代受到珍视，直到今天，龙的力量依然是国家认同感的核心：孩子们从小接受龙的教育；几乎每一个社区都有舞龙队；每年的端午节在全国范围内庆祝；龙是中国十二生肖（相当于西方的星座）之一。最古老的中国龙被认为既智慧又仁慈，这并不意味着龙已经完全被驯服或者没有危险，如果对龙不敬，它也可能引发洪水、台风和各种各样的自然灾害。民间故事和传说通常会侧重龙毁灭性的一面，从这个方面看，某些龙与古希腊的泰坦神堤丰和《贝奥武夫》中的喷火龙大同小异。中国疆土辽阔，民族众多，而且不可避免的是，中国文化不可能在各个方面都统一，所以这给我们理解中国龙增加了复杂性。此外，随着佛教在一二世纪东传到中国，出现了印度那伽龙的传说。由于那伽龙长期以来对中国的龙观念产生了显著影响，我们首先转向印度。

◇ 印度那伽龙

印度的龙神话起源于对致命的眼镜王蛇头颅的恐惧，最早记录在印度教神圣的赞美诗《梨俱吠陀》中，该文本可能创作于公元前1500—前1200年，它讲述了战神因陀罗和大蛇弗栗多之间的战斗。弗栗多是干旱的化身，威胁着

第六章　亚洲龙

所有的生命，因陀罗唯一的目的就是为世界消灭这个怪物。因陀罗喝下大量的兴奋剂——苏摩酒，向前迈出三大步，用他的闪电发射武器金刚乘攻击弗栗多。弗栗多反击，用卷曲的尾巴打碎了因陀罗的上下颚，但是因陀罗没有被吓倒。他举起弗栗多，把它摔倒在地上，直接把它摔死了。之后因陀罗用金刚乘把弗栗多的母亲达努也杀死了，世界上的水就是这样被释放出来的。

在后来的梵文《往世书》中，有关因陀罗、弗栗多的神话可以追溯到大约4世纪，据说弗栗多吞下了因陀罗，只是众神与它对峙时，才被迫把因陀罗吐了出来。众神之首毗湿奴害怕弗栗多的威力，他告诉因陀罗，无论白天还是黑夜他再也不能用金属、木头或石头制成的武器攻击弗栗多，也不能用潮湿或干燥的东西攻击弗栗多。但因陀罗无意放弃他的使命，他耐心地等待着时机，他终于在一个黄昏时分在海边看到了弗栗多，这既不是白天也不是夜晚。毗湿奴也认识到了这是个机会，他进入了海浪的泡沫来帮助因陀罗，泡沫被认为是既不湿也不干的，他也让因陀罗变形成泡沫，因陀罗攻击并勒死了粗心的弗栗多。弗栗多的尸体爆炸了，释放出急需的水，天空打开，雨

舍沙背上的毗湿奴和吉祥天女（音译"拉克希米"），1870年

水落下，大水漫过了这片干燥的土地。

弗栗多属于那伽龙类，它们被描述为佩戴着一颗珍珠的生物。[1] 已确定的那伽龙分为四类：天龙，守卫天宫殿；神龙，如果人类对之尊重有加，其兴云致雨，令人间五谷丰登；地龙，决江开渎；藏龙，守卫地球上所有的宝藏，无论宝藏在遥远的洞穴还是荒废的宫殿，无论在陆地还是深深的水底。虽然那伽龙有时被认为对神灵和人类有益，但是始于公元前八九世纪的印度史诗《摩诃婆罗多》中这样描述它："蛇……致命的毒液，才能卓越，力量巨大，喜欢咬其他生物。"那伽龙在生活中特别容易遭受痛苦和不幸，倘若我们理解这一点，那么对它的负面看法就会有所缓和。以下引自3世纪的一段佛经恰好说明了这一点，其中一位主人向他的仆人解释说，仆人的生活比那伽龙的生活要好得多，尽管那伽龙住得像在宫殿里：

"那伽龙，"他说，"必须忍受三种痛苦：他的美味食物一入口就变成了蟾蜍；当他试图拥抱他美丽的女人们时，包括他自己在内都会变成蛇；他的背上有相反方向的鳞片，当沙子和鹅卵石进入它们之间时，他会感到刺痛。所以不要嫉妒他。"

在某些方面，那伽龙就像人类一样，有悲伤也有快乐，这一点贯穿了整个神话。

正如《摩诃婆罗多》中所述，那伽龙的主要敌人是伽楼罗，一只金毛绿羽的鹰，长着红色的翅膀，四只人类的手臂，一张男人的脸和一个大得足以遮住太阳的身体。伽楼罗是从一个蛋里孵出来的，他的母亲是毗娜达，这个蛋是她的丈夫迦叶波神给她的，她把蛋保护了500年。但是迦叶波另外还有12个妻子，其中一个是伽陀楼，她是所有那伽龙的母亲。毗娜达和伽陀楼鲁莽地打赌，毗娜达认为七头神马高耳马的尾巴是纯白色的，而伽陀楼认为是黑色的，赌注是失败者给胜利者当奴隶。当伽陀楼发现七头神马通体全白时，

第六章 亚洲龙

她阴险地让她几千个那伽龙儿子围着马的尾巴旋转，使得马尾巴看上去是黑色的。儿子们在母亲咒骂和威胁要杀掉他们的情况下照做了。作弊的结果不仅让毗娜达沦为奴隶，伽楼罗也落得了同样下场，无论是对他自己还是他母亲，这都是他不能容忍的侮辱。

伽楼罗问那伽龙，用什么可以换取他母亲的自由，那伽龙说他们只要神水"不死仙露"，那能让他们长生不老。伽楼罗从众神那里偷来神水，但是，当他的母亲从奴役中被解放出来时，他狡猾地让神水溢出，从而剥夺了那伽龙的永生。从此，伽楼罗变成了所有那伽龙的克星，他经常会吞食这些那伽龙。

起初，众神认可这样的做法。然而有一次，伽楼罗的嗜龙癖也让众神蒙羞。事情是这样的，那伽龙苏木卡以人形出现时，年轻英俊无人可比，他打算向因陀罗马车夫的女儿求婚，但是他却不能这么做，因为伽楼罗发誓要在一个月之内把他吃掉。当伽楼罗得知毗湿奴和因陀罗打算给苏木卡喝长生不老的神水，从而化解伽楼罗吃掉他的威胁时，他向他们的权威发出了挑战，吹嘘自己非常强大，以至于能承受这个世界的重量。作为回应，毗湿奴要求伽楼罗通过承受他的重量来证明一下。但是当毗湿奴把手放在伽楼罗的肩膀上时，伽楼罗因不堪重负，流下了眼泪。现在，伽楼罗意识到自己太自不量力了，

通往泰国呵叻府彩象寺的有两条龙的桥

他在诸神面前谦卑下来，并向苏木卡道歉，然后将神水给了苏木卡，婚姻就按照之前计划的那样照常进行。

还有一个类似的令人同情的关于那伽龙的故事，这个故事具有巨大的重要意义，讲的是多头的舍沙王子生活在广阔的海洋中，所有人都认为他是一条富有智慧和同情心的龙，但是他的兄弟们却不太善良，他们以给别的生物造成疼痛为乐，疯狂虐待甚至折磨自己的姐妹。舍沙被兄弟们的邪恶震惊，羞愧难当，他开始忏悔式地往自己身上施加类似的疼痛。造物主梵天尊重舍沙的自律，但怜悯他的痛苦，答应了舍沙的请求，保护他的思想不受痛苦折磨。作为回报，梵天赋予舍沙一个责任，发挥他强大的力量用他的多头支撑起地球，给仍然动荡的天空带来稳定。正是由于舍沙在宇宙中扮演这个角色，他又被称为阿难陀龙，成为了全能的毗湿奴的坐骑，不朽的毗湿奴是所有龙的统治者。

同样具有维持宇宙生命意义的还有巨大的那伽龙婆苏吉，她搅动那些被称为"宇宙的牛奶"的物质，从而形成生命最初的物质。其他的那伽龙，如那伽王多刹迦和隐龙即俱利迦罗，他们的神话故事更加具有戏剧性。在多刹迦的故事中，他被人类敌人赶出了他的宫殿，他对那些导致他流亡的人实施了残忍的报复，并在绝望中公然拦路打劫。当多刹迦被抓获并即将被处决时，

纳达尔·博斯，《伽楼罗》，1913年

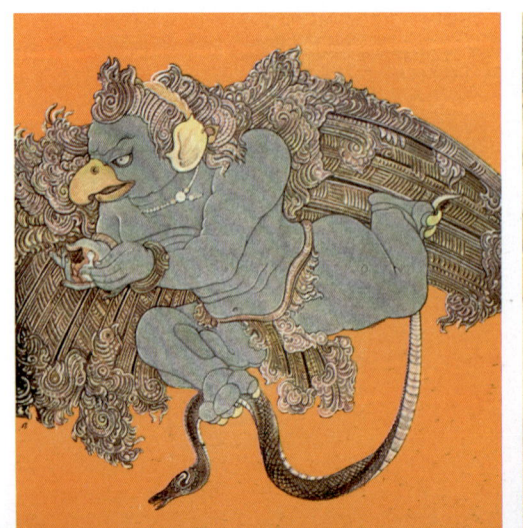

依达·梅德·特拉加，《伽楼罗》，19世纪

一位年轻的婆罗门圣人为他辩护，结果是多刹迦获释，并与他曾经的人类敌人和平共处。

在半人半蛇的隐龙即俱利迦罗神话中，他拥有一把宝剑。这把宝剑曾经为众神所有，这个兵器威力无比能引发地震。但俱利迦罗无意动用毁灭的力量，他平静地住在自己的宫殿里。宫殿隐藏在一个充满水的洞穴后面，这个洞穴只有在日落时才看得见。即使在那时，入口的标记也只是两只天鹅。俱利迦罗的麻烦来了，一个邪恶的巫师获悉了宝剑的存在，决心占有它。但是，古鲁（印度教或锡克教的宗教导师或领袖——译者注）说，谁要想得到宝剑，就必须要得到众英雄的帮助。随着年龄的增长，当巫师觉得这一切永远不会发生而感到绝望时，他终于幸运地遇到了一个愿意帮助他的国王和他的勇士团。

巫师留意到了天鹅落脚的地方，来到附近吟诵咒语，意在削弱俱利迦罗的力量，国王和他的勇士们做好了进攻的准备。突然，大地开始震动，出现了一个光彩夺目的美丽女人，她凝视着此刻已经目瞪口呆的巫师。当这个女人消失时，俱利迦罗出现了，挥舞着他的剑，击毙了巫师。那伽龙然后转向勇士们，他首先用他眼中燃烧的火焰使他们失明，然后用他雷鸣般的诅咒使他们耳聋。国王和他的勇士们受到重创，仓皇逃命，俱利迦罗继续过着愉快的独居生活。

在接下来的故事里，我们将看到那伽龙女，她们狡猾、善于诱惑人，遇到她们的人可能会背叛婚姻。颇具讽刺意味的是，皇家半神英雄阿周那为了弥补其对婚姻不忠的行为，进行了一年的朝圣。当他到达恒河时，他想洗个澡，当他进入深水时，一股激流把他往水下卷，而他却没有任何溺水的感觉，他很快发现自己被一个龙女控制了。到达她的水下宫殿后，她说她叫优楼比，是一个那伽龙王的女儿，她说她爱上了阿周那，希望他能属于自己。但是阿周那拒绝了她的求爱，并解释说，作为一个朝圣者，他已经发誓不再娶妻。聪明的优楼比辩称，这种誓言只适用于他的妻子。阿周那似乎很容易被说服，他和那伽龙女在一起度过了一夜，那伽龙女后来给他生了一个儿子。适逢其

龙：恐惧与权力

老挝琅勃拉邦玉佛寺建筑群中的目支邻陀龙王护身的佛像

泰国清迈素帖寺目支邻陀龙王护身的释迦牟尼像

时，为了把阿周那从施加在他身上的魔咒中解救出来，优楼比策划了一个计谋，让他死于自己的儿子之手。计划实现以后，优楼比用珍珠将他救活。至于他的妻子是否会发现他的背叛，就不得而知了，很可能是因为她在这个神话中所扮演的角色无关紧要。

在早期神话中，那伽龙既能保护生命，也能毁灭生命，这取决于如何对待他们。在公元前6—前4世纪之间的某个时候，随着佛教的到来，那伽龙无论友善与否，都被视为一种生物，人们认为能从他们身上学会如何更好地与人相处，如何更好地理解宇宙的奥秘，这样更加接近悟道。类似的一个神话记录在《大品》中，它是公元前1世纪用巴利语，在佛陀圆寂后不久写成的。它是这样讲述的：当佛陀坐在菩提树下冥想时，一场大风暴

138

开始酝酿。那伽龙王目支邻陀看到暴风雨即将来临，而佛陀深陷冥想，根本没有意识到即将到来的危险，目支邻陀龙王环绕着佛陀缠绕了7圈，并把他的大圆头罩在他身上。风暴肆虐了7天，之后目支邻陀龙王展开身体，呈现人形，并在佛陀面前恭敬地双手合十。[2] 佛陀与那伽龙的相遇并不总是具有积极的一面，同样是《大品》中的记载，佛陀参观郁卑罗（贝拿勒斯附近）的一个寺院，并要求在神圣的防火屋过夜。别人警告他，这个屋子里住着一条"凶残的毒龙王"，佛陀有"灵力"，毫不畏惧，坚信自己会毫发无损。当佛陀在屋里盘腿而坐时，龙王向他喷出烟来，佛陀也召唤了自己的灵力，同样喷出烟来。龙王被激怒了，他喷出火焰，佛陀喷出更大的火焰，以至于整个地方似乎都会被烧毁。因此，更加精通火力的佛陀战胜了敌对的龙王，他拿起现在已经缩得很小但没有受伤的那伽龙，把他放进碗里，对着惊讶的寺院主人说，"我的力量战胜了他的力量"，之后，只要他愿意，他就可以在寺院得到免费的食宿。

在《大品》中，佛陀必须面对的那伽龙有的保护民众，有的对民众构成威胁，或者兼而有之。这方面的例子有佛陀安慰受委屈的那伽龙神阿波逻罗。斯瓦特山谷（现在的巴基斯坦北部）的村民按照惯例需要向那伽龙神阿波逻罗奉上谷物贡品，以便庄稼得到更好的灌溉。但是有时因他们的疏忽，没有进贡，阿波逻罗非常生气，他先是让洪水泛滥，接着是干旱四起，庄稼颗粒无收，转眼间农民就要饿死了。佛陀听到了这个消息，他来到斯瓦特河（曾经被称为苏伐斯杜河）阿波逻罗的宫殿里，他不仅说服了那伽龙神原谅了农民，还让他皈依了佛教。此后，只需要每12年向阿波逻罗进贡一次，在此期间虽然依然会下大雨导致河水泛滥，但是也会收获大量的谷物。

这些神话很明显地说明，那伽龙的功能是为了说明佛陀力量之大，另外一方面是解释天气现象的好坏。人们认为那伽龙控制着雨和水，这个看法可能是对南亚地区的热带气候的一种自然反映，在这里生活充满了危险。去安抚可怕的那伽龙，不管有效与否，都将是——并且在某些地区仍然是——一种基本的宗教义务。

与此特别相关的是本书引言中的自然与文化对立的观点，那伽龙的神话诠释得最好。在这些神话里，有的那伽龙明确地代表了大自然的力量，对所有能够维持和增强生命的东西都是一种威胁；而另一些那伽龙则是文化的象征，守护着人类的生命。实际上，那伽龙既是人类成功和失败的缩影，也是巨大的他者的缩影。与其他印欧龙不同的是，那伽龙，不管我们是否喜欢他们，在许多方面，都是我们认可的生物。

◇ 中国龙

世界被淹没了，可怕的兵主、战神蚩尤背叛了神圣的黄帝。由于无法独自战胜蚩尤，黄帝命令长有翅膀的应龙进攻中原旷野的蚩尤。应龙的第一步是把所有的水收集到他的肚子里，目的是让洪水泛滥，淹死蚩尤和他的军队。但是蚩尤请求风神风伯和雨神雨师刮了一场大风、下了一场暴雨来帮助自己，作为回应，黄帝呼吁女神魃造成干旱，雨就这样停了，现在应龙有机会发动进攻并杀死蚩尤了。此后，神话与历史传说融为一体，在公元前3000年末期，大禹在其修建运河和抗洪工程的一辈子工作中，也征召了应龙来帮忙。

应龙神话及其许多变体是在《山海经》中流传下来的。在这里，如同在印度神话中一样，人们总是认为像应龙这样的天龙代表着自然，因此有支配海洋、河流、湖泊和雨水的力量。考古发现的龙图案和雕塑可以追溯到6000多年前，在迄今为止所有的神话中，中国龙出现的时间最早。汉代（公元前202—公元220年）哲学家王符描述了龙的样子，据说龙是由许多实际的生物组成的。

人们用马头和蛇的尾巴画龙的形状。此外，还有（龙的）"三节"和"九似"的表达："三节"即从头到肩，从肩到胸，从胸到尾，这些是关节。至于"九似",它们是龙角似牡鹿,龙头似骆驼,龙眼似魔鬼,龙脖子似蛇,龙肚子似蛤蜊,龙鳞似鲤鱼,龙爪似鹰,龙脚似虎,龙耳似牛。龙头上有一大块隆起(一个大肿块),叫做尺蠖,如果龙没有它,就不能飞上天。

除此之外,据说龙嘴的侧面有胡须,不像那伽龙,它的喉咙下面有一颗珍珠(虽然有时在它的爪子里),这一特征与智慧、权力和繁荣联系在一起。117片鳞片覆盖的龙身体,其中81片为阳,36片为阴,其原理出自道家哲学,81是9的平方,36是6的平方。在数字9和6中,两种鳞片之间有对应关系,分别是积极的、活跃的、阳刚的"阳"(光明)和消极的、邪恶的、阴柔的"阴"(黑暗),阴阳对立互补构成生命力。但是,帝王龙——刺(绣)在皇帝的龙袍上黄色的龙——和所有其他类型的龙(包括日本龙)之间有一个区别,前者有5只爪子,后者有4只,甚至在某些情况下只有3只。然而,尽管这些龙的特征在解剖学上看起来很精确,但除了爪数之外,龙的外形也变化多端,以至于在中国艺术或神话中,没有一种描述能精确地与王符这样的权威描述相对应。

《山海经》中应龙的插图

龟和龙为阴和阳,8世纪中国壁画

龙：恐惧与权力

自古以来，住在宫殿中的龙就被认为是国王和皇帝的象征。这些统治者坐在龙的宝座上，他们的脸被尊为龙颜，据说他们死的时候是骑着龙升天的。许多中国统治者认为自己是龙的后代，例如，据说公元前3000年的统治者尧是龙的后代。宋朝（960—1279年）

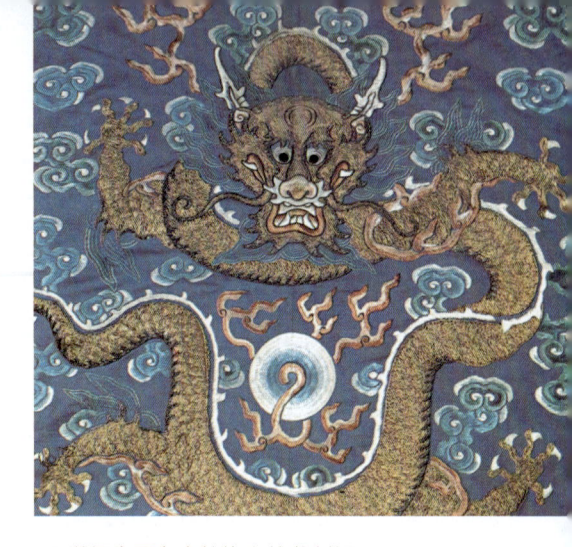

19世纪中国皇室礼袍上的龙刺绣

的宋徽宗（1082—1135年）确定了龙的5种等级，暗示了皇朝的权力。龙与王之间的对应关系如下：蓝龙——富有同情心和勇敢的国王；红龙——带来快乐和祝福的国王；黄龙——在老百姓中传播文化并向神灵传达他们祈祷的国王；白龙——善良纯洁的国王；黑龙——拥有神秘力量的国王。其中，黄龙代表着最高权威。

然而，这并不意味着皇帝总能控制住龙，也不意味着一些聪明的皇帝认为这样做有什么好处。公元前523年，鲁昭公年间，土地被淹，人们看到龙在深潭中打斗。他的臣民要求昭公向龙献祭，这样就可以贿赂龙，洪水就会退去。鲁昭公拒绝了，他解释道："当我打仗的时候，龙不要求来见我。为什么我要在龙战斗的时候去见它们？如果我对龙没有任何要求，它们也不会对我有任何要求。"显然，最好不要欠龙的人情。

大禹对龙的权威也持有类似的哲学观点，如前所述，据说他在控制洪水时得到了应龙的帮助。一天，大禹的船被两条龙拖走了，船上的人都非常害怕。大禹笑着说：

"我从天上接受了我的使命，竭尽全力造福人类。生是事物的过程，死是天意。为什么要因龙烦恼呢？"

中国外交官伍廷芳（1842—1922年）举办的晚宴菜单上的插图

听到人们对权威的蔑视，两条龙羞愧地放下船，默默地走了。

在中国，龙是政治权威的表现。16世纪晚期谢肇淛（1567—1624年）的《五杂俎》里有相关的论述，书中列举了龙之九子雕像的装饰性意义，它们分别被描绘成会哭的龙、会音乐的龙、会吞咽的龙、会高飞的龙、会杀戮的龙、会欣赏文学的龙、会执法的龙、会沉思的龙、会负重的龙。人们把这些装饰性的雕像放在最能体现它们性情的地方，例如，会沉思的龙放在佛像的底座上；要想飞黄腾达，就把会飞的龙放在屋角；把会执法的龙放在监狱门口。

中国龙最常见的特征是它与水的联系。这在龙的身体发育过程中显而易见，龙为了达到它最精致的形态，其发育可以持续4000年。在交配过程中，龙夫妇会把自己变成小蛇，然后雌性会把蛋产在山上，更常见的是，把它们藏在水池里；需要1000多年才能把卵孵化出来，而且是自己孵的。当蛋孵化成水蛇时，父亲大叫，引起可怕的风，然后被母亲的哭声平息。雷声、闪电和暴雨伴随着孵化过程。尽管传说警告人类不应该触摸龙蛋，但有一个故事讲述了一位老妇人如何在草丛中发现了5个蛋，然后她承诺要保护这些蛋的安全。

后来，在父母不在场的情况下，5个蛋自己孵化的时候没有受到任何元素干扰，于是老妇人把新生的水蛇收集起来放在一条河里。由于她的体贴周到，龙赋予了她预言的能力。然后，又过了500年，水蛇就变成了有鳞的蛟（蛇形），又过了1000年，变成了无角龙，一条真正的龙。500年后，龙变成了有角的蛟龙，最后，又过了1000年，它变成了会飞的应龙。完全进化后，雄性龙的角上面很强壮，但是下面薄，而雌性龙的特征是直鼻子，有圆形的鬃毛，更薄的鳞片，但有一条强壮的尾巴。据说雄龙特别好色，人们在干旱的时候可以利用他好色这一点，据说把一个裸体女人放在山顶，不可避免地会吸引来雄性龙。龙来了以后，人们用咒语干扰它，龙就会以下大雨的形式发泄不满。还有一个说法比较卑劣，那就是为了安抚雄性巨龙，把年轻女性抛入湖泊和海洋中，直至死亡。

在中国，龙是传统的一部分。人们开展的龙学研究，对龙的意义和功能做出了无数的诠释和不断地重新评价，包括其广泛的药用价值。据说生活在公元前2838—前2698年的神农氏最早对龙身体各个部分的药用价值进行了研究，但已经失传，后世的文献引用了其中的不少内容，据称龙偶尔会通过蜕去身体某些部分获得再生，而不会受到任何伤害。龙骨、龙牙和龙角磨成的粉可以治疗许多疾病，包括痢疾、抽搐、溃疡、肠疾、脓肿、发烧以及妄想症，把龙脂涂抹在外套上可以防止魔鬼附体，还可以防水。实际上，龙身上的每个部位都有用途，即使这种用途有时更像是化妆品而不是药物，例如龙涎，它通常是在龙死后从海里收集的，被认为是最好的香料。[3]

一般来说，中国的龙代表了一种力量，一旦驾驭得当，可以带来好运和健康。所以，中国的神话和传说中极少出现屠龙英雄就毫不为怪了。事实上，有一个故事讲述了一个人如何准备多年要去屠龙，但是，尽管他很渴望，却从来找不到机会。根据公元前4世纪的道教哲学家庄周的说法，此人是蠢人和浪费时间者的典型。人类尊敬龙，也有足够的理由畏惧龙，类似印度人对那伽龙的矛盾心理可以在下面的各类龙的故事中得到充分体现。

天龙住在天上，守护天宫，牵引神圣的战车，因此不会对人类构成威胁。一位艺术家把龙画在墙壁上，栩栩如生，引得天龙好奇地来观看。艺术家见

第六章　亚洲龙

明代（1368—1644 年）丝绸和金属线挂毯的龙图案

到真龙后，吓得逃命去了。神龙控制天气，它是一种有着人的头、龙的身体和胃似鼓的生物，它能变得巨大无比，以至于在它最大的时候，没有人能看到一个完整的它。但是神龙有个缺陷——懒惰。为了逃避工作，它会以老鼠的形式藏在草堆、灌木丛或屋顶。然而，因为它藏在这样的地方，很可能会被闪电击打，这是一个明确的信号，说明雷神正在召唤游手好闲的神龙回去工作。贵重金属和珠宝的地下守护者是伏藏龙，据说它在破土而出时会引发火山爆发。公元前9世纪的一个传说讲述了江苏省宿迁的水手们如何小心避开某个岛屿。在那里，夜晚可以看到耀眼的红光，白天可以听到数千棵树倒下的声音，水手们相信，这是伏藏龙在建造地下宫殿。[4]

虽然有些龙偶尔会对人类的安全构成威胁，但民间传说中的龙会故意威胁人类的生命。其中之一与公元前11世纪北京城的建立有关。当皇帝下令将这座城市建在沼泽上时，住在那里的群龙很不高兴，其中两条龙变成了一

北京传统宫殿的鸱吻

对老夫妻，带着两个水罐进了城，走到皇帝面前，请求让他们把水罐装满，然后离开。皇帝不疑有他，批准了他们的请求。巨龙把这个地区所有的水倒入两个罐子里，从而导致这个城市的土地将永远干涸。

现在，人们意识到如果听任这对老夫妻回到山上，水就永远收不回来了，大家找到一个勇士去追赶他们并打碎罐子。士兵高粱承担了这个任务，他在追上偷水贼的时候，趁他们没有变回龙之前打碎了一个罐子。不幸的是，高粱跑回城里时，一股从打碎的罐子里流出来的苦水冲向他，把他淹死了；而波浪继续冲击，形成了一条水道，直到今天仍被称为高粱河。至于那个没有被打碎的罐子，里面的水甘甜独特，就在北京颐和园西边的玉泉山上。

民间故事中很多龙变成了人，但也有人类变成龙的故事，其中一个故事发生在四川省岷江边。某年夏天，一场严重的干旱侵袭了这片土地，一个小男孩只好靠挖新鲜野菜和母亲度日。挖野菜的地点离家越来越远，有一天，在岷江上游几公里处，他遇到了一片异常茂盛的野菜，他想尽可能地多挖一些，可以带回村里卖掉。他日复一日地来到同一个地方，总是发现前一天挖掉的野菜又长了出来。他很快厌倦了每天这样跑，决定连根挖出，把它带回家种植。但是当他举起那块草皮时，一颗闪闪发光的珍珠落在他的脚边，让他大吃一惊。

一回到家，他就种下这块草皮，把珍珠给了母亲。母亲马上意识到珍珠的巨大价值，并把它放进一个空的米缸保存起来。第二天早上，男孩很失望地发现他种下的草皮已经枯萎了，但是当他和母亲去看珍珠的时候，他们发现米缸里装满了大米。他们取出珍珠，把它放在一个罐子里，里面装着他们剩下的几枚铜钱。果然，第二天，当他们打开罐子的时候，他们发现里面装满了铜钱。就这样，母亲和儿子一天比一天富裕。

但是，他们新近找到财富的消息很快就传开了，最终引起了恶人们的注意。他们闯入男孩的家，看到什么就抢什么。男孩坚决不让他们得到珍珠，就把珍珠吞了下去，立刻，他的胃翻江倒海般疼，喝水只能让疼痛加剧。男孩绝望地投入了岷江，母亲惊恐地看到，男孩的身体膨胀起来，随着雷声轰鸣，天空打开，他的皮肤变成鳞片，头上开始长角，一条龙在泥泞的河岸上扭动着身体。这个曾经的男孩惊恐地看着他的母亲，然后转身游走了。从此以后，岷江的巨龙确保了这儿的土地不再发生旱灾。

高粱河和岷江挖野菜的民间故事的有趣之处在于，它们都带有神话中提到的那些矛盾心理。受委屈的龙偷走的水被追回了一部分，但它仍然是苦水，当然，故事中的英雄也在追水的过程中淹死了。至于男孩和他的母亲，得到珍珠解决了他们眼前的难题，但最终导致了他们悲伤的分离，正是这意外之财让男孩变成了一条龙。然而，这一切要从旱灾的背景来看，因为，正是男孩和龙结束了旱灾。

在中国的神话、传说和民间故事中，好运和厄运相伴而行。正如印度神话中一样，龙和它的行径既不全是好，也不全是坏；相反，它们倾向于反映生活的不确定性。有时，正如明智的皇帝清楚地理解的那样，再多的行政命令或供奉祭礼、仰望天空也无济于事。

◇ 日本龙

龙神雷津（也称为"伟大的海洋之神"）是海洋之主兼龙主，他住在位于海底的红白相间的珊瑚宫里。雷津凭借他神奇的潮汐之宝，能够吞掉船只、制造漩涡和控制潮汐，他大部分情况下比较和善，然而如果谁以任何方式对他不敬，他就会在海上和陆地上造成灾难。雷津可以变为人形，常与女人交配，通过这种方式，他成为日本一个皇帝——神武天皇（生卒年不详）——的祖父。雷津的主要仆人是海龟、鱼和水母。然而，雷津要水母把猴子的肝脏带回来治疗他染上的疾病（或者，在某些版本中，只是为了享受它的美味）时，水母成了雷津愤怒的牺牲品，因为水母找到猴子后，狡猾的猴子告诉这只倒霉的水母，它的肝脏藏在树林深处的一个罐子里，必须去那里取。水母只能空手而归，愤怒的雷津压碎了水母身体里的每一块骨头，这就是水母绵软的原因。

然而，雷津可能对日本天皇有很大的帮助。当日本开始攻击敌对邻国朝鲜时，雷津给了神功皇后（170—269年）一颗退潮宝珠和一颗涨潮宝珠。当两国海军在海上相遇后，神功皇后首先将退潮宝珠抛入海中，导致潮水立即退去，双方舰队都被困在海底。日本水兵被命令留在船上，朝鲜人下了船准备进行肉搏战，于是神功皇后将涨潮宝珠丢到船外，导致海水回流，朝鲜人的下场可想而知。

不言而喻，雷津帮助信徒，而有人对他不敬时他才带来威胁；而一条叫做八岐的龙（中国惯用译名为八岐大蛇——译者注）则是完完全全威胁人类的，他八头、八尾、红眼，躯体庞大，肮脏不堪，住在本州岛的山麓中。八岐最喜欢吃人肉，特别是每年要送给他处女肉，这一点和希腊神话中的某些龙有点相似。有对夫妇为此遭受了巨大的痛苦，他们已经被迫献出7个女儿了，现在他们被告知最后一个女儿也要送给龙吃掉。

正当女孩的父母心烦意乱的时候，被放逐在外的风暴神须佐之男来了，问他们遇到了什么困难。他们如实相告，须佐之男提出杀掉八岐龙以换取和他们女儿的婚姻。父母千恩万谢之后，须佐之男对这个女孩施了魔法，把她变成一把细齿梳子，然后把梳子放在自己的头发上，这显然是为了保护她的安全。须佐之男要求女孩父母在他们的房子周围建一个有8扇门的栅栏，每扇门后面都放一大缸新酿的米酒。果不其然，八岐龙如约而至，在空气里嗅到酒香之后，它的每一个头都径直扑向米缸，喝下了所有的酒，然后八岐龙醉倒在地，昏迷不醒。须佐之男拿出他的大刀，走上前，把龙的头砍下来，然后把龙的身体切成碎片。奇怪的是，他在龙体中发现了一把比自己的宝剑更好的剑。[5] 当附近的河流被八岐龙的血染红时，须佐之男将他的未婚妻变回了人形。

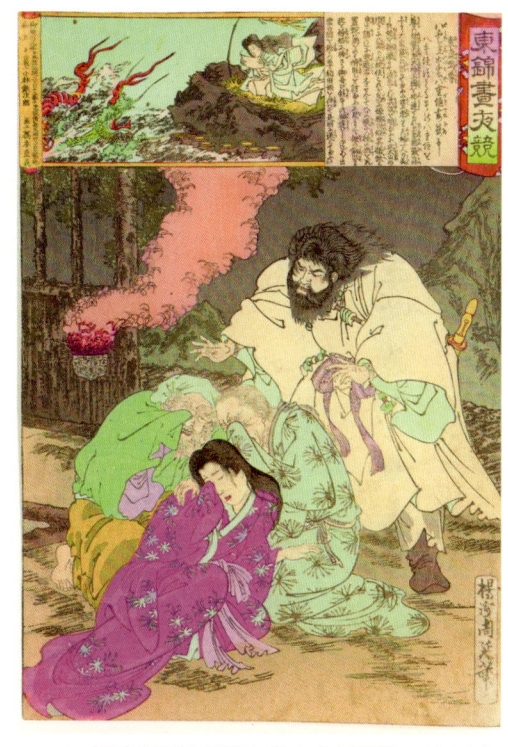

在 8 世纪早期的神话传说《古事记》和编年体断代史《日本书纪》中，神话学家们已经确定，上面叙述的是本土神话。然而，在此不能低估中国神话的影响，也不能忽视 6 世纪随着佛教传入日本带来的那伽龙的影响。日本龙可能是一种令人担忧的灾难预兆，例如日本的白龙每隔 50 年就会变成金鸟，其叫声预兆着地震和饥荒，人们认为像雷津这样的龙具有更多的正面意义。至于八岐龙是否属于日本本土龙还无法确定，因为外来的佛教中讲述了多头龙，有的如恶魔，有的值得尊敬。

这是一个关于值得尊敬的龙的故事，故事讲的是值得尊敬的龙与住在庙里的和尚之间的友谊。和尚的歌声让龙陶醉，精神振奋。龙与和尚的亲密关系在整个国家人人皆知，广为传诵。但是当干旱来袭时，天皇威胁要流放和尚，除非和尚让他的朋友竭尽所能，带来雨水。虽然龙可以按照天皇的要求做，

须佐之男从龙手中救出奇稻田姬，1886 年

但是神灵不允许降雨,龙要是违抗神灵,他的结局就是死亡。和尚宣称即使自己被流放,也不愿意最亲密的朋友死去,龙却不管后果是什么,坚持要执行天皇降雨的命令,但是他有一个发自肺腑的请求:让和尚主持他的葬礼,并修建3个庙来纪念他。3天后,降雨了,不出所料,龙也死了。和尚信守诺言,将龙埋葬在后来被称为龙园寺的地方,然后建造了龙心寺、龙天寺和龙王寺。

类似的例子是龙帮助人的故事。内陆水域一个叫做马诺塘的地方住着一条龙,夏天的时候龙会变成水蛇在水面晒太阳。一天,一只半人半鸟半狗的天狗路过池塘,抓住了龙。天狗很惊讶,它无法把猎物摔碎,于是带着猎物飞回到山上,把龙塞进了一个岩石的缝隙中。水蛇脱离了水,无法恢复成龙形,所以无法逃脱。后来有一天,天狗抓了一个和尚,把他也塞进来了。同样被囚禁的水蛇开始问和尚怎么回事。和尚先是吃惊,然后他告诉水蛇,他是在装水的时候被天狗抓住的,水还带在身上。水蛇要和尚把水洒在他身上。和尚洒水后,水蛇恢复成龙,它把缝隙砸开,带着和尚飞回了家。在飞回马诺塘之前,他找到天狗并对它进行了报复。

月冈芳年,《新形三十六怪撰》中的清姬化为大蛇,19世纪中期

在一些民间传说中,有的龙女却会害人,可能直接受到中国和印度神话的影响。纯洁的公主清姬是茶馆的招待,她疯狂地爱上了和歌山县道寺的一位英俊的和尚。和尚受到神圣戒律的约束,不能与她相爱,礼貌地拒绝了她的示爱。清姬于是全身心投入到魔法研究中,并成功地变成了一条大蛇,然

后去寺庙找那个和尚。和尚的同伴为了安全起见,把他藏在一口大钟的下面,但是清姬发现了这个不幸的和尚,用自己的身体缠绕住大钟,大钟的温度上升到了熔点,把和尚烧成了灰烬。[6]

清姬杀死可怜的和尚至少还有一个动机,尽管动机疯狂。而吸血龙女濡女却完全与之不同,这位"湿婆"的习惯做法是在河边洗头,带着一个像襁褓中的婴儿一样的包袱。如果某个路人乐于助人,在她洗衣服的时候帮她拿着包袱,那么包袱就会紧紧地抓住他的手,变得越来越重,直到无法逃脱为止。然后龙女伸出她分叉的舌头,把受害者的血都吸出来。[7]

这些故事让人强烈联想到欧洲民间神话中的拉弥亚和梅卢辛(分别见本书第一章和第八章),它们无疑带有同样的性别偏见。这些故事另一个可能的来源是日本早期神话,关于海神龙的女儿丰玉姬(闪亮的珍珠公主),海神龙在这里被命名为绵津见,是雷津的别名。在她父亲的宫殿大门旁的一个水池里,公主看到了山幸彦的倒影,那是一个非常英俊的年轻人,她请求父亲邀请他去做客。公主和年轻人很快就结婚了,过了3年的幸福生活,丰玉姬怀孕了,山幸彦决定让孩子在陆地上出生和长大。他们在海边建了一座房子,这样让公主尽可能地有家的感觉。随着分娩的临近,丰玉姬要求丈夫答应不看她分娩,他同意了。

然而,就像梅卢辛的故事一样,好奇的丈夫违背了他的诺言,他看到了妻子变成一条龙在分娩。他的背叛让丰玉姬既愤怒又尴尬,她抛夫弃子,回到了她的海底宫殿,她不再允许父亲的王国和人类的王国之间有任何自由来往。尽管如此,公主仍然爱着被她抛弃的丈夫,并给他写了情书,派她的妹妹过去帮助抚养他们的孩子,而她自己再也没有回到陆地上。

民间故事中还讲述了一个与海神龙女儿类似的邂逅故事,其版本可以追溯到8世纪。故事发生在日本的南方海岸,渔夫浦岛太郎看到一群孩子在折磨一只乌龟,他救下乌龟,然后放了它。第二天,当他外出钓鱼时,一只大乌龟来到他身边,告诉他乌龟不是别人,正是龙宫公主乙姬,她现在想亲自

> 龙：恐惧与权力

佐胁嵩之《百怪图卷》中绘的濡女，1737 年

感谢他。公主用法力给浦岛太郎装上鱼鳃，把他带到华丽的海底宫殿，在那里他可以看到不同的季节。变成美丽女人的公主款待了客人 3 天后，他请求回家照顾年迈的母亲，母亲肯定会担心他的。公主对他要离开虽然感到难过，但是她还是送给浦岛太郎一个精致的盒子，并告诫他盒子可以避灾，但是不能打开。

浦岛太郎被乌龟驮回陆地之后，他惊讶地发现他的家不见了，母亲也无处可寻。他问一个村民知不知道一个叫浦岛太郎的人和他的母亲住在哪里。村民跟他讲了一个古老的故事，一个叫这个名字的人出去钓鱼就再也没有回来了。浦岛太郎突然意识到他在公主父亲的龙宫里待了 3 天，人间就是 300 年。他羞愧难当，坐在海边哭泣，一手攥着盒子，盒子的一侧打开，冒出一股白烟，突然，浦岛太郎发现自己的皮肤布满皱纹，头发变白，背部弯曲。临终的时候，他听到公主悲伤的声音飘过海浪，告诉他盒子里装的是他的晚年。[8]

然而，并不是所有的日本龙女故事都以不幸告终。最后一个龙女故事《我的米袋大人》，记录在 18 世纪早期日本民间故事集里，其中的英雄因其勇敢而受到龙女的奖励，但不涉及爱情。

故事发生在 10 世纪初，一位名叫藤原浩太郎的勇士开始了探险之旅。他拿着两把剑和弓箭，来到一座大桥前，大桥横跨一个大湖。一条巨龙躺在桥

第六章　亚洲龙

歌川国芳，《浦岛太郎乘龟图》，1870—1890 年

上，它的爪子放在一边的栏杆上，卷曲的尾巴放在另一边，鼻孔里冒着烟和火。但是藤原浩太郎拒绝走回头路，他跨过龙卷成的圈，不顾一切地继续前进。在他往前走的时候，龙消失在湖中，随后变成一个美丽的女子回到桥上，美丽的女子乞求藤原浩太郎回来。他回过身来，她告诉他，她在桥下生活了两千多年，从未见过像他这样勇敢的人。她乞求藤原浩太郎帮她除掉她可怕的对手，一只巨大的蜈蚣，蜈蚣已经杀了她的儿子和孙子们。[9] 藤原浩太郎毫不犹豫地同意了。

他站在桥边，等待着蜈蚣的到来，很快他就看到两个火球并排朝他飞来。他意识到这是蜈蚣的眼睛，他张弓搭箭开始射箭。蜈蚣巨大的身体盘绕在一座山上，可以清清楚楚地看到，但弓箭却伤不到它。他没有被吓到，反复射箭，依然不能奏效。他只剩下最后一支箭了，蜈蚣眼看要扑到他面前了，他想起了一个古老的传说，人的唾液对蜈蚣来说是致命的。他把箭头放进嘴里弄湿

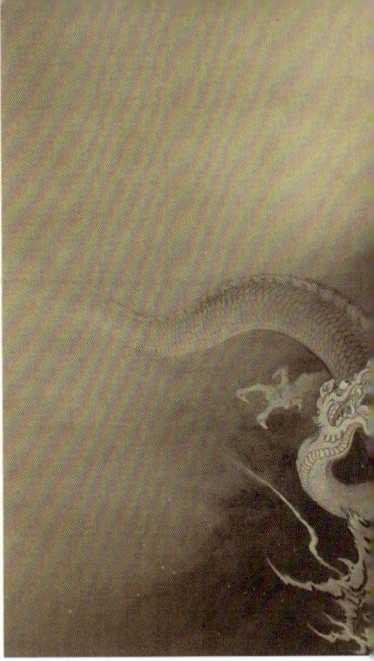

葛饰北斋，《龙》，1830 年

后，瞄准蜈蚣并射箭，这一次击中了蜈蚣头部中间的正方形，穿透了它的大脑，熄灭了它的火球眼，蜈蚣一命呜呼。

龙女喜出望外，带着藤原浩太郎来到她的湖边宫殿，用美味佳肴招待他，并给了他 5 件珍贵的礼物：一匹用不完的绸缎；一把宝剑和一套盔甲；一口寺钟；一口无论煮什么都是美味佳肴的锅；一袋永远吃不完的大米。藤原浩太郎从此丰衣足食，这就是"我的米袋大人"的由来，他在富足和快乐中度过了一生，从此再也没有见到龙女了。传说中，藤原浩太郎把那口寺钟捐赠给位于志贺县的喜山寺。另外一个寺庙的和尚来偷这口寺钟，寺钟开口跟他说话，和尚吓得把寺钟扔进山谷，把寺钟摔裂了。后来寺钟被它的原主人，依然心存感谢的龙女找到，她化装成一条小蛇，来寺庙修复寺钟。[10]

本章所讨论的神话传说与前几章所讨论的神话传说最明显的不同之处在于，亚洲龙在对人类生存构成重大威胁的同时，也可能是人类生存的唯一希望。还有一点我们可以在具有重要意义的神话中看到，也可以在神话衍生的民间故事中看到：龙具有典型的陆地和地域意义。亚洲龙通常拥有像神一样

第六章　亚洲龙

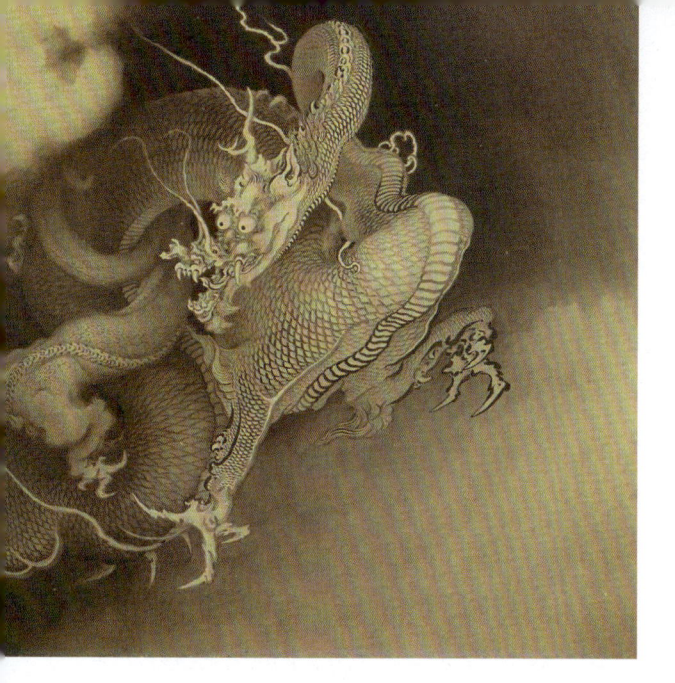

卡诺·霍格，《云中双龙》，1885 年

的地位并因其神秘莫测受到崇拜。这些问题总是与皇权和权威有关，在这些方面，龙既令人崇拜，又令人畏惧。然而，亚洲龙有一个显著的不同之处，也是亚洲龙区别于世界上所有其他龙的地方，这就是亚洲龙被政治化了，或者，更准确地说，被皇权化了，因此龙的力量通常既是皇帝或皇后力量的表现，也是龙自己力量的表现。虽然这并不是说亚洲龙没有独立地位，因为有时龙非常独立，但它明显的仁慈经常被视为王朝权威的象征。在这方面，那些自愿为皇权服务的中国和日本龙传递了一个非常有效的信息——那些拥有绝对权力的人类具有

日本的龙舞

超自然力量。

因此，我们在这些神话中很少见到屠龙英雄，这也许并不奇怪。事实上，有句古话"祝你屠龙好运"，意思就是在克服当前困难时祝你好运。相反，在龙被杀死的神话中，屠龙者不是凡人，他们往往具有半神性，如须佐之男或另一个具有超自然力量的生物，如伽楼罗。这也是与所有其他神话的一个主要区别，因为这意味着，尽管亚洲龙是皇权的映射，亚洲龙也可以是法则本身，所有的人包括皇帝必须尊重龙的自主性，不得挑战龙潜在的或者实际的威胁人类的行为，唯一的选择就是通过贡品的形式努力地说服龙，或者像佛陀那样启发式地开导龙。

因此，尽管基督教、日耳曼、凯尔特和经典的龙通常要么是一般性的邪恶，要么是走向极端，但不可能给亚洲龙贴上这样的标签。原因之一是，与其他龙不同，亚洲龙受到复杂行为的影响，展现了多方面的个性。从这个意义上说，他们就像人类一样，行为聪明又愚蠢，体贴又有报复性，周到又鲁莽。鉴于这些特点，亚洲龙似乎是人类美德和缺陷的夸大。正如前面谈到那伽龙所说的，东方的龙与人类一样，既是自然的化身，也是文化的化身。

一种完全不同于西方龙的思维方式决定了东方龙的信仰结构。东方龙除了"皇权化"之外，婆罗门教、印度教、儒教、道教、神道教和佛教的观点决定了理解龙的关键哲学。这些观点认为专制思想鲜有好的结果，佛教尤其这样认为。然而，在一些龙的神话、传说和民间故事里佛教思想很明显，而原住民的龙故事总体上得到改进的观点很难在每个方面得到证实，因为古代神话史错综复杂。

至于外来文化对亚洲龙的影响，也是个棘手的问题。虽然印度龙的某些方面肯定与印欧语系中的其他龙有相似之处，但人们不能不注意到某些亚洲龙与印欧神话中的龙之间存在着某种不太容易解释的相似之处。一个特别引人注目的例子是日本的须佐之男杀死八岐龙的神话，这让人想起赫拉克勒斯杀死九头蛇和珀尔修斯与安德洛墨达的神话。一些日本的比较神话学家认为，

插图来自《奇迹之书》，13 世纪，由鲁斯蒂切洛·达·比萨用古法语写成，取材于马可·波罗讲述的故事

希腊神话很可能是由亚欧大陆中部的斯基泰商人传入的，斯基泰人是一个游牧民族，在公元前 9—前 1 世纪期间最为活跃，但对于这种文化的接触人们却没有达成共识。[11] 即便如此，也必然有神话观念从地中海地区传到东亚，反之亦然，这是东西方贸易之路的结果，从公元前 1 世纪开始，丝绸之路就是最繁忙的贸易之路。[12]

我们可以更确定的是，东西方之间的接触有据可查，尽管人们对东方文化往往采取一种具有偏见性的贬义术语，即所谓的"东方主义"。正如本书第三章所讨论的，亚历山大大帝和他的军队在公元前 4 世纪活跃在印度，把他弄得一筹莫展的据说是龙。亚历山大之后，在整个罗马帝国时期，人们对亚洲和亚洲人信仰的了解显著增强。对亚洲文化的更深入的理解要归功于 4 世纪向东传播基督教的传教士，对 15—18 世纪的西方思想产生了影响。当然，基督教传播到哪里，希腊和罗马神话也如影随形。

此外，马可·波罗等人也让人们更加了解了中国的龙。他在 13 世纪下半叶旅行到了中国的岭北行省（中国元朝的一个省——译者注），在那里他看到一条双腿龙蛇，长约 9 米，宽约 2.5 米，其眼睛炯炯有神，嘴巴张得很开，牙齿很大。[13] 同样，约翰·曼德维尔在 14 世纪中叶的游记里增加了人们对"神秘的"东方文化的理解和好奇心。他是第一个在地中海地区旅行时记录"梅

157

阿迦·米拉克《列王纪》中的一页，1525—1535 年

《列王纪》中的画面，巴勒姆古尔在马背上屠龙

卢辛"故事的西方人，人们很容易猜测这些很可能是在丝绸之路上传播的。

传教士、探险家、商人和军事入侵者肯定会导致东西方人对文化差异产生不同的看法，尽管这些看法并不总是被认同，但中国龙艺术的传播的确对波斯、土耳其和莫卧儿艺术家产生了深远的影响，尤其在中国的元朝（1271—1368 年）和明朝（1368—1644 年）时期，当时伊朗和中国的贸易关系密切，中国艺术家的基地设在大不里士的伊朗拉什丁艺术学院。对于中国人认为龙是一种值得尊敬的动物的观点，伊斯兰地区的绘画艺术家们并不

天使萨姆胡拉什骑马战龙，1262 年

中世纪伊朗手稿，神话里的法里顿国王伪装成一条龙测试他的 3 个儿子

认同。他们画作中的龙是对人类的可怕威胁，撇开价值观和信仰不论，他们的画作也受到了中国传统的启发。

然而，就波斯和中东而言，尽管只有零星的文化交流，但是文化依然有部分融合，总体来说东西方关于龙的观念仍然是相互孤立的。要在坚实的基础上深入了解中国文化及其影响要到 19 世纪晚期，那时中国政局动荡，移民大规模涌向西方，主要是美国，导致了人们对东亚的了解大大超过了任何历史时期。本书第十章阐述道，许多奇幻小说中的现代龙都是根据中国人对龙的看法来表现的，中国人认为龙能提高生活质量。

| 注释 |

[1] 东南亚各地的神话中都有关于那伽龙的故事。

[2] 菩提树在《大品》中被称为"皇家树"和"目邻陀树"。

[3] 关于龙在解剖学上的各种用途，见霍加斯和克莱里《龙》，霍加斯和克莱里认为"龙的唾液"龙涎香最有可能是抹香鲸的分泌物。

[4] 其他类型的龙是地龙，控制河流、湖泊和海洋；盘龙，尚未升天的湖龙；黄龙，象征皇帝的黄色无角龙；飞龙，骑在云雾上飞翔；朱龙，巨大的红色太阳神，通过睁开和闭上眼睛创造白天和黑夜，通过呼吸创造季节风，还有赤龙、无角龙或山妖。

[5] 这把剑——草薙和亚瑟王的神剑一样具有传奇般的重要性，是日本帝国的三大圣物之一。

[6] 这个民间故事的早期版本出现在上田秋成《雨月物语》中。

[7] 这个故事属于日本神怪故事的一种，被称为"妖怪"（yokai）。

[8] 除了龙的联想，这个故事和凯尔特人的故事有惊人的相似之处，即人类英雄奥辛（又名莪相）和仙女尼亚姆一起旅行到了超自然的王国蒂尔纳翁。

[9] 众所周知，亚洲龙最害怕的生物就是蜈蚣。

[10]《我的米袋大人》的这个版本与14世纪的《泰海基》一书中记载的那样，主人公遇到了一个身材矮小的龙王，本文的叙述结合了这个版本的一些描述元素和德·维瑟叙述的更简洁的龙女版本，见《中国与日本的龙》第191—192页。有关龙王的版本和许多其他类似的故事，请参见尾崎《日本童话》。

[11] 许多西方评论家认为这种文化接触是理所当然的。在与日本历史学家森田喜夫教授的私人通信中，他指出，日本专家，特别是吉田广彦教授，已经注意到这些相似之处，尽管不太可能得出确切的结论。

[12] 事实上，早在公元前1070年，埃及就发现了中国丝绸的遗迹。这一切究竟是如何发生的，我们不得而知，但它很可能表明，东西方的贸易接触早在丝绸之路之前就存在了。

[13] 塞缪尔·泰勒·柯勒律治的诗歌《忽必烈汗》（1797年）的灵感来自于马可·波罗游记的持续流行，这表明了其文化的延续性，也可以说是其有公认的可信度。柯勒律治在塞缪尔·帕切斯的《帕切斯游记》中读到了马可·波罗对忽必烈汗宫殿的描述。

第七章

民间传说中
反对贵族统治的龙

伊万·雅科夫列维奇·比利宾一幅画的复制品，描绘的是戈雷尼奇（斯拉夫三头龙），1912年

虽然在下文中将讨论中世纪传奇中的龙，这些龙通常对地主贵族构成威胁，并由此形成了英雄事迹，但在民间故事中，情况往往大相径庭，许多民间故事共同的主题是从赤贫到暴富，这是一个典型的过程——一个出身或地位相对较低的男性战胜一条龙，并在此过程中赢得一位公主的芳心，从而晋升为贵族。[1]

在此类民间故事中，斯拉夫三头喷火龙戈雷尼奇的故事就是一个很好的例子。这个怪物的叔叔切洛维克是个巫师，他可以化身为巨人，他的目标是让戈雷尼奇成为全俄国的统治者。作为他计划的一部分，切洛维克绑架了沙皇的女儿，并把她囚禁在一个偏僻的高塔里，由戈雷尼奇看守。在许多人寻找和解救公主的努力都失败后，焦虑的父亲出重金悬赏。后来有一天，宫殿守卫伊万无意中听到两只乌鸦在谈论这座塔的位置，伊万聪明但未曾受过实战考验，他向沙皇提出了要去救人，他从沙皇手里拿到自律之剑（斯拉夫神话中众多英雄都持有过的魔法之剑，它又叫钢之剑、镜之剑、隐者之剑——译者注）后，前往那座高塔。当伊万到达后，切洛维克和龙与他对峙，于是剑从伊万手中飞出，刺穿切洛维克，然后他又砍下戈雷尼奇的头。作为对伊万成就的奖励，他获准与现在有点神志不清的公主结婚，并被封为贵族。

虽然像这样屠龙的民间故事与珀尔修斯和安德洛墨达之类的屠龙神话相呼应，而且很可能是受了后者的影响，但其他的民间故事就不那么传统了。在这些从赤贫到暴富的戏剧性事件背后，潜藏着一种不加掩饰的挫折感，这种挫折感必然来自于农民和下层社会普遍遭受的压迫，作为他们抗争压迫的回应，他们的梦想是对更公平、更美好生活的向往。尽管这些向往在现实中基本无法实现，但这些民间故事仍然可以被视为是对贵族精英的挑战。

以下选择的故事代表了民间故事中龙传说的一个特殊分支，不仅因为它们故事连贯，叙事精彩，而且因为它们可以解读为统治阶级的象征，从权力的本质上来说，统治阶级与生俱来就是龙一样的征服者。

◇ 兰顿蠕虫

15世纪初，某个星期天，在英格兰东北部靠近威尔河的兰顿庄园，庄园的年轻继承人约翰·兰顿没有去做弥撒，而是去钓鱼了。[2] 这家伙素来放浪不羁，对神灵不敬，当地农民对此非常反感，这也让他父亲很失望。他站在河边大声骂着自己松弛的鱼线，完全不顾及路过的表情严肃的教徒的感受。突然，一条鱼上钩了，但是当他收线的时候，发现他钓到的不是他想要的那条好鱼，而是一条头部两边各有九个洞的可怕的蠕虫。[3]惊恐之下，他把这个生物扔进了附近的一口井里，也就是后来的"蠕虫井"。一位老人路过并问他在做什么，约翰宣称他自己刚刚抓住了魔鬼。老人凝视着那口井，并预言这种生物不会带来好运。不久之后，约翰为他以往的恶行忏悔，为了赎罪，他加入了十字军。

与此同时，蠕虫长得太大了，它从井里逃了出来，回到了河边，盘绕在一块大石头上。它继续变大，在夜幕降临时从河边转移到附近一座小山脚下。随着时间的推移，它长大到足以绕山3圈。[4]整个乡野被这个怪物吓坏了，因为它吸干了奶牛的奶，吃活羊，甚至把幼童从床上拖出来吃掉。没有人能阻止它，即使是那些全副武装的骑士。虽然他们一听到蠕虫的肆虐，就自愿与它战斗，结果他们要么被咬成残废，要么被咬死。更糟糕的是，骑士

20世纪早期香烟盒上画的兰顿蠕虫

们无论砍下了它身体的哪个部位，它都会自己重新接起来。

现在，蠕虫将注意力转向了兰顿庄园的兰顿大厅，它穿过河流，决心摧毁它。只有每天在一个大槽里装满9头奶牛产的牛奶，并把它放在兰顿大厅的入口处，这家人才能免于遭到进一步的伤害。这种令人痛苦的状态持续了7年，直到约翰·兰顿回家了，他现在是罗德骑士军事宗教团的一员。

约翰看到四下一片荒凉，他惊呆了，并向当地的女巫寻求建议。开始，女巫除了用尖刻的语言责备他带来了灾难，没有给他任何建议。后来，女巫看他真心悔过，宽恕了他，告诉他，在对付蠕虫之前，他必须穿上最好的盔甲，在盔甲上钉上几十个锋利的枪头，但是有一个条件：如果他成功杀了蠕虫之后，要把见到的第一个生物杀了。女巫警告说，如果做不到这一点，接下来的九代兰顿庄主将死于非命。约翰做好了相应的准备，并告诉他的老父，当听到他吹响号角宣布胜利时，把庄园里跑得最快的狗放出来，跑向他，这样，约翰第一个遇到的生物就不是人类同胞了。

到了蠕虫要过河去兰顿庄园的时候，约翰站在河中央的一块大石头上，等着它的到来。蠕虫看到曾经捕捉自己的人站在它和大厅之间，便直接扑过去缠住了约翰，但是，正如计划的那样，枪头戳进它的肉里，导致它身上大块的肉被切断并被冲走，直到它被一点一点地切成碎片，同时约翰不断挥舞着宝剑进一步加重了它的伤势，蠕虫被完全肢解，再也没有机会复原自己了。约翰得意扬扬地吹响了号角，但一听到号角，他父亲就为儿子的胜利而欣喜若狂，以至于忘记了约定的事，跑去迎接他。不管后果如何，约翰也不愿意杀死自己的父亲，他拼命地喊着要父亲把狗放出来，但为时已晚，杀了狗也无济于事。正如预言的那样，一个诅咒降临到了兰顿家族。[5]

有一种推测并非完全没有可能，那就是历史上著名的约翰·兰顿爵士在完成了十字军东征之后，把一个屠龙的故事带回了兰顿庄园。他的后人也用一个类似的故事纪念他，把他塑造成一个屠龙者。[6] 但是，说到兰顿家族的诅咒，一定是后世添加进去的，因为兰顿家族接连几代爵爷的确过早地离世了。尽管

乔治·比维克，《兰顿蠕虫》，1890 年

如此，我们还是有可能把这个故事解读为一个不断发展的故事，它不是一个赞扬或同情兰顿家族的故事，而是一个批评他们忽视和漠视农民的故事。

兰顿蠕虫的潜在意义似乎在于批评约翰·兰顿年轻时的不虔诚。这样看来，约翰·兰顿视蠕虫为魔鬼的观点可以这样解释，即蠕虫是他自身恶行的象征性表现，当地农民最能强烈地感受到他的缺点。那么，会有一种对贵族傲慢的怨恨，一种既有宗教基础又有社会阶级基础的怨恨吗？如果是这样的话，它就可以解释为什么约翰·兰顿最初决心通过加入十字军来赎罪，却被认为不足以赎罪，因为正是在他缺席的时候，蠕虫在当地肆虐。他回来后，女巫对他的批评就说明了一切。即使他杀死了蠕虫，也还不足以赎罪。他虽然胜利了，但是功劳抵消不了过失，首先是农民承受了蠕虫带来的苦难，后来才是对兰顿家族两百年的诅咒。从农民的角度来看——那些人一代又一代地传承并美化这个故事——故事虽然经久不衰，但最终不过是在孕育一种病态的满足感。

第七章　民间传说中反对贵族统治的龙

◇ 莫迪福德双足飞龙

在赫里福德郡莫迪福德村附近的树林里,卢格河与怀伊河的交汇处,当地农民的女儿年轻的莫德正在采摘黑莓。她弯下腰,看到一个小的、有翅膀的、两条腿的、眼睛闪着光的生物,几乎只有一条黄瓜的长度。莫德被它的美丽弄得眼花缭乱,哄它向自己靠近,亲吻它。小家伙对莫德的喜爱也不介意,听任她把自己拿起来塞在衣服里。莫德回家向家人展示,并视它为自己的宠物。然而,她的父母对莫德的宠物并不那么感兴趣,并立即认定这是一条幼龙、一条双足飞龙,应该当场杀死这只致命的野兽。但是当莫德恳求父亲饶了它时,父亲心软了,把它放进一个盒子里,放到屋外一个厕所过夜。

第二天早上,在其他人还没有醒来之前,莫德去了厕所,担心她的父母仍然可能会把她新得到的宠物扔掉。她喂了它一些牛奶,并把它藏在树林里,她确信它不会被人发现。父亲问莫德一直在做什么,莫德告诉他,那个小家伙已经逃走了,现在哪里都找不到它了,也许已经被狗吃了。莫德继续照料着靠她养活的小家伙,它迅速长大,很快牛奶就不能满足它的需求了。它离开树林里的藏身之地,去寻找更加丰富的食物——某种血,先是牛羊的血,最终是人血。虽然龙不伤害莫德,但是对于当地人来说,它是迫切需要摆脱的恐惧。龙的威力太大,所有试图杀死它的人都被它反杀,要么死于它的爪子,要么死于它吐出的毒气。

时间流逝,恶龙的肆虐愈演愈烈。后来有一天,一个名叫加斯顿的囚犯,一个因犯罪被判死刑的当地人,宣称他将与龙战斗,条件是如果他获胜,他将得到赦免,人们无法拒绝这个提议。加斯顿拿起一个大桶,用锋利的刀片和钩子加固了桶的外壳,把它放在龙常走的路上,然后把自己藏在桶里,拿着手枪和一把大刀,通过一个小孔窥视观察。龙果然来了,闻到人肉味后,它缠绕在桶上,打算压碎它。就在这时,刀片和钩子刺伤它,让它失去了战斗力，加斯顿依照计划从窥视孔开枪射击，将龙射倒在地。他迅速从桶里出来，举起大刀砍掉龙头，但是为时已晚，他也因吸进了龙的毒气而气绝身亡，莫德看到这一切心烦意乱。

莫迪福德双足飞龙的这个版本以及其他几个版本是 1874 年 J. 达克雷斯·德夫林在莫迪福德逗留期间，人们向他讲述的。但是，正如德夫林所说，至少还有另外两个版本，其中年轻女孩的角色基本上可有可无。在其中一个被认为是最古老的版本中，加斯顿不是罪犯，而是一个无私的当地贵族，他杀死了双足飞龙并活了下来。另一个版本遵循了已知的最早版本，但比上面叙述的版本要早，其中罪犯加斯顿的确胜利了，并被承诺缓刑。值得注意的是，在最古老的版本中，17 和 18 世纪莫迪福德庄园的领主是加斯顿家族，他们的家族徽章就是一条巨大的双足飞龙，似乎莫迪福德的故事最初是为了纪念他们而讲的。[7] 这里最有趣的是加斯顿这个贵族是如何成为罪犯的，最初他是一个获得了胜利和自由的人，后来却在屠龙中死去。

考虑到莫迪福德的故事可能的历史顺序，随着时间的推移，它似乎演化为一种被称为"民主化"的传奇，最有可能是在加斯顿家族去世或离开后发生的。然而，人们也可以继续说，加斯顿家族的双足飞龙纹徽章并非凭空虚构。

假设就像通常的情况一样，加斯顿家族徽章象征着这个高贵家族的权力和威严，人们不禁会想，在这个故事的后期版本中，莫迪福德龙象征着加斯顿家族。既然如此，那么在一些版本中，罪犯加斯顿作为屠龙者取得的胜利在隐喻意义上表明贵族对他们的恶行进行了补偿，因为人们都知道贵族的恶行，也表明贵族获得的统治力量不过是凭借出身而已。但是在上述故事中，罪犯加斯顿被杀，与龙只是相互抵消。换句话说，作为双足飞龙和它的命运多舛的杀手，加斯顿家族不再有任何意义，除了或者成为一个古老的回忆，或者更有可能的是，作为当前对阶级不公正的认识，这倒与兰顿蠕虫故事的晚期版本中兰顿家族受到诅咒有点类似。[8]

当达克雷斯·德夫林努力寻找莫迪福德双足飞龙的最早起源时，他看到了（有时是相当模糊的），双足飞龙与传统世界的龙神话、维京龙和龙骨船的故事以及传统的威尔士龙故事之间的联系，而双足飞龙故事里一个更有趣的方面是地方史，直到19世纪早期，莫迪福德教堂的墙上还挂着一幅双足飞龙的画，很可能是一幅描绘加斯顿家族纹章的画。然而，当时的教区牧师并不喜欢这幅画，他把它看作是撒旦的形象，并把它毁了。

然而，正如达克雷斯·德夫林就故事来源反复强调的那样，这位牧师的破坏行为无法阻止双足飞龙的故事在民间想象中成为现实。达克雷斯·德夫林离开此地，回到了他在伦敦的家。几十年后，据说莫迪福德教区的牧师遇到了两个老妇人，她们显然认为自己找到了幼龙，正试图在教堂的洗礼盆中淹死两只蝾螈。尽管这很可能只是一个古老的笑话——当然，蝾螈是淹不死的——但人们仍普遍认为蝾螈是危险的生物，因为有人警告说，如果谁通过饮用池水吞下它们的卵，蝾螈就会在胃里孵化、繁殖并吞食所有被摄入的东西，从而导致人痛苦地死去。年轻的莫德之所以愚蠢地拒不承认她的宠物有任何危险，就很可能源于这样合理的健康警告。

◇ 瓦维尔龙

13世纪克拉科夫的主教温森蒂·卡德乌贝克首次记录了瓦维尔龙的故事，其在15世纪波兰民间故事中的一个版本明显体现了类似的阶级矛盾。[9] 故事讲述了克拉库斯王国被一条龙肆虐，这条龙叫"通吃"，它的巢穴在维斯图拉河旁瓦维尔山脚下的一个洞穴里，只有当人们喂牛给它吃，它才会安静一些。

为了摆脱这个可怕的威胁，克拉库斯国王命令他的两个儿子——大儿子莱赫和小儿子克拉库斯二世——去杀死它。他们一开始没能打败它，父亲建议儿子们把燃烧的硫黄包在牛皮里，和常规的祭品一起留给龙吃。他们照做了，当龙吞下祭品的时候，就从里到外化为灰烬。然而，克拉库斯二世不愿

意分享荣誉,他背叛了他的哥哥并杀死了他,之后他声称哥哥被龙杀了。父亲并不知情,因此打算让他继承王位。

然而,克拉库斯二世的骗局很快被揭穿,他的余生被迫在流亡中度过。克拉库斯国王去世后不久,作为葬礼仪

波兰雕塑家布朗尼斯拉夫·克洛米创作的瓦维尔龙雕塑,位于波兰克拉科夫城

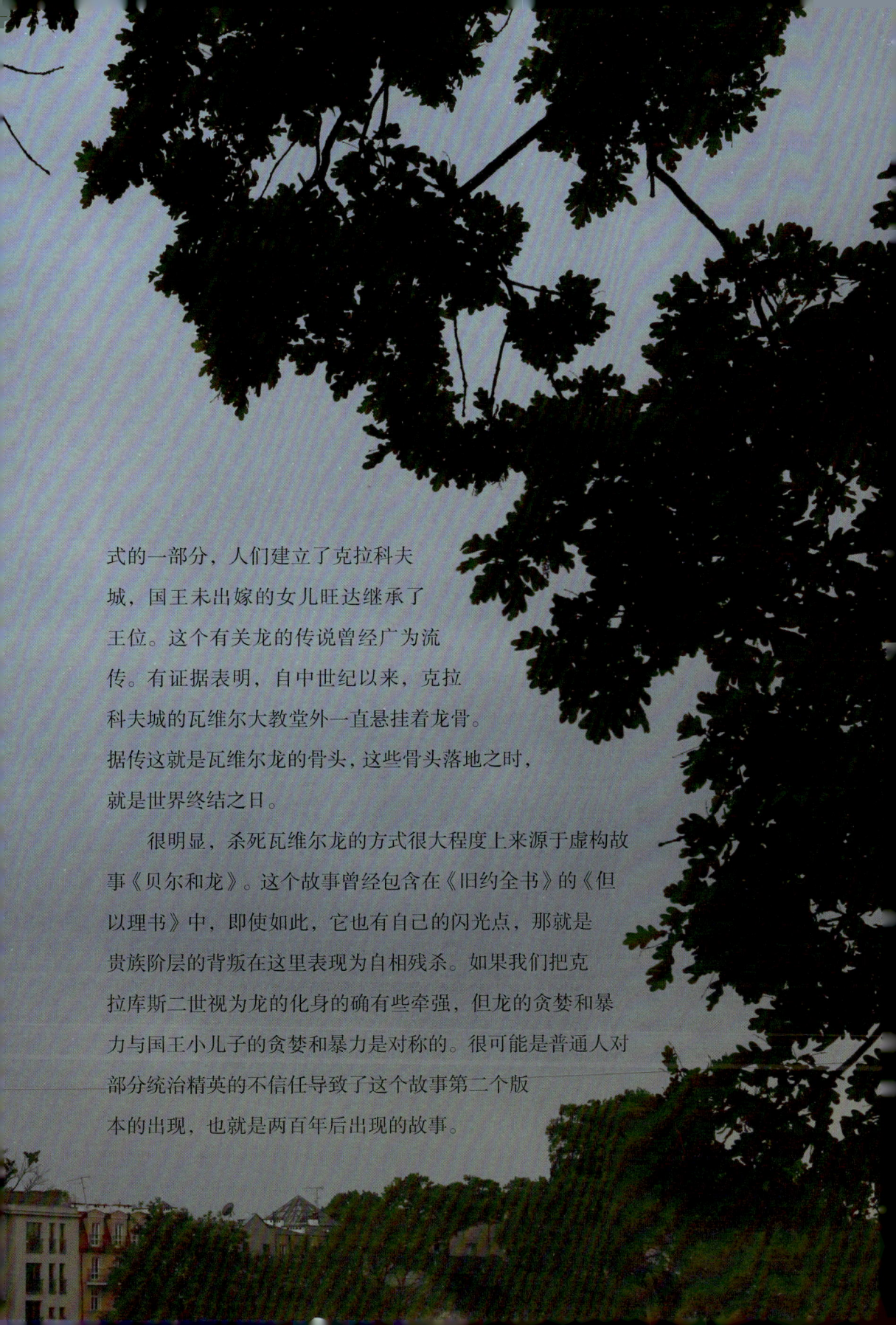

式的一部分，人们建立了克拉科夫城，国王未出嫁的女儿旺达继承了王位。这个有关龙的传说曾经广为流传。有证据表明，自中世纪以来，克拉科夫城的瓦维尔大教堂外一直悬挂着龙骨。据传这就是瓦维尔龙的骨头，这些骨头落地之时，就是世界终结之日。

很明显，杀死瓦维尔龙的方式很大程度上来源于虚构故事《贝尔和龙》。这个故事曾经包含在《旧约全书》的《但以理书》中，即使如此，它也有自己的闪光点，那就是贵族阶层的背叛在这里表现为自相残杀。如果我们把克拉库斯二世视为龙的化身的确有些牵强，但龙的贪婪和暴力与国王小儿子的贪婪和暴力是对称的。很可能是普通人对部分统治精英的不信任导致了这个故事第二个版本的出现，也就是两百年后出现的故事。

在第二个版本中，主人公不是贵族，而是一个穷鞋匠的儿子，名叫斯库巴。龙在乡间肆意破坏，所有挑战它的骑士都被它烧死。龙也不再满足于吃牲畜了，它要求每月送个处女到它的洞口让它品尝。日复一日，年复一年，城里的少女只剩下了国王的女儿——旺达一人。国王别无选择，只能像他的臣民那样把女儿送给龙，他宣布，任何人只要救了公主，公主就嫁给他。许多人接受了挑战，但是无人成功。这时，卑微的斯库巴站出来了，就像早期的故事一样，斯库巴用硫黄塞满一只农场动物——此处，是一只绵羊——拿给龙享用；值得注意的是，在这个版本中，屠龙的点子完全是英雄自己设计的。当龙吃下绵羊后，它产生了一种强烈的口渴感。它跳进了维斯图拉河，吞下了一半的河水，导致它膨胀并爆炸。斯库巴如愿以偿地和旺达结婚了，他们从此幸福地生活在一起，想必还大权在握，安居乐业，与他的前半生有天壤之别。[10]

通过战胜某种怪物赢得处女新娘是一个古老的主题，极有可能斯库巴的胜利是直接受到希腊神话中的类似故事或后来的基督教圣徒故事的启发，可能原型有很多，从珀尔修斯和安德洛墨达到圣乔治和西里纳公主，也许最早、最相似的原型是赫拉克勒斯拯救赫西俄涅的神话（见本书第一章），赫西俄涅作为特洛伊王国里最后一个残存的处女，被她的国王父亲当成了海怪的祭品。

瓦维尔的屠龙故事除了可能有众多来源之外，其中两个版本最有趣的地方是：在第一个版本中，没有处女新娘，只有身陷谋杀和背叛的王子；在第二个版本中，一个无名之辈凭借聪明才智和英勇行为飞黄腾达，其程度完全超出了他的阶层最疯狂的想象。尽管从任何社会现实意义上讲，斯库巴的成就都是纯粹的幻想，但关键无疑在于，这是下层社会取代一种只有上层社会才能成功的传统。在这种传统中，在贵族残酷竞争的世界里，道德价值观岌岌可危。因此，斯库巴故事所引发的与克拉库斯二世故事的含蓄对比，体现了人们对统治秩序分裂性的不满。

◇ 阿西贝托和海王蟒

阿西贝托和海王蟒的故事在苏格兰的奥克尼世代相传了几个世纪，人们认为故事起源于维京人到奥克尼定居的时代。这个精彩而荒诞的民间故事以斯堪的纳维亚为背景，故事始于一条巨大的海蛇，被称为海王蟒，据说它环绕着整个地球，有天突然开始攻击人类，掠夺土地。无可奈何的国王只好向巫师寻求对策，巫师告诉他安抚海王蟒的唯一办法是每周六给它送去 7 个处女。就像所有龙故事一样，处女很快就没有了，国王再次接受了巫师的建议，要献上自己的女儿——可爱的珍拉丽公主，除了她邪恶的继母，大家都喜欢公主。公主唯一的希望是发出屠龙悬赏令，她愿意成为杀了龙的人的新娘，同时杀龙的人还可以得到王位和伟大的宝剑，这把兵器曾经只属于北欧神奥丁。

随着国王悬赏的消息传开，一个农民的儿子阿西贝托宣称他将接受挑战。大家都知道他很懒惰，而且总是幻想自己是某位英雄，通常当他在夜晚的炉火边伸开四肢时，他会大声说出他的幻想。他的父亲和哥哥们已经对阿西贝托游手好闲、不切实际习以为常，他们嘲笑他，唯一支持他的是他的妹妹，但是妹妹已经离家，入宫当了珍拉丽公主的侍女。不管怎样，阿西贝托决定证明自己，他来到宫廷，但声名狼藉的他被拒绝了，理由是他是个一事无成的人。因此，在公主被献祭之前的那个星期五，仍然没有人愿意或有能力对付海王蟒的时候，国王决定自己手持宝剑，同时准备好了一艘皇家的船，打算亲自与海王蟒搏斗。

与此同时，就在同一天，当大家开始聚集在岸边准备观看他们的国王与海王蟒搏斗时，阿西贝托无意中听到他的父母在谈论他们的马"飞弓"。他得知，当骑手用鹅的气管抽打它时，它能跑得比风还快。那天晚上，阿西贝托去了马厩，骑上飞弓，全速奔向海岸。在那里他从一个老农妇手里拿了一桶燃烧着的泥炭，又把皇家船上的那个护卫骗上岸，然后他自己把船开走了。

当太阳升起时，阿西贝托径直奔向海王蟒张开的大嘴，向里面驶去，沿着它的食道向下行进了几公里之后，最终到达了海王蟒的肝脏。他在肝脏上挖了一个洞，把燃烧着的泥炭全部倒了进去。痛苦的海王蟒不断干呕，多亏了干呕，把阿西贝托挤回食道又吐进大海。海王蟒身体被火焰吞噬，它伸出舌头卷住新月的一端，舌头跌落到地面，砸出了一个巨大的裂缝，形成了厄勒海峡和波罗的海，从它塌陷的头部掉下来的碎牙形成了奥克尼群岛、设得兰群岛和波罗的海的法罗群岛。海王蟒的剧痛接近尾声了，它的躯干形成了冰岛，肝脏中的烈火成了冰岛的火山。

不用说，国王和公主都兴高采烈，阿西贝托得到了应有的赏赐。然后，他和珍拉丽公主骑马回到宫殿，受到阿西贝托妹妹的迎接。妹妹告诉他们，巫师和国王的妻子有奸情，他们现在已经逃跑了。阿西贝托手持宝剑，骑马追赶，砍倒了巫师，并将公主邪恶的继母交还给国王。国王将她囚禁在塔中度过余生。阿西贝托国王和王后珍拉丽的婚礼即将举行。正如最早收集这个故事的奥卡迪亚方言所说："如果没有死，他们依然活着。"

阿西贝托和海王蟒的故事有几点特别有趣：斯库巴与阿西贝托不一样，斯库巴也成绩斐然，但是除了把他从农民提升到贵族之外别无其他；而阿西贝托的胜利让他卷入了一场对国王背信弃义的阴谋中。很明显，巫师和邪恶的继母利用海王蟒来达到他们的目的，他们似乎计划利用海王蟒既除掉国王又除掉国王的继承人珍拉丽公主。

除此之外，故事有点巧妙而复杂地运用了赫西俄涅、贝尔和红龙的题材，当然值得注意的还有阿西贝托本人的形象，这位英雄以游手好闲的形象登场，这是早期日耳曼传说中常见的人物，在中世纪冰岛萨迦中被称为"咬煤人"（古挪威人科尔比特）。这个年轻人在炉灰旁游荡，逃避一切工作，但时机一到，他最终取得了伟大的成就。在阿西贝托的故事里，他虽然懒惰，但是对于灰烬的熟悉激发了他用泥炭烧死海王蟒的灵感，这一切的潜在含义我们可以从阿西贝托的名字中找到一些线索。

阴险邪恶的继母出场，她竭尽所能要消灭丈夫和继女，这让人想起了最古老、流传最广的民间故事之一《灰姑娘》。在早期日耳曼的民间故事中，灰姑娘的一个贬义称谓就是阿西贝托或者阿森布勒尔，意思是"灰烬傻瓜"，象征那些遭受不公正压迫的人。珍拉丽公主受到的遭遇明显有这种暗示，阿西贝托的性格和行为也体现了这种暗示，他的名字的意思是"灰烬使者"。正如19世纪的文字学家和民俗学家雅各布·格林所观察到的那样，许多早期的灰姑娘形象都是男性，虽然还不清楚是否有像其他民间故事中所表达的那些社会政治信息，但是有一个戏剧性的逆转过程。在这个过程中，阿西贝托代表了一个新的世界秩序，而海王蟒代表了旧秩序的压迫，其结果是后者至少受到限制或者最终灭亡。阿西贝托是改革的动力，对相关各方都有利。

我们在阿西贝托和海王蟒的故事中看到的是古斯堪的纳维亚神话与当地传说的结合、古希腊神话和早期圣经主题以及传统北欧民间故事，要证明雅各布·格林所描述的那个"飞行不受限制，但仍能在本地安家落户"的故事，我们必须寻找更好的例子。

◇ 温特利之龙

尽管迄今为止，龙故事对贵族统治的批评都是含蓄的，但是街头民谣《温特利之龙》提出的批评非常直白。[11] 这个故事发生在约克郡谢菲尔德以北几公里的沃特利庄园的温克利夫峭壁上。这里描绘的龙不是在现实中让人恐惧的龙，更加确切地说，当地人都知道它是对沃特利家族专横无情的讽刺。

在整个16世纪，沃特利家族为了扩大猎场，强行将居民驱逐出自己的家园，包括在温克利夫峭壁上建造的一个小屋。他们为了扩大庄园而圈地，不考虑住在那里的人，并提高地产的什一税，以支付此类扩充之需。整个家族声名狼藉，所以，温特利之龙不是别人，正是沃特利家族。[12] 至于民谣中的屠龙英雄摩尔·霍尔，其实就是乔治·布朗特，他是16世纪90年代沃特利庄园摩尔·霍尔的住户。布朗特和同伴曾多次公开批评沃特利家族滥用权力，他们于1603年把沃特利家族告上法庭，并打赢了官司，从而阻止了什一税的进一步提高。[13]

这首民谣以对传统屠龙故事的滑稽模仿开始，回忆起赫拉克勒斯用棍棒打死"勒纳的一条龙，龙有七个头和十四只眼睛"，并指出，相比之下，"摩尔·霍尔，什么都没有用，他杀死了温特利的龙"[14]。此外，

> 这条龙有两只凶猛的翅膀，
> 两边肩膀上各有一只；
> 尾巴上有一根长得像鞭子一样的长长的刺，
> 这让他越来越胆大。
> 他有长长的爪子，在他的嘴里
> 有四十四颗铁齿；
> 有着和任何牛皮一样坚韧的皮革，
> 这使他在附近游荡。
>
> 你没听说过特洛伊木马
> 肚子里有七十个人？
> 这条龙不是很大，
> 但是很近，我会告诉你。
> 他吞噬了三个可怜的孩子，
> 那不可能与他搏斗的孩子；
> 一顿饭，他把他们吃光了，
> 就像吃苹果一样。

这条龙吃了各种各样的牛,

有人说他吃光了树,

森林肯定会被他

逐渐吞噬,

因为房子和教堂对他来说是鹅和火鸡。

他把所有的都吃了,没有留下一个,

但是一些石头,亲爱的杰克,他无法破碎,

在山上你还能看见。

然后"愤怒的骑士"摩尔·霍尔出场,他以直言不讳和英勇气概闻名。当地的孩子们乞求他从龙那里拯救他们,并愿意把他们所有的财产送给他。他拒绝任何这样的奖励,"只想要一个美丽的女仆……每晚在我去战斗之前,给我一个惊喜,并在早晨给我穿上衣服",大家同意了。摩尔有点像约翰·兰顿,穿上钉甲,使他看起来像"光怪陆离的刺猬",这是一个明喻,实际上暗指乔治·布朗特起草的起诉书,上面包括了所有原告的名字和印章。然后,摩尔喝了"六罐啤酒和一些生命水",躲到一口龙常去喝水的井里。于是,当龙的头伸到井里,摩尔一拳打在它的嘴上,战斗就开始了。在这场有点插科打诨的喜剧遭遇战中,接下来的内容值得我们完整地看看:

"哦!"龙说,"你疯了,出来!

敢在我喝水的时候打扰我!"

龙转过身,对他拉屎。

天啦,它太臭啦:

"诅咒你的灵魂,诅咒你的身体,

你的粪便闻起来不像香脂;

177

臭气熏天,
你的饮食肯定是不健康的。"

另一方面,我们聪明的骑士
爬上了井沿,
放了龙一马,
不知道他怎么想的。
"哎呀,"他说,"你这么说,你看见了吗?"
然后它朝他飞去
手脚并用,
说的话是,嘿,孩子们,嘿!

"你的话,"恶龙说,"我不明白。"
然后他就倒下去了。
如果我可以把伟大与渺小相比较的话。
这条龙真的和我们的勇士
在地面上打了两天一夜,
尽管他们力量巨大,但技巧灵活,
他们没有一处伤口。

最后坚硬的大地开始震动,
龙撞了他一下,
这让他感到天旋地转,他想
把它举得像石头一样高,
然后把它摔下来。但是摩尔大厅的摩尔,
像一个勇敢的战神之子,

因为他像傻瓜一样来了，所以他把龙转过来，

踢它的屁股。

"哦，"龙叹了口气说，

一起转了六圈，

哭哭啼啼，骂骂咧咧，

从它皮革般的喉咙里：

摩尔大厅的摩尔！哦，你这个流氓！

但愿我从未见过你；

你脚下的东西，刺痛了我的屁股，

我彻底完了。

"谋杀，谋杀！"

龙哭喊，"哎呀，哎呀，伤心！

如果你不踢我的屁股，

你无法伤到我。"

然后它的头摇晃着，颤抖着，抖动着，

它躺下哭泣，

先是单膝跪地，然后仰面摔倒，

呻吟着，踢着，拉屎，死去。

因此，在《温特利之龙》的幽默背后，隐藏着一种关于社会不公的高度敏感的政治信息，这种信息在18世纪仍有意义。1737年，受这首歌谣的启发，一出滑稽的意大利式歌剧在伦敦的干草市剧院上演，后来又转移到考文特花园。歌剧《温特利之龙》由亨利·凯里（约1687—1743年）编写，约翰·腓特烈·拉普（1703—1751年）创作音乐，讽刺当时的首相罗伯特·沃波尔爵

谢菲尔德市政厅，温特利龙的浅浮雕，1897 年

《女权运动者》封面，1913 年

士（1676—1745 年），他的税收政策受到了很多批评。然而，这部歌剧的男主角并没有杀死这条龙，而只是打伤了它。这部歌剧最初创下了 69 场表演的纪录，并在大约 50 年后仍很流行。沃波尔龙与沃特利家族的龙命运不同。

反对贵族统治的龙的民间故事吸引人有很多原因。如果说这些古老的故事表明了某种酝酿已久的阶级反抗的愿望，确实有点不恰当了。但事实是，社会不公引发民众的抗命行为，经常迫使统治阶级重新思考和修改他们的做法，哪怕改变很小。尽管这些民间故事可能没有任何明确的政治诉求，但它对社会秩序的基本批评——通常以一厢情愿的方式表达——确实表明了那些没有政治发言权的人感受到的某种不公正。在这些故事中，龙不仅仅表达了贪婪、狂妄、邪恶或危险的死亡，而且也表达了社会中压迫的力量。最终，龙越来越明确代表社会不平等的观念，就像我们从漫画的另一面可以看到的内容会更多，在这幅漫画中，主流媒体和男性普遍视女性选举权为洪水猛兽。

| 注释 |

[1] 不用说，有很多关于龙的民间故事。仅在英国本土，就发现了近两百个这样的故事，或者在很多情况下是与故事有关的遗迹，例如拉尔夫·惠特洛克的《龙在此》。

[2] 这个传说中用地方言唱的民歌可以追溯到 19 世纪。

[3] "蠕虫"一词来源于古英语名词"wyrm"，意思是"爬行动物""蟒蛇""蛇""龙"。

[4] 蠕虫山，现在很有名气，位于泰恩郡桑德兰附近法特菲尔德村的外面。

[5] 有两个民间故事类似，一个是兰顿蠕虫，一个是林顿蠕虫，后者的背景在苏格兰边界的萨瑟兰，它的名字叫"诺克-纳-诺娃姆"。在这些故事中，英雄屠龙使用了"贝尔屠龙"的方法（见下面的瓦维尔龙以及阿西贝托和海王蟒），而且没有受到诅咒。

[6] 另一个关于屠龙的故事在十字军东征期间就被带到了西欧，参见罗德岛之龙和屠龙者来自朗格多克岛的迪厄多尼·德·戈松的故事。

[7] 双足飞龙过去是，现在仍然是纹章和吉祥物上最常见的龙。

[8] 在格洛斯特郡的特克斯伯里附近的一个古老的迪尔赫斯特村庄里，有一个类似的故事。故事中一条龙被一个出身低微的人约翰·史密斯杀了，然而，在这个故事中，屠龙者得到了很多土地，没有暗示说贵族有任何罪恶。

[9] 这个故事被温森蒂·卡德乌贝克记述在《波兰国王和王子纪事或起源》中。

[10] 在一些版本的故事中，斯库巴最终继承了王位。

[11] 这首匿名民谣最早记录于 1685 年，并被收录在托马斯·珀西极具影响力的 18 世纪英国诗集《古代诗歌拾遗》（1765 年）中。

[12] 这首民谣隐喻性地描述了沃特利一家对当地人造成的损害，其中隐晦地提到了"马修的房子"（第 5 节，此处未引用），是"沃特利旅馆的看门人"，这是托马斯·珀西的信息来源。

[13] 大卫·海《公元 1000 年以来的约克郡》（1986 年）。海在书中记录道，附近哈兰郡领主的管家吉尔伯特·迪肯森为了吸引人们对沃特利家族恶行的注意，不惜大张旗鼓地宣传，

甚至到了犯罪的地步。迪肯森似乎因蛇被监禁，但在 1605 年得到了赦免。

[14] 珀西认为，"如果有哪部作品比其他作品更受关注，那就是老莱明·贝维斯爵士的传奇故事"，或者，珀西进一步认为，埃德蒙·斯宾塞的《仙后》（第 1 卷，第 11 章）所讲述的是同一个传奇故事。

第八章

作为虚构和事实的
欧洲龙：从中世纪传奇到育龙

朗克斯腾城堡壁画,《特里斯坦屠龙》,14—15 世纪

    本书第五章所讨论的凯尔特神话和传说的影响,在悲剧故事《特里斯坦(又名崔斯特瑞姆)和伊索尔德(又名伊索尔特)》中得到了最好的证明,这个故事主要发生在爱尔兰。特里斯坦效忠于他的叔叔——康沃尔的国王马克,由于他恪尽职守,杀死了被派往康沃尔索要贡品的爱尔兰王后的弟弟。他在战斗中受伤了,不得不寻找治疗方法。能够治愈他的伤的唯一地方是爱尔兰,他伪装成一位名叫坦特里斯的吟游诗人,假扮成一个爱发脾气的人,被爱尔兰王后治好了伤,王后的女儿伊索尔德给他留下了深刻的印象。

回到康沃尔，特里斯坦告诉马克，伊索尔德美丽绝伦、多才多艺。他再次被派往爱尔兰，这一次是为马克向伊索尔德求婚。到达爱尔兰后，特里斯坦了解到一条可怕的龙长期以来一直在踩躏这片土地，爱尔兰国王为了除去恶兽，答应把自己的女儿作为奖赏嫁给屠龙英雄。特里斯坦决心完成这一使命，就像过去那些遭遇不幸的英雄那样，开始与龙对峙。

特里斯坦追踪到巨龙的巢穴后，骑在马背上攻击它，但这匹马被巨龙的火焰吞噬了一半。尽管如此，特里斯坦还是成功地用他的矛在这头野兽身上刺出了一个巨大的伤口，迫使它逃到了悬崖边。特里斯坦只带着他的剑和烧焦的盾牌追赶着它，设法将他的剑深深插入巨龙的心脏，彻底杀死了它。他把龙的舌头割下来，藏在他胸前的盔甲下面，这样他就能证明自己是屠龙者。此时，特里斯坦已经精疲力竭，高烧不退，濒临死亡。为了让自己冷静下来，他跳进一个很深的岩石池中，却没有意识到巨龙的舌头还在继续释放有毒的烟雾。

此刻，来了一个胆小懦弱的管家，他也想迎娶伊索尔德。这个管家发现了那条死龙，却没有看见屠龙者，于是把龙切成碎片，砍下龙头，让国王相信他就是屠龙者。然后，他骑马去了韦克斯福德，去兑现他的奖赏——伊索尔德。与此同时，伊索尔德和她的母亲听到了恶龙死亡前痛苦的尖叫声，发现了特里斯坦（他们只认出他是坦特里斯），把他弄出了岩石池，并再次开始护理他，让他恢复了健康。后来，尽管她们发现一直在照料的病人不是吟游诗人坦特里斯，而是杀死王后弟弟的人，她们非常震惊，但还是设法帮助特里斯坦证明他才是杀死龙的人，而不是那个无耻的管家。特里斯坦的屠龙行径获得确认，也为马克国王赢得了伊索尔德。

13世纪初，德国作家戈特弗里德·冯·斯特拉斯堡写下了上述特里斯坦的故事，这只是特里斯坦与伊索尔德悲剧的序曲，因为在特里斯坦护送马克的准新娘伊索尔德的路上，他们都不小心喝了爱情药水。戈特弗里德引用了多个文献，最著名的是12世纪英国的托马斯写的古法语诗《特里斯坦》[1]，其中

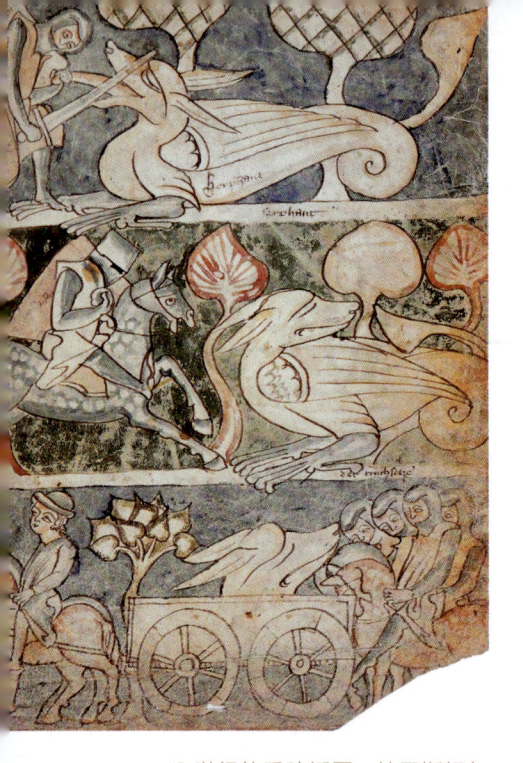

13 世纪的手稿插图，特里斯坦与龙搏斗。底部的画面显示的是管家带着龙头骑马离开

说到他们深陷爱情不能自拔，而他们不该相爱，这给他们带来了致命的痛苦，而且，鉴于他们都无悔意，按照中世纪基督教的教义，他们都该下地狱。戈特弗里德描述的这场悲剧到底想要说明什么仍存在争议，有人认为他是在对中世纪的骑士荣誉准则进行批判，也有人认为他只是想指出骑士荣誉准则的局限性。无论是什么，龙给特里斯坦和伊索尔德下了诅咒。

戈特弗里德的特里斯坦故事尽管没有写完，但可以说它在该传奇故事的所有版本中最具影响力，理查德·瓦格纳的著名歌剧《特里斯坦与伊索尔德》（1865 年首次上演）就是以它为基础，它也是众多现代作家的灵感来源。虽然这个传奇故事的起源还不确定，但据推测，它可以追溯到 6 世纪传说中的皮克提国王塔罗克二世的故事，其故事后来进入了凯尔特神话。

在特里斯坦的故事里，龙的描述是故事的主要情节部分，但在其他中世纪的传奇故事中，骑士屠龙往往只是偶然事件，纯粹是为了确立英雄的身份，并不为整个剧情增加任何有意义的东西。例如，在 14 世纪的诗歌《高文爵士与绿衣骑士》中，有一位威武高大的绿衣巨人造访亚瑟王的卡米洛特王宫，并要求与亚瑟王决斗。然而，高文反对，他站上前去，代表亚瑟王出战。绿衣骑士要求高文先把他的头砍下来，然后绿衣骑士捡起自己的头，要求高文必须出发去位于国家北部他的小教堂那儿。一年零一天后，他要接受绿衣骑士砍掉他的头。正是在高文环绕威尔士海岸的危险旅程中，他遇到了许多必

第八章 作为虚构和事实的欧洲龙：从中世纪传奇到育龙

"兰斯洛特爵士如何与一条友善的龙战斗"，出自《亚瑟王与圆桌骑士的传奇》，1920年，亚瑟·拉克姆的插图

须战胜的生物对手，包括"龙"：

> 有时他与龙作战，也与狼作战，
> 有时和衣衫褴褛的巨魔在一起，既有公牛，
> 也有熊，有时还有公猪。
> 从高处追赶他的巨人都倒地了。

高文在快到绿衣骑士的小教堂之前，住进了一个庄园，因受到了女主人的极度诱惑，做了一些不光彩的事。由于他的骑士精神有缺陷，因此被深刻地教训了一顿，从那以后，作为一种耻辱的标志，高文带着一条绿色的腰带，这条腰带是那位轻浮的女主人说能护他性命他才接受的，后来所有的圆桌骑士都佩戴一条绿色的腰带表示谦卑。尽管高文在旅途中击退了各种巨龙，但这并不能阻止他在更宏大的计划中受到羞辱。

在14世纪英国汉普顿的贝维斯生平记述中，有几个龙故事与上述故事的主要情节相似。贝维斯试图报复他的继父，因继父与他的母亲合谋杀害他的父亲。在这个过程中，他经历了多个怪兽的考验，其中有两条龙，它们住在他被投进去的地牢里，后来又有一条由国王变成的恶龙科隆龙，贝维斯只是因为多次掉入魔法池中治愈了伤口才得以幸存下来。[2] 尽管贝维斯的故事主要是为父沉冤昭雪，但从另一个意义上来说，激励他的是对自己身份的追寻。

因此，年轻骑士探索的故事通常可以被解读为其走向成熟的寓言；换句话说，骑士的探索要求他在确立自己的声誉和权威之前接受成年的考验。在14世纪的《德加雷爵士传奇》和《阿托伊斯的埃格拉莫爵士传奇》中也有类似的龙之战，这两个故事都以英雄自己的名字命名，他们都在试图证明自己，并赢得他们心上人的青睐。[3] 德加雷爵士的故事也涉及他在查找自己亲生母亲的身份。在德加雷的寻找过程中，他有些粗暴地用棍子打死了一条威胁到伯爵的龙，而对于埃格拉莫来说，他战胜了一条龙，是他为了赢得女孩必须面对的最后一个挑战。对于这两位英雄来说，龙的情节只不过是公式化的套路。

兰斯洛特与龙的遭遇也大同小异，只不过他是亚瑟王最著名、最受人景仰的骑士，人们认为他的龙故事真实发生过，所以，少女得救，被囚的骑士获释，村民们从龙的魔爪中解脱。然而，更能说明问题的是，龙也是亚瑟王本人的象征，亚瑟王最信任的盟友兰斯洛特被象征为豹子，而龙和豹子之间看似牢不可破的同盟无法维持很久。在有关兰斯洛特的一个预言中，龙被豹子征服了，这预示着兰斯洛特和桂妮维亚在亚瑟之死和王国被毁中所扮演的角色。这种充满悲情色彩的文学象征主义揭示了兰斯洛特和贝维斯、德加雷和埃格拉莫等人一样的屠龙行为更多的是要说明英雄气概，似乎也是为了告诉读者，真正的骑士该做什么。

◇ 梅卢辛

龙从神话中转移到中世纪文学传奇中，龙在故事中的支配地位和各种广泛意义都下降了，民间故事中的龙往往带有更深层次的、常常令人担忧的信息，这一点在仙女般的龙女梅卢辛的各种故事中尤其明显：故事很可能来自凯尔特神话，其中一个是湖中仙女的故事。这个湖是南威尔士的布雷肯比肯斯湖，一位当地农民偶遇她后被她迷住，向她求婚。她接受了求婚，条件是他保证婚后打她的次数不能超过3次。就像所有民间故事中类似的保证一样，威尔士农民违背了誓言，尽管他对她的施暴只不过是责备性的轻拍。即便如此，在第三次"打击"之后，这位仙女立刻抛弃了他，把她带来的全部牲畜带回了湖里，这些牲畜是她当初用魔法变的嫁妆。后来，仙女只是偶尔出现，训练他们的孩子成为治疗师，据说这位仙女所谓的后代天生就是医生，是历史上的"迈德菲医生家族"（威尔士南部地区一个闻名天下的草药世家，这个家族从800年起一直到1800年最后一位家族医生逝世，延续长达1000年——译者注），人们认为其家族的医术一直延续到18世纪。

几个世纪以来，随着这个故事传遍欧洲，故事的女主角"坚强的女人"被描绘成越来越危险，最终与亚瑟王的女巫摩根·勒菲一样成为人们厌恶的女性，摩根·勒菲是中世纪充满威胁的女性他者的缩影。各种对梅卢辛的妖化在1357—1371年间首次流传的《约翰·曼德维尔爵士游记》中特别明显，曼德维尔讲述了希腊"科尔科斯和兰戈岛屿"的统治者希波克拉底的女儿如何被戴安娜女神诅咒，变成了一个长约两百米的龙女，她住在一座古老城堡的洞穴里，一年出来两三次，除非受到某种威胁，否则不会伤人。据说，如果一个骑士吻了她，那么她会再次变成一位女人，那样的话，她就活不了多久了。罗德岛的一位骑士宣称他能做到；然而，当他遇到龙女时，惊恐万状，以至于他拔腿就跑，却遭到她的追赶。骑士被抓住后，她把骑士扔到海边的悬崖下摔死了。

不久，一个年轻人乘船来了，他很好奇地想知道这个龙女传说是不是真的。他下了船来到城堡的洞穴，发现一个美丽的女人正对着镜子梳头发。女人告诉他，如果他第二天来吻她，即使她是龙的样子，她也会成为他的爱人，年轻人答应了。但是当他再来的时候，就像罗德岛的骑士一样，他害怕地逃跑了。龙女起初追赶他，一直到船上，最终她泪流满面，悲伤地回到她的洞穴。年轻人也为逃跑付出了代价，他很快死了。从此，任何一个看见龙女的人都会死去，所以故事以龙女永远渴望一个勇敢的骑士亲吻她并治愈她可怕的痛苦而告终。

梅卢辛故事最早的文学记载是《梅卢辛传奇》，作者是法国诗人让·德拉斯，是1394年出版的《吕西尼昂贵族史》的一部分。《梅卢辛传奇》讲述的是仙女普雷斯同意嫁给阿尔巴尼的国王爱里纳斯，她的一个条件是，当她正在分娩或给他们的孩子洗澡时，国王永远不得观看，他们的第一个孩子是梅卢辛。不出所料，爱里纳斯打破了禁忌，普雷斯带着女儿们回到了阿瓦隆岛。岁月如梭，梅卢辛15岁了，得知父亲不光彩地违背了承诺，于是和妹妹们一起找到他并把他锁在一个山中。普雷斯听说后很不高兴，她惩罚了女儿们，对于梅卢辛的惩罚是给她下咒，让她每个周六腰部以下变成龙。

有时，梅卢辛扮演仙女的角色，在法国西部的普瓦图省守护一个圣泉。有一天，普瓦捷的贵族雷蒙登遇到了她，他们一起度过了一夜，他自然向她求婚了。梅卢辛就像她的母亲一样，接受了这个提议，但有一个条件。她的条件是，雷蒙登不得在周六看见她。实际上，这段维持多年的婚姻很幸福。梅卢辛用她的魔法建造了很多坚固的要塞和华丽的城堡，她每天晚上都可以建造一个，这给雷蒙登的吕西尼昂王朝带来了巨大的财富和幸运。他们一共生了 10 个孩子，尽管只有两个孩子完全正常，但据说有 4 个孩子都成为了战功卓著的十字军战士。

然而最终，雷蒙登对梅卢辛在周六会做什么感到怀疑，他无视自己的诺言，在她沐浴时偷窥，并震惊地看到她的蛇形下半身。后来，当他们的一个孩子纵火烧毁了雷蒙登弟弟的修道院时，雷蒙登公开指责是梅卢辛把怪兽的天性遗传给了孩子，她为此感到震惊。她变成一条巨大的龙，给了雷蒙登两枚魔法戒指，飞到空中绕城堡 3 圈，像猞女（爱尔兰传说中预报死讯的女妖——译者注）一样哀号着飞走了，猞女可能来自凯尔特人的比恩·西迪或者"仙女"。

每当吕西尼昂王朝的继承人即将出生，或现任统治者或法国君主即将死亡时，在当天夜里梅卢辛会以龙的形态飞回来，悲伤地给孩子喂奶，世代不息。不用说，雷蒙登在他剩下的日子里一直心烦意乱。

让·德拉斯的主要目的是将中世纪卢西格纳王朝的兴衰载入史册[4]，他和其他各种文本一方面把梅卢辛描绘成女性的楷模，另一方面是个怪物，强烈地让人想起了拉弥亚神话。拉弥亚是希腊神话中的一个凡人女子，她被宙斯强奸，然后被宙斯的妻子赫拉诅咒，结果注定要过疯狂的生活。在这期间，

让·德拉斯《梅卢辛传奇》中梅卢辛的秘密被发现，约 1450—1500 年

她变成了一个龙女形象的变态杀婴者。此外，在中世纪，很有可能拉弥亚神话和凯尔特民间故事合并在一起产生了梅卢辛[5]，这极有可能不是巧合。

不管让·德拉斯想表达什么样的爱国心，但是他借梅卢辛故事传递出对女性恐惧的信息让它成为一个具有警示作用的传奇故事而广为流传，直到19世纪晚期，欧洲各种民间故事中都可以见到梅卢辛的身影，但它们似乎都与让·德拉斯的《梅卢辛传奇》关系不大，因为其中丝毫都没有提到法国政治，哪怕一点点。很显然，人们对权力政治的追问有时间限制，作为危险女性的缩影，梅卢辛超越了这一限制。

◇ 《仙后》

虽然龙的民间传说会一如既往地肯定或质疑已经确立的价值观，但在中世纪和近代早期的文学中，龙故事最终达到了顶峰，在那之后，龙作为文学主题的地位下降了。埃德蒙·斯宾塞的史诗寓言《仙后》（1590年和1596年出版）的第一卷的第一章和第十一章体现了龙作为文学主题的这一高潮期。《仙后》中有两条龙，第一条龙可能受到了古希腊神话中最早的龙女厄喀德那的启发，尽管斯宾塞很可能也借鉴了梅卢辛/拉弥亚的传统；而第二条龙很明显是《启示录》中的撒旦之龙。这两种生物，以不同的方式构成这首诗清教徒观点的基础——罗马天主教邪恶无比。

仙后格罗丽亚娜就是伊丽莎白一世女王，第一卷中，她的使者和英雄是红十字骑士，他在冒险历程中逐渐演变成圣徒圣彼得、圣乔治，最终成为耶稣。亚瑟王和乌娜帮助和指导红十字骑士度过了许多危险。据斯宾塞说，伊丽莎白女王是亚瑟王的后裔，亚瑟王和乌娜象征着新教的独特性或者更准确地说，象征着英国国教的"真理"。那些试图阻止、干扰和摧毁红十字骑士的人当中，最具有代表性的是乌娜的女性对手——杜莎，"她的秘密、污秽，其目的不

第八章 作为虚构和事实的欧洲龙：从中世纪传奇到育龙

《仙后》（1590年）第一卷中的木刻插图

亨利·福特为安德鲁·朗格《红色童话》（1921年）画的插画

可告人"，她的两面性代表了天主教固有的精神危险，危险来自天主教教义和其漏洞百出的道德标准。

在红十字骑士和乌娜旅程伊始，他们在森林深处遇到一个洞穴。尽管乌娜一再警告骑士不要进入，并告诉了他原因，这是"埃罗的巢穴"。他有点鲁莽地继续前进，"充满了对火和勇敢的渴望"。进入洞穴后，红十字骑士立即遇到了一个可怕的怪物，半蛇半女，她的数千个孩子在"吮吸"她的毒窟。照进洞穴的光线和出现的一个全副武装的骑士把埃罗吓住了，她后退到黑暗中。但是红十字骑士并没有被吓倒，他继续前进，刺了她一剑，却发现自己被她的尾巴缠住了。乌娜的激励"给你的力量增加信心"，让红十字骑士彻底释放了自己的力量，把埃罗勒住。此时，埃罗吐出了一大堆恶臭的污秽，"书和文件"，象征着天主教的宣传物，空气一下子变得污浊不堪、让人窒息，红十字骑士顿时失去战斗力，但他很快振作起来，决心挽回颜面，于是给了埃罗致命一击并将其斩首。她的孩子们来了，开始吮吸她的血液，它们食欲如此之大，以至于都吃到肚子膨胀并爆裂。

193

红十字骑士对埃罗的胜利只是他精神旅程的开始,在此期间,性感迷人的杜莎成功地将红十字骑士与乌娜分离,并使他多次面临致命的危险,包括被一个疯狂的巨人囚禁,最终被亚瑟王解救。[6] 只有当杜莎女巫的真面目被揭露后,红十字骑士才最终从乌娜那里得知,他的真正使命是将她的土地和将被围困的父母从一条巨大的喷火飞龙手中解救出来。实际上,红十字骑士对抗这条龙的任务象征着确保英格兰宗教改革的回归,为了完成这个目标他与龙战斗了整整3天。

第一天,他成功地刺伤了龙的脖子,但他也差点被龙炽热的气息活活烧死。幸运的是,龙把他扔进了一个喷泉,据说这是"生命之泉",可以救死扶伤。第二天,红十字骑士把龙伤得更厉害,但又一次被龙击败并受了重伤;然而,当他跌入伊甸园中生命树流出的愈合溪流中时,他又一次死而复生。[7] 第三天,当龙张开大嘴冲向他,将他整个吞下时,重新振作起来的红十字骑士设法将剑深深地刺进龙的喉咙,杀死了它。

红十字骑士3天的磨难可以理解为象征着基督被钉死在十字架上,龙最后张开血盆大口的攻击象征着他坠入地狱并最终复活。至于圣泉和圣溪中具有治愈功能的水,它们依次代表洗礼和圣餐。另外,他的超凡好运也不是运气的原因,而是"上帝永恒指引的"意志。然而,龙代表天主教会与红十字骑士的斗争并没有随着红十字骑士杀死龙而结束,除非是审判日到来。到了那天,基督将揭露天主教的谬误并揭示新教的真理。[8]

龙曾经是文学作品非常重要的主题,继斯宾塞的《仙后》之后,龙在文学作品中的地位一落千丈,沦为口头的隐喻。莎士比亚在剧作中18次提到了龙,表达方式如下:"不要夹在龙和它的愤怒之间""因为夜晚的飞龙把云层切割得很快""有没有一条龙保持如此美丽的洞穴?"同样,在亚历山大·蒲柏《愚人记》的第三卷,针对桂冠诗人科利·西伯批评他,蒲柏做出了讽刺性的回应:"突然间,蛇发女妖嘶嘶叫,龙怒视……""你要在露齿的火龙上乘风""终于在我自己的龙身上变为嘶嘶声"。

第八章　作为虚构和事实的欧洲龙：从中世纪传奇到育龙

沿着基督教关于终极邪恶人格化的观点，我们可以看看克里斯托弗·马洛的《浮士德博士》（1616年B版）和约翰·弥尔顿的《失乐园》（1674年）中更舞台化的龙。在《浮士德博士》中，路西法和他的恶魔们第一次出场时伴随着一条龙；浮士德在探寻"占星术的秘密"时，"一辆套着龙轭的闪亮战车"拉着他穿越天穹。在《失乐园》中，与《启示录》中一样，龙当然是撒旦，但与《启示录》中不同的是，龙处于一种奇怪的孤独状态，正如一位评论家所言，"撒旦'虽不朽，却困苦'……痛苦，虽然骄傲和固执……虽然充满了仇恨和报复……他既温柔又善良"。马洛笔下的龙体现了基督教长期以来对龙的看法，但弥尔顿笔下的撒旦龙与主要文献中邪恶的撒旦之龙大相径庭，可以说，弥尔顿笔下的撒旦是人性化的，从这个意义上说，它是现代龙的前身。

◇ 龙是现实生活中的危害

文艺复兴之后，除了少数作品外，在文学舞台上，龙对社会稳定构成威胁的主题消失了[9]，直到19世纪龙才重新成为艺术创作中的关键角色，但是人们认为这时的龙故事是真实发生的事件。在许多故事中，在大海上遇到的龙充满危险，在水手们的想象中，大海也一直是鱼怪和蛇类怪兽出没的地方，这些想象有时挺合理。在中世纪和近代早期的地图和手稿中，有大量的龙和其他奇异的生物图片，证明了人们相信海龙的存在。虽然这些图片有很多都是参考了《利维坦》《启示录》《动物寓言集》，但还有很多没有任何明确的宗教意义，似乎反映了当时人们的恐惧。

希腊神话中的海龙，如复仇心切的波塞冬派出的海龙，赫拉克勒斯和珀尔修斯在营救遇险少女时战胜的海龙，早在中世纪就已经融入了欧洲文化。长期以来，对这些生物进行分类和鉴定一直是知识分子的目标，比如老普林尼在1世纪的《自然史》中就描述了一条大鱼使船停在原地不动。在中世纪，这些航海中遇到的龙已经成为评论自然现象的标准特征，一个典型的例子是托马斯·康提姆普雷的六卷本《物性论》中对13世纪海上怪物的描述：

> 海龙是一种非常残忍的怪物。它的长度超过了陆地上的龙，但没有翅膀。它有一条盘绕的尾巴和一个相对于身体来说很小的头；然而它的胃很可怕。它的鳞片和皮肤很硬……它没有翅膀，只有用来游泳的鳍。

同样，在多梅尼科和弗朗切斯科·皮兹加诺绘制的14世纪中叶的航海图中，一条龙在海面上飞翔，嘴里叼着一个人，一只巨大的章鱼正在攻击下面的一艘船。在安德烈·比安科15世纪中期绘制的《世界地图》上，两条龙出现在南部海洋的一个水下深渊中。

专门针对这种生物最著名的警示可能是拉丁语铭文"hic

弗雷德里克·莱顿，《珀尔修斯和安德洛墨达》，1891年

suntdracones",通常翻译为"此处有龙",这句话在两张地图上都有,最早的一张地图出现在让·曼塞尔的《历史之花》(约1480年)中,地图中列出的6个海洋中有一个被一条有翼的龙盘踞着;另外一张地图出现在1510年的《亨特-鲁诺环球行》中,其标注的危险地点是亚洲东南海岸,可能指的是科莫多龙。

然而,无论是从解剖学角度还是行为学角度,人们关于深海龙的外形没有形成共识,所以在各种海洋怪物的描绘中,鲸鱼和其他海洋生物也被加了进来,这也不奇怪。就鲸鱼而言,随着时间的推移,它们并不总是被视为一种威胁,但在某些情况下——毫无疑问是根据《旧约全书》的约拿神话——鲸鱼是一个避难所,有个例子来自菲罗波尼斯(真名叫卡斯帕·普劳提乌斯),1621年他记述了伴随克里斯托弗·哥伦布第二次航行去新大陆的福音传道者

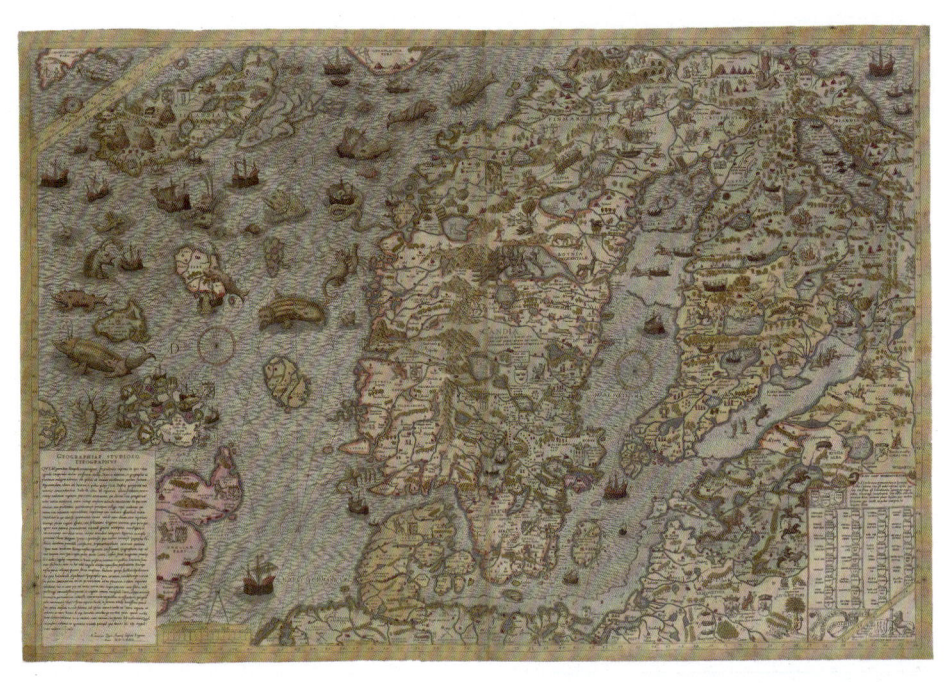

安东尼·拉弗雷里,《海图》,1572年

们。在他的描述中，圣布兰登、他的旅伴们和废弃了但仍然完好无损的船都被困在鲸鱼的背上，即便如此，福音传道者们看起来并没有受到鲸鱼的威胁，而是虔诚地跪在圣餐桌前祈祷。

16世纪以后，这种绘图式的夸张行为，不管有理与否，都越来越少见了，取而代之的是更可信的海洋生物。然而，这并不意味着人们认为龙，无论是陆地上的还是海上的，都是虚构的。从文艺复兴开始，我们就有了所谓的"龙学"。所以，龙一旦被放在解剖台上（至少在理论上是这样），就会和其他任何躯体一样，要经过仔细计算分析。

代表这种思维转变的是瑞士科学与博学家康拉德·格斯纳的研究，其百科全书式的四卷本《动物史》（1551—1558年）以及1587年在他死后出版的第五卷，主要研究的就是蛇类动物。尽管如此，这项对所有已知动物进行的谨慎和适当怀疑的研究还是得益于中世纪的《动物寓言集》，因为它包括了独角兽、蛇怪和龙等神话生物。英国牧师爱德华·托普塞尔在插图本《1607年四脚兽的历史》中对格斯纳的前四卷部分进行了英语翻译，其中除了其他7条龙的

菲罗波尼斯，《荣誉导航》，1621年

爱德华·托普塞尔《1607年四脚兽的历史》中的龙女拉弥亚，1607年

插图之外，还包括了神话里的龙女拉弥亚。第二年，托普塞尔发表了格斯纳蛇卷的完整翻译，其中托普塞尔信心十足地说，"在所有种类的蛇中，没有一种能与龙相比"。[10]

那些前往鲜为人知的地方旅行的人，带来了更多关于龙的目击记录。理查德·哈克卢特的《1589年英吉利民族主要的航海、航行、交通和发现》讲述了航海家们在西非看到大象"持续不断地与龙作战"。同样，意大利博学家乌利塞·阿尔德罗万迪的作品中记录了在南美洲看到的龙，他的两卷本《蛇与龙的历史》于1640年出版，用自己目击龙的报告来证明龙真实存在，报告讲述了一个农民在博洛尼亚附近驾驶牛车时，撞倒了一条小龙。令人困惑的是这条龙只有两只脚，而不是预想的四只脚，而且还没有翅膀。尽管无法解释这种生物的起源，阿尔德罗万迪还是把它当做一只入侵的龙在当地博物馆展出。

耶稣会学者阿塔纳斯·珂雪也在1664—1665年创作的《地下世界》中自信地肯定了龙的存在，并收集了大量的证据，让人对他的观点无法反驳，或者说他就是这么认为的。珂雪的推理在当时相当有代表性：

> 关于龙，作家们争论不休：这种动物在自然界中真的存在吗？或者，像其他许多东西一样，它们只能在寓言和童话中找到吗？这种动物是否真的存在，我们在很长一段时间里也犹豫不决，未有定论。然而，最后，我们有必要抛开我们的疑虑……因为这种可怕的动物（就是龙）经常在地下洞穴中筑巢，养育后代，我们有一个坚实的基础来断言，龙是一种可证实的地下物种，这与本书值得研究的主题是一致的。

珂雪坚信龙的存在有着"坚实的基础"，他记述了一位名叫拉尼奥的罗马猎人来支撑他的观点。1660年，拉尼奥遇到一条两足、蹼足的龙，它的大小相当于"一只非常大的秃鹫"，长着一对牙齿，他割断龙的喉咙杀死了它。然而，当天晚些时候，拉尼奥也死了。珂雪认为，他的死因很有可能是中毒——

龙吐出的气或者龙释放的毒烟。珂雪认为龙在瑞士有地下巢穴，一封信让他坚定了自己的观点，信件来自瑞士索洛图恩·克里斯托弗·舍勒的省长。信中说，他在卢塞恩湖附近的皮拉图斯山上亲眼看见一条飞翔的火龙。鉴于此类报告的增多，瑞士在 17 世纪似乎是一个很受欢迎的猎龙之国。

到 17 世纪晚期，人们开始听到更多怀疑的声音。著名的植物学家、动物学家和分类学家卡尔·林耐钦佩汉堡工匠的技能，这些工匠仿照九头蛇，用各种动物的器官复制了一个七头蛇，而高价购买它的人却认为这是真的九头蛇。卡尔·林耐认为这是一个标本，而买主则威胁要起诉他诽谤他们的财产，林耐明智地离开了小镇。尽管古老的信仰很难消亡，但对于那些继续目击、展示或记录真龙的人来说，这样的"真理"正受到严重的质疑，至少在越来越多疑的西方是这样，查尔斯·达尔文则一锤定音：龙不存在！

西德尼·霍尔《海蛇和小熊座星图》中的《龙与小熊》，1825 年

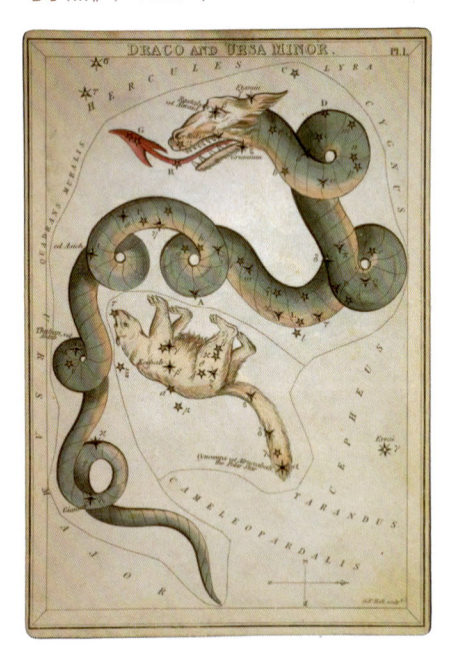

达尔文在《物种起源》（1859 年）中提出的进化论的影响之一是把基督徒分成两个阵营：像他自己一样的理性主义者和神创论者——他们拒绝接受任何对《旧约全书》字面解释的挑战，这种宗教分歧至今仍然存在。达尔文的结论是，龙状生物，如翼龙，在公认的现代人类进化之前已经灭绝了 6000 多万年，这一结论极大地降低了人们目击到龙的可信度。[11]

然而，现在尽管科学家自信地否定了龙的续存，龙的神

话还是吸引了越来越多的关注，至少在一定程度上，古老北欧神话的逐渐回归起到了作用。

　　从 18 世纪中叶开始，欧洲和北美受过教育的读者、知识分子和各种艺术家对保存在冰岛的埃达和萨迦中的前基督教时代斯堪的纳维亚半岛的大量神话和传说越来越感兴趣。在 19 世纪后半叶受到古老北欧文学启发的艺术创作中，引人注目的是理查德·瓦格纳在 1876 年用著名歌剧《指环》诠释了《沃尔松格萨迦》和《尼伯龙根之歌》，歌剧的主角就是龙法夫纳和屠龙者西古尔德。19 世纪下半叶，在剑桥的冰岛学者艾瑞克·马格努森的指导下，威廉·莫里斯翻译了许多冰岛萨迦，同时还用即兴创作的诗歌介绍萨迦，吸引了无数的读者。事实上，莫里斯是如此着迷于《沃尔松格萨迦》，以至于在他位于牛津郡的家庭度假地凯尔姆斯科特庄园，他用法夫纳的造型修建了花园的树篱，一直保存至今。

　　古老北欧神话的复活在很大程度上促进了对启蒙理性主义文学的挑战，

布拉格鲁道夫二世博物馆复原的龙

布拉格鲁道夫二世博物馆的"龙"骨架（实际上是一具安了翅膀的猫骨架），上图的龙是在此基础上复原的

其形式就是哥特小说中彻底的反理性虚构，但是在哥特小说虚构的各种怪兽中，龙是比较罕见的，很可能因为龙代表的末日恐惧过于强大，所以让位给其他怪兽带来的恐惧。只有一个例外，那就是布莱姆·斯托克的《白色蠕虫的巢穴》（1911 年），该小说大概是基于兰顿蠕虫的民间故事，但这不是他最引人注目的哥特小说。[12]

给龙的故事注入活力的是一份大约 1000 年前的手稿，这份部分已经腐烂的手稿自 17 世纪以来就一直保存在英国古文物收藏家罗伯特·科顿爵士的图书馆里，这个手稿就是后来熟知的《贝奥武夫》。这首以龙为主角的古老英语诗歌对现代文学创作产生了巨大影响，但是在我们转向下一章讨论它的影响之前，我们首先要考虑的是浪漫主义运动及其之后的龙传说。

◇ 19 世纪的性感龙女

随着哥特小说的出现以及在很多方面对它的补充，18 世纪晚期到 19 世纪中期的浪漫主义运动，就像哥特主义一样，也开始刺激人们的感官。浪漫主义诗人关注中世纪，同时也关注古典的、让人敬畏和恐惧的以及神秘的、大自然无比崇高的北欧力量，这些都是他们灵感的主要来源。政治激进的诗人兼画家威廉·布雷克呈现了《圣经》中的场景，例如地狱大红龙、伊甸园的蛇以及看起来像撒旦的莉莉丝，而约翰·济慈则回顾了拉弥亚的神话。虽然济慈笔下的《拉弥亚》（1820 年）主要来自罗伯特·伯顿《忧郁的解剖》（1621 年）中拉弥亚神话的一个版本，但是其实济慈从很早就已经熟悉了拉弥亚神话。

济慈的《拉弥亚》中的女主人公与其说是杀害幼童的拉弥亚，不如说是一个具有欺骗性的梅卢辛。拉弥亚虽然是个悲剧人物，但与希腊神话中她的龙女祖先相比，她是一个更富有同情心的人物，正如济慈对她的描述所暗示的：

> 她是一个光彩夺目的魔鬼,
> 有着红色、金色、绿色和蓝色的斑点;
> 斑纹像斑马,斑点像豹子,
> 眼睛像只孔雀,全身血红;
> 还有银色的月亮,当她呼吸的时候,
> 银月或散乱或明亮,
> 或把光辉与更暗淡的挂毯一起装饰身体。

拉弥亚是赫尔墨斯在寻找一个美丽仙女时发现的,据说除了拉弥亚,其他人都看不见这个仙女。拉弥亚要求赫尔墨斯将她变回女人,作为报答,她将让他看见仙女。交易达成后,赫尔墨斯和仙女一同消失了,拉弥亚也从暴力中变形成功。现在她可以和人类交流了,她很快爱上了一个叫利丘斯的英俊青年,他们安静而幸福地生活了3年。但是利丘斯随后决定他们必须结婚,尽管拉弥亚反对,婚礼安排还是继续进行。然而,当利丘斯在拉弥亚的指导下起草婚礼宾客名单时,他故意没有邀请他的导师——哲学家阿波罗尼奥斯,因为拉弥亚暗地里担心他的导师可能会识破她龙女(蛇女)的身份。

婚礼那天,拉弥亚用魔法把他们的家布置得像一座宫殿,阿波罗尼奥斯不请自来,正如她所担心的那样,一见到拉弥亚,他立刻认出她是一条蛇。拉弥亚就这样暴露了,她尖叫,然后消失了,人们再也没有见过她。当天深夜,人们发现悲痛欲绝的利丘斯死了。欺骗和感官享受的危险是济慈的主题,这与年轻诗人的内心非常接近。

这位性感的龙女将继续成为众多19世纪诗人的灵感来源。在塞缪尔·泰勒·柯尔律治的《克里斯特贝尔》(1797—1801年)中,被人误解的女主人公克里斯特贝尔解救了神秘的杰拉尔丁,但结果证明她是一条邪恶的蛇,伪装成一个孤苦伶仃的年轻女子。托马斯·洛夫·皮科克《红色达芙妮》(1818年)中的龙女先于济慈的"拉弥亚",这首诗是在珀西·比希·雪莱的影响

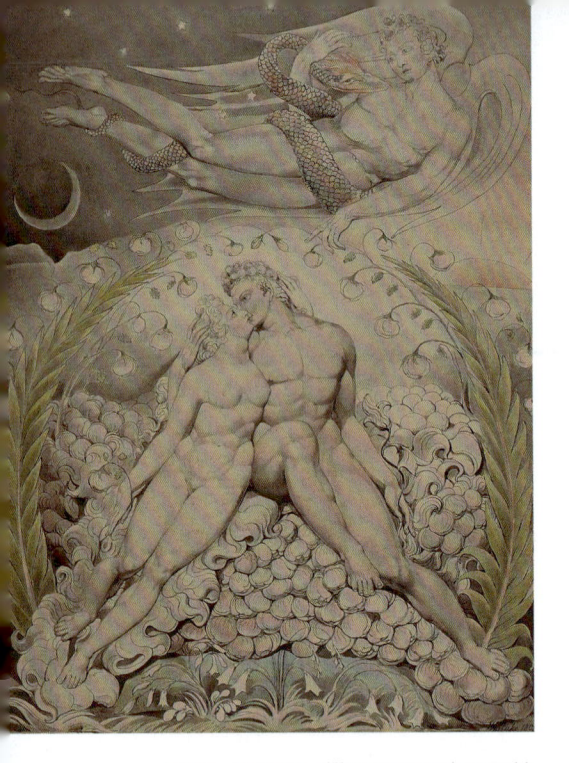

威廉·布莱克，撒旦观看亚当和夏娃的爱抚，1808 年

下创作的，讲述了龙女拉弥亚试图拆散两个相爱的人，要不是力量更大的"真爱"介入，她几乎得手了。[13]

这位诱人的龙女同样吸引了前拉斐尔派画家们。最有可能受到影响的是前拉斐尔派的约翰·沃尔夫冈·冯·歌德的诗剧《浮士德》（1808 年），恶魔般的莉莉丝首次在文学作品中亮相，虽然很短暂。梅菲斯托费勒斯把她介绍给浮士德时，说她是一个有着"危险头发"的女人。但丁·加布里埃尔·罗塞蒂的肖像画《莉莉丝女士》（1868 年，1873 年改名为《身体之美》）非常明显地受到歌德的影响，画面中，一位女子在她的闺房中专心致志地梳头，与画面相配的是一首他写的同名十四行诗，诗歌结尾处提到了莉莉丝与玫瑰和罂粟的联系，象征着枯萎的爱情和死亡。接着，如同在《浮士德》中一样，向所有被蛇女莉莉丝的美貌吸引的男人们发出了可怕的警告：

玫瑰和罂粟是她的花朵，因为哪里
也找不到他。哦，莉莉丝，洒了香水，
温柔的亲吻和温柔的睡意会被诱捕吗？
瞧，就像那个年轻人的眼睛被你灼伤一样。
你的咒语穿透了他，让他直起脖子，
在他的心脏周围有一根令人窒息的金发。

第二年，罗塞蒂出版了民谣《伊甸园的树荫》（1869年），它首次在文学作品中提出莉莉丝对伊甸园的堕落负有个人责任。在这里，莉莉丝指使撒旦把他的蛇身借给她，她要报复上帝，因为上帝没有让她成为亚当最渴望的伴侣；她同样要报复亚当，因为他为了夏娃而拒绝了她。莉莉丝被描绘成一个既高度色情又令人作呕的怪物，是蛇蝎美人的原型。尽管罗塞蒂笔下的莉莉丝无疑是邪恶的，但这首诗以她为视角，即一个受到委屈的女人，其结果是读者对她有些同情。这种矛盾心理增加了莉莉丝动机的复杂性：一方面，她是一条恶魔般的蛇，她策划了《圣经》历史上最大的犯罪；另一方面，她有正当理由。正如一位评论家所指出的，《伊甸园的树荫》中的莉莉丝"提供了女权主义的解释，为莉莉丝被后来的作家改编成女权主义的女英雄开辟了道路"，尽管这是否是罗塞蒂的本意还有待商榷。

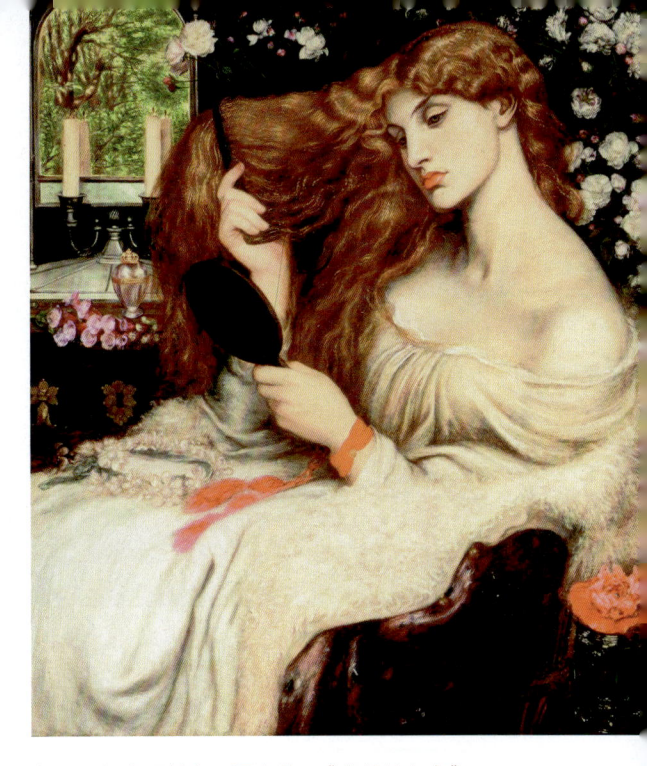

但丁·加布里埃尔·罗塞蒂，《莉莉丝女士》，1866—1868年

拉弥亚和莉莉丝的组合进入更多的视觉艺术中，包括约翰·科利尔的《莉莉丝裸体缠绕着蛇》（1887年）、凯尼恩·考克斯的《莉莉丝》（1892年）、约翰·威廉姆·沃特豪斯充满暗示性诱惑的《拉弥亚》（1905年和1909年）、詹姆斯·德雷柏半裸的《拉弥亚》（1909年）看着一条蛇爬上她的手臂。这些拉弥亚和莉莉丝的画作既令人向往又充满危险，充分揭示了维多利亚时代男性对自身和女性性行为的态度，虽然充满了虚伪，但其潜在的信息不过是

伊芙琳·德·摩根，《俘虏》，1888年

男人对阉割的恐惧。

女性画家们对女性的性行为采取了一种更积极、更自信的态度。安娜·莉亚·梅里特的《蛇女拉弥亚》（1878年）展示的拉弥亚昂首挺胸，从矮树丛中出现，象征着她被囚禁和逐渐解放。在伊泽贝尔·莉莉安·葛洛格的《女巫之吻》（1890年）中，我们非常清楚地看见龙女控制着一个双腿被荆棘绑住的神志不清的骑士。我们一方面看到男性对女性权力的紧张，另一方面看到女性发出自己对男性的控制之声。总结这一冲突的是伊芙琳·德·摩根的《俘虏》（1888年），在这幅画中，女性争取解放的斗争表现为被俘的女性寻求反抗邪恶的、幽灵般的龙形监禁者——换句话说，男人。

就像《伊甸园的树荫》一样，乔治·麦克唐纳从更加传统的宗教观点看待莉莉丝，他创作的终曲是《莉莉丝》（1895年），这部寓言幻想小说由一位叫韦恩先生的人叙述。韦恩先生发现他已故父亲的图书馆被其前图书管理员瑞文先生（乌鸦先生）的鬼魂所光顾，后来他亲自遇到了鬼魂，他得知他的父亲和瑞文一起奇幻般地去过来世。后来，韦恩发现自己也踏上了同样的旅程，他发现来世烦恼很多，在那里死者既得不到安息，也无法获得重生。韦恩在经历了许多令人失望的冒险后，理解了恐惧和困惑，最终他得到了亚当——原来是瑞文——和夏娃的帮助。正是从亚当和夏娃以及他自己的痛苦经历中,瑞文了解到所有问题的根源是被亚当疏远的第一任妻子,迷人而又邪恶的吸血鬼莉莉丝。她左手里的水可以帮助发育不良的孩子,还可以让孩子们入睡。[14]亚当一旦抓住她,就把她的手砍掉,释放她手里的水,结束所有的痛苦。至于韦恩,他年纪更大也更加睿智的时候回到了家里,在等待死亡和救赎中活着。

关于莉莉丝的性别价值,基督教神学典故常常自相矛盾,近来人们对其进行了严格的审查。然而,C. S. 刘易斯承认,未来奇幻小说流派的先驱麦克唐纳的《莉莉丝》一直影响着他。在他的小说《狮子、女巫和衣橱》(1950年)中,比弗先生说白女巫贾迪斯是莉莉丝的后裔,而且罗塞蒂的《伊甸园的树荫》也对白女巫的人物塑造有直接影响,因为比弗先生断言"女巫身上没有一滴真正的人血"相当于一字不差地引用了这首诗。

麦克唐纳的《莉莉丝》不仅为未来奇幻小说开了先河,到本世纪末,也确立了一个观念——龙成为儿童的朋友,这个有趣的生物,可能被称为"育龙",从此就成为了儿童文学作家的灵感来源。

◇ 育龙

儿童和龙之间最早的互动——或者说换个花样吧,儿童不会被龙吃掉——不是由于儿童和龙之间的友谊;相反,是儿童扮演了屠龙者的角色。在刘易斯·卡罗尔的《爱丽丝梦游仙境》(1865年)的续集《爱丽丝镜中世界奇遇记》(1871年)中,对中世纪传奇英雄与龙的关系进行了拙劣的模仿。在镜子的前后世界里,爱丽丝找到了一本书,她只能拿着它对着镜子看。她看到的这首诗是《炸脖龙》。

《炸脖龙》由七段四行诗组成,语言杂乱无章,运用了大量的古语和新词,讲述了一个小男孩带着他的宝剑"斩首"去寻找炸脖龙，他父亲警告他说这个生物"用下巴咬人""用爪子抓人"。小男孩在寻找的过程中休息了一会儿，"炸脖龙，眼冒凶光咄咄逼人！／在图尔盖森林中嗅来嗅去／来时发出了咕噜声"，然后宝剑"斩首""飞杀而出"，炸脖龙身首异处，少年英雄捡起龙的头颅，向他骄傲的父亲"欢呼雀跃"，父亲高呼："多么快乐的一天！不必躲避！重见天日！"《炸脖龙》被翻译成了多种语言，这无疑是有一定难度的。

一旦成为育龙，龙和孩子成为朋友只是时间问题。最早写这种友谊的是肯尼斯·格雷厄姆的短篇小说《情非得已的龙》（1898年，又名《梦想的日子》）[15]，故事发生在英格兰伯克郡的唐斯，一个酷爱读书的小牧童听父亲讲他在附近的一个山洞里看到了一个可怕的、有鳞的大型绿色生物，儿子很有把握地告诉父亲这只是一条龙。接着男孩说他将拜访这条龙，看看它是否已经舒适地安顿下来。第二天，男孩参观了龙洞，龙礼貌地告诉他，他在那里很快乐，他不像其他龙，他对"到处追赶骑士和吞食少女"不感兴趣，而是喜欢写诗。由于他们志趣相投，龙和男孩很快成了好友。

当地人很快就传出消息说附近住着一条龙，他们担心这条龙会带来危险，尽管这条龙显然是很温顺的。当地人请来屠龙的不是别人而是圣乔治，圣乔治及时赶到并向村民们保证他会与这条龙战斗，一切都会好的。然而，龙对这样的约战毫无兴趣，他告诉男孩，他完全相信事情可以和平解决。在男孩的帮助下，龙和此刻产生同情心的圣乔治策划了一场假打。到了那一天，龙假装被圣乔治打伤了，当然不是致命伤，然后向村民们保证，龙已经改过自新不再伤人了，然后圣乔治把龙送去睡觉了。

格雷厄姆的传记作者将《情非得已的龙》解读为对作者个人生活的恶搞，其中圣乔治代表了作者作为一名公务员的角色，而龙则代表了作者创造性的、反社会的个人生活。

虽然这很可能是格雷厄姆的个人潜台词，可以肯定的是，《情非得已的龙》

成为无数龙的创作原型,旨在激发孩子们的想象力。然而,从传统的神话传说意义上来说,育龙和蔼可亲、通常富有同情心,根本就不是真正的龙,因为龙是人类想象出来最危险的生物,而育龙则是孩子的盟友,并互相安抚。传统上,龙这个让人恐惧的野兽表达了一切威胁人类生存的力量,在 J.R.R. 托尔金笔下成为了"乖龙",似乎是个悖论,而这个悖论也不难解释,因为所有的人都需要有力量把握自己命运。异想天开的"育龙"让人们在幻想中实现了这一基本需求:孩子既是龙本身也是龙的朋友,孩子和龙互为对方存在的意义。

如上所述,欧洲龙的命运与人们诠释龙的时代有关,它多方面反映了那个时代更广泛的文化历史。在中世纪的传奇故事中,屠龙变成了骑士英雄必须赢得的荣誉勋章,这样他才能获得人们的信任。老套的龙故事不可避免地衰落了,人们以为所有人都会逐渐不相信龙的存在,但是,恰恰相反,人们对龙的恐惧已经根深蒂固,以至于学者和

约翰·坦尼尔爵士《炸脖龙》插图,1871 年

马克斯菲尔德·帕里什,《情非得已的龙》,1902 年

科学家继续把龙作为人类安全的真正威胁来研究，无论用何种形式研究龙，其主要基础都是宗教信仰——人世间存在邪恶。

虽然龙女梅卢辛的民间故事在中世纪获得了很高的文化地位，这主要归功于让·德拉斯的《梅卢辛传奇》，但在17世纪后，人们认为龙在现实中存在的信仰开始有所减弱，从那时起，一个相当理性的观点开始出现，在查尔斯·达尔文开创性的进化论中达到顶峰，而浪漫主义运动及其分支对这种科学上超然的理性主义提出了挑战，其挑战的潜在观点是，真正支配人类思维的不是智力，而是广义表述上的想象力，它隐藏在心灵的更深处。随着19世纪的发展，在文学和艺术创作中，对神秘和可怕事物的表达逐渐饱含感性色彩，部分用隐喻的方式，部分用现实的手法，这在龙女身上体现得最为明显。但是，维多利亚时代的父权制与同时存在的对女性既恐惧又渴望的矛盾心态之间存在张力，特别是在性别价值观方面，它受到了蓬勃发展的女权运动的严重质疑。

除此之外，新的文学表现手法开始出现，那就是奇幻虚构类作品，比如乔治·麦克唐纳的《莉莉丝》，其灵感来源于古老的基督教神学，再例如威廉·莫里斯翻译的冰岛的奇幻萨迦，尤其是《沃尔松格萨迦》，它们与基督教神学的细枝末节之间几乎没有或者完全没有联系。除了奇幻作品之外，我们还有育龙，它开创了一个龙的先例，给我们带来了佐格和无牙龙等形象。然而，在世纪之交，古老的北欧神话散发着魅力，它率先主导了人们对龙的看法，这要归功于J.R.R.托尔金重新评价了《贝奥武夫》的艺术价值，而不是当做一段模糊的历史，他在随后的系列中土奇幻小说中表现了这一艺术。

| 注释 |

[1] 托马斯的《不列颠的特里斯坦》有8个片段被保存下来，其中大部分关注的是后一部

分的特里斯坦和伊索尔德的悲剧。

[2] 贝维斯被认为是一个真正的历史人物。就他而言，他与亚瑟王没有任何关联。

[3] 在《沃里克的盖伊的传奇》中，也讲述了一个同样经常旅行的骑士英雄，他在一次旅行中，从攻击他的龙手中救出了一头狮子，这个故事以法语和英语版本讲述，时间从 13—17 世纪。

[4] 库尔德雷特的诗至少部分基于让·德拉斯的《梅卢辛传奇》，他在 15 世纪重新讲述了这个故事，作为他"纺织故事"的一部分。

[5] 英国民间故事中的"保育恶魔"——专杀婴儿的龙女，例如绿牙珍妮，她的巢穴位于兰开夏郡布满绿色黏液的池塘或水池下面，再例如佩格·鲍勒，居住在乡间东北部的泰斯河畔，也可能源于拉弥亚/梅卢辛的传说。

[6] 这个七头巨兽，又名"傲慢"，在第一卷第七章和第八章中出现，表现出很多龙的特征，显然指的是《启示录》中的撒旦之龙和赫拉克勒斯大战九头海蛇。

[7] 这与汉普顿的贝维斯与龙作战最后被魔法池的水治愈很相似，两者的巧合绝非偶然。

[8] 斯宾塞龙的一个先例和可能的影响是 16 世纪早期斯蒂芬·霍斯的诗《美德范例》，龙有三个头，分别代表世界、肉体和魔鬼。

[9] 其中之一就是 1698 年玛丽·凯瑟琳·德奥诺伊的"爱征服一切"寓言故事《绿蛇》，其灵感来源于希腊和罗马神话中的厄洛斯和普赛克。

[10] 霍加斯和克莱里对从文艺复兴到 18 世纪晚期的龙进行了科学的详细思考，本节的大部分内容都要归功于此。

[11] 帕梅拉·沃顿·布朗皮德的《龙：现代的侵扰》（1980 年）是对当代龙目发现的有趣的，直截了当的，"科学的"研究，重点关注"虫害学家"对它们的起源、习性、解剖学和危险性的结论。

[12] 托马斯·品钦的后现代小说《梅森和狄克逊》也讲述了兰顿蠕虫的故事。

[13] 1869 年伊丽莎白·巴雷特·布朗宁在其九卷本史诗《奥罗拉·李》（1856 年）中多次在比喻意义上提到拉弥亚是一个负面的女性形象代言人。罗伯特·布朗宁在他的诗《亚当、莉莉丝和夏娃》（1883 年）中对莉莉丝的观点比较正面，他较少妖魔化莉莉丝，而更多地认为她是被亚当欺骗了感情的情人。

[14] 持水龙在西方神话中没有先例。虽然这很可能是巧合，但人们不禁注意到，它强烈地让人想起亚洲神话中的某些龙（见本书第六章）。

[15] 当地的传说告诉我们，圣乔治在乌芬顿附近的伯克夏唐斯（现在划在牛津郡）与一条龙搏斗。

第九章

古龙复活：
J.R.R. 托尔金和 C.S. 刘易斯

电影《黎明踏浪号》（导演迈克尔·艾普特，2010年）中尤斯塔斯龙和会说话的老鼠雷佩契普

在马尔·皮特的《默德斯通》三部曲（2014年首次出版）中，主人公菲利普·默德斯通是一位青年小说作家，他最辉煌的时光已成为过去，他的经纪人密涅瓦鼓励他不要写问题青少年这类敏感话题，要求他转向"高度奇幻的小说，有时也叫幻想小说，让人吓得尿裤子"，当菲利普怀疑自己是否有能力写出这类小说时，密涅瓦向他解释说，这样的小说是有固定模式的：

"你需要的只是一个探索。"

她用紫色的大写字母写下了"探索"。

菲利普表示反对，他说他写的书总是跟探索有关。

"是的，亲爱的，当然。但在我所说的探索中，英雄必须战胜真正的龙，而不是肮脏的游戏高手或社会服务机构的怨妇。"

第九章 古龙复活：J.R.R. 托尔金和 C.S. 刘易斯

当菲利普从这突如其来的冲击中缓过神来之后，他相当温顺地说："必须要有龙，对吗？"

密涅瓦想了一会儿："嗯，我想不一定。用其他怪物啥的可能也行。不过，为了安全起见，最好用龙。"

密涅瓦详细阐述：应该有一个黑暗的领主，他的"爪牙"（这是标配）压迫侏儒、精灵和人类；还应该有一把特制的剑、一个神秘的护身符、"带K字的魔法"、功力盖世的魔法师，等等。

皮特的讽刺似乎主要是针对克里斯托弗·鲍里尼的《伊拉龙》，因为密涅瓦接下来告诉我们可怜的作家《龙骑士编年史》"是一个长达600页的奇幻大片，作者是奇幻小说的狂热爱好者，17岁的维吉尔·庇隆尼……他从阿米蒂奇·汉克斯那里得到了半个电影厂以及全部的电影版权"。这些信息就像是在说鲍里尼。现代奇幻电影中涉及龙的没有几百部，也有几十部，而《伊拉龙》只是其中之一。这些电影的源头不是鲍里尼，而是 J.R.R. 托尔金。正如20世纪最成功的奇幻作家乔治·R.R. 马丁所言："我们依然在追随比尔博的脚步。"

那么，比尔博又追随了谁的脚步呢？答案可以在托尔金的生活和工作中找到。从1925年起，托尔金开始担任牛津大学盎格鲁－撒克逊语的教授，他的职责包括教授《贝奥武夫》，他的爱好包括阅读和研究古斯堪的纳维亚语以及古英语。1936年，托尔金在英国皇家科学院发表了一场改变游戏规则的著名演讲，题为《贝奥武夫：怪兽与批评家》。托尔金为怪物们辩护，反对批评家们，因为批评家们认为怪兽有失正统史诗的尊严。因此，托尔金宣称：龙绝对不是人类无所事事时的幻想。无论龙源自何处，实际存在或是人类的发明创造，传说中的龙一定出自人类强大的想象力，其丰富程度超过古墓里的黄金。即使今天（尽管批评家可能不愿意承认）人们也了解带有悲剧色彩的传说和历史，大家听说过英雄，也见过英雄，但依然被蠕虫的魅力所吸引。[1]

托尔金暗示，这种魅力存在于北欧文学中的两条"重要的龙"，一条是《沃尔松格萨迦》中的法夫纳，另外一条是《贝奥武夫》中的无名龙。[2] 托尔金把重要的龙限定在两条，他是在掩盖事实，因为他非常清楚，北欧传统中还有其他的龙。但这两条龙对于他本人来说无疑意义重大：1936年，这两条龙为他的《霍比特人》提供了情节的发展和中心场景，该小说在他演讲后的第二年出版了。

《贝奥武夫》提供的是情节的发展。[3] 人们会记得，在那首古诗里，一个小偷无意中发现了沉睡的巨龙和他的宝藏，他偷走了一只杯子，然后逃走了。巨龙醒来，立刻发现失窃了，嗅出了小偷的踪迹——托尔金喜欢这种风格——为了复仇，它飞去"烧掉贝奥武夫族人明亮的大厅"。然后，贝奥武夫带着十一个同伴去对抗并杀死了龙，同去的还有那个小偷，他变成了"第十三个人"。

这与《霍比特人》中的情节一样，比尔博告诉史矛革，比尔博被甘道夫选为"幸运数字先生"，从而与十三个小矮人一起成为第十四个人。故事的顺序是一样的，但是有一点迥然不同：比尔博从沉睡的龙史矛革那里偷了一个杯子，史矛革醒了，发现失窃了，然后飞去寻找小偷。[4] 由于小矮人们还躲藏在隧道的入口处，比尔博再次返回。正是在比尔博第二次折回后，史矛革毁掉了隧道的入口，把比尔博和矮人们困在了山里面，然后飞去烧毁了长湖镇。

迥然不同的一点就发生在比尔博第二次穿越隧道时，他遇到了一条清醒的龙，并与龙进行了一次交谈。对于未来的龙故事模仿者来说，这一幕至关重要。而这一幕并非出自《贝奥武夫》，而是来自另外一首诗歌，古老的北欧诗体萨迦中的《法夫纳的谎言》。托尔金认为，这一幕是潜在的伟大场景，但是我们看到的版本中，这一幕还有很大的完善空间。在《法夫纳的谎言》中，法夫纳中了西古尔德的剑，奄奄一息之际与西古尔德进行了交谈。这首诗的誊写员是这样解释的，"古时候，人们认为，一个垂死的人如果诅咒某人的名字，那么诅咒会充满巨大的力量"。西古尔德拒绝透露自己的名字既聪明又合理，然而，西古尔德还是脱口而出，说出了自己的名字。

　　托尔金认为，这根本不合理，他改写了这一幕，好让比尔博避免透露自己的名字，但他还是觉得他实际透露的比他意识到的要多，他后来不安地向矮人们承认了这一点。托尔金随后把这个场景移植到他从《贝奥武夫》那里得到的故事情节中，他为史矛革龙设计了一个完全不同的死亡场景——死于弓箭手巴德之手。这多少让人想起，作者无疑是故意的：沃尔松格家族的西古尔德从鸟儿（五子雀）那里得知要饶过背信弃义的雷金是不明智的，巴德从鸟儿（画眉）那里获悉了史矛革有一个弱点，然后用黑箭射死了他，从而挽救了长湖镇。除了托尔金完全原创的《霍比特人》之外，托尔金对奇幻小说最长期的影响可能是贝奥武夫和西古尔德故事的结合，史矛革的形象尤其如此，他原本是典型的早期日耳曼怪兽——喜欢藏宝和喷火，被托尔金变成了"绝对聪明的蜥蜴"[5]，其个性强势——当然不招人喜欢，但是其个性得以全部体现。

　　因此，在比尔博与史矛革的两次交锋中，托尔金完成了对北欧古老传说的改编。推动《霍比特人》情节发展的是比尔博的雇主——矮人索林·橡木盾和他的同伴们。他们决心收回祖传的宝藏，这一宝藏曾把史矛革吸引到矮人的王国，几乎从两百年前开始，他就一直把宝藏当做自己的宝贝来看守。第一次进入通往史矛革巢穴的山洞时，比尔博戴上隐形指环，发现史矛革正在睡觉：他躺在那里，一条巨大的红金龙，睡得正香；从他的牙床和鼻孔里发出一阵响声，还有一缕一缕的烟，但是他的火在沉睡中已经熄灭了。在他的脚下，在他巨大的尾巴下，在他四周看不到的地面上，有无数珍宝，有锻制的和未锻制的黄金，有宝石和珠宝，还有在红光中染成红色的银器。

　　比尔博抓起一个"双柄大杯子"逃跑了。但是，正如故事的叙述者所说，"所有的财宝对龙来说没有太多的实用价值，但是龙通常知道财宝很值钱，尤其是在长期占有之后；史矛革也不例外"。所以，当史矛革从"不安的梦中"

醒来，发现失窃后，愤怒的他飞了起来，"对着山的一侧喷火，扇动着巨大的翅膀，发出的声音像咆哮的风"。因此矮人们被迫放弃他们的马匹去寻找避难之所，顾不上考虑小马驹们的死活。

到目前为止，除了"不安的梦"之外，史矛革与《贝奥武夫》中复仇心切的龙没有什么不同。不过，如前文所述，史矛革有个性，这意味着他能产生焦虑，例如发现失窃后，他对隧道的思考：

巢穴里有一股陌生的气息，难道是从哪个小洞里传过来的？洞虽然很小，他一直对此不太开心，他狐疑地盯着小洞，奇怪自己为什么不早点把洞堵上。最近，他多多少少觉得听到了从远处传来的敲敲打打的微弱回声，这声音从高处传到了他的巢穴。

史矛革先是批评自己没有搞好后勤，然后担忧洞穴潜在的弱点，十分有效地将其人性化了。

比尔博第二次进入史矛革洞穴既无知又鲁莽：

"史矛革这个老家伙累了，又睡着了，"他想，"他看不见我，也听不见我。振作起来，比尔博！"他忘记了或者从来没有听说过龙的嗅觉有多厉害。还有一点难以对付，那就是如果龙有所警觉，他们睡觉的时候会半睁着一只眼睛观察情况。

这一次，比尔博遇到的是一条伶牙俐齿的龙，讽刺、嘲弄随口而出，更重要的是，龙太自以为是，以至于认识不到自己的弱点，他骄傲到翻过身来向比尔博炫耀他镶满宝石的肚子。龙问比尔博这个入侵者小偷可能是谁时，比尔博一边拼命磕头，一边用哑谜回答问题："这当然就是与龙交谈的方式，如果你不想透露你的真名（明智之举）。"于是，史矛革带有挑拨地警告比尔博，矮人们的贪婪和狡诈是多么不可思议。他指出，矮人们要把这么多宝藏运走有多么荒唐和不切实际，更别提他们要与比尔博公平地分享宝藏了。然后，当比尔博不怀好意地谈到他们的复仇计划和史矛革的"死敌"时，史矛革笑着说："我的盔甲就像十层盾牌，我的牙齿是剑，我的爪子是矛，我的尾巴是雷电，我的翅膀是飓风，我的呼吸是死亡！"比尔博意识到是时候逃命了，他很幸运，毫发无损地逃脱了，尽管史矛革在隧道里喷出火焰。

J.R.R. 托尔金，"与史矛革的对话"，出自《霍比特人》，1937 年

　　史矛革开创了龙的一种先河，坦率地说，龙比他们遇到的人类更聪明（在某些方面更现代、更文明）。但是托尔金也给了龙另一个维度，他在 1936 年的演讲中已经暗示了。在演讲中，他对《贝奥武夫》中的龙颇有微词，因为"它不是真正的龙，纯粹只是一条童话故事里的龙"。尽管托尔金做了一些不错的改动，例如龙嗅出了小偷的踪迹，他依然认为"尽管如此，这个概念更接近龙怪，而不是龙；是邪恶、贪婪和毁灭的化身"。托尔金给史矛革注入了

童话的元素，但是，他也提到了龙怪。在《霍比特人》中，他特别称之为"恶龙症"，这是一种传染病，已经传染了好几个人。症状是渴望黄金，哪怕被诅咒。托尔金赋予龙，或者让龙带有一种或许早就存在的道德元素：龙代表贪婪之罪。也就是说，不是现代华尔街式的总想攫取财富的贪婪，而是那种老派的吝啬鬼式的贪婪，下决心守财的那类。所以，在史矛革的例子里就是：把宝藏堆起来，躺在上面，从不分享（显露），也从不使用，从不花钱，只是沾沾自喜。史矛革身上的"另类"元素会让人无法完全放松下来。

"恶龙症"的主要受害者是长湖镇的镇长，别人送来金子想减轻镇上人的痛苦，他却偷了金子逃跑了，结果在《霍比特人》的结尾，"他饿死在荒野中，被同伴抛弃"。小矮人索林也染上了恶龙症，他像龙一样，不愿分享宝藏，即使是在需要分享的时候。比尔博最大的成就是他没有得上恶龙症：他把窖藏中最珍贵的物品——阿肯宝石——作为谈判的筹码送给了甘道夫和他的盟友们，自己只接受了一份微薄的报酬。托尔金和C.S.刘易斯都曾有过这样的想法：很少有人对恶龙症有免疫力，尤其是在现代社会。

当然，史矛革不是托尔金笔下唯一的龙，也不是他第一条想到的龙。托尔金经常修改作品，在写作多年后才出版是家常便饭，所以很难知道他先写了什么，或者他的思路是如何展开的，但我们可以说，在他的写作生涯中，龙是以道德的、胜利的或痛苦的方式呈现出来的。

诗歌《宝藏》在托尔金的龙故事中最注重道德定位，该诗在1923年首次出版时，它的标题是来自《贝奥武夫》的一句话，"Iumonna Gold Galdre Bewunden"（第3052行。意为"远古人类的黄金，被咒语附体"），咒语就是恶龙症，《宝藏》展示的是疾病和宝藏一起被传承。托尔金一生都在反复修改这首诗，但只是为了让它变得更加深入人心。

《宝藏》的开头，出现的是一个精灵的"黄金时代"，这样说，恰如其分，因为在这个时代里，"众神歌唱黄金和白银"，这个时代早于"深坑被挖，地狱变宽，早于侏儒和龙的繁殖"。但"在精灵湖上空，阴影翻滚着"，给他们带来了厄运。贪婪起初附身于一个囤金的侏儒,随后主宰了他。然而,贪得无厌、追求王权的"黑暗洞穴里的老矮人"很快就被一条年轻的龙征服了。随着时间的流逝,当他变老后,一个年轻的武士找到了他,这给龙也带来了悲惨的结局。

虽然诗歌中没有完全交代清楚,但是这位年轻的武士似乎做了侏儒想做的事情,他当上了国王,然而,这并没有让他宽慰。他像之前的侏儒和龙一样,如此痴迷于宝藏以至于没有任何东西能给他带来快乐,无论是吃的、喝的还是歌声。

他在孤独无聊的生活中遭到敌人的入侵,他的王国被夷为平地,他的尸体被扔进坑里,最后,剩下的就是宝藏,"被遗忘在无人能打开的门后",到处长满了草,牲畜在上面吃草。

在《宝藏》中没有英雄,没有人准备为了他人的利益而牺牲自己——除了诗人没有人回顾那些辉煌的日子。那时"有古老的精灵",他们"唱着歌做着许多美好的事情"。即使是龙也没有任何个性,除非它像所有其他的角色一样陷入到了反社会的状态,那么偏执的自恋可以定义为它的性格。恰恰相反,宝藏散发出的腐败力量一直都在。不难看出,托尔金作为一位虔诚的罗马天主教徒,他正在传递一种宗教信息,那就是物质财富缺乏任何精神上的抚慰、指导或领悟。然而,这首诗并不是在说希望全无,因为在这里,黑夜是精神死亡的象征,它将保管"古老的宝藏","大地在等待,精灵在沉睡"。托尔金似乎在说,假以时日,救赎总是可能的。

托尔金的短篇小说《哈姆村的农夫贾尔斯》(1949 年)表面上异想天开,比《宝藏》要温和很多,描述了"怪物"和童话鉴赏者战胜了评论家、怀疑论者、国王和大煞风景者,小说中有一条与史矛革非常类似的龙,也有一个与比尔博有几分相似的英雄。故事的背景是中世纪中土王国的哈姆村,村里一个农夫有个拉丁语名字叫吉迪恩斯·德·哈莫,就是人们口中的农夫贾尔斯,他口无遮拦,喜欢狂饮啤酒。一天,一位愚蠢的巨人迷路了,游荡到贾尔斯的土地上，巨人笨手笨脚，踩坏了不少贾尔斯的庄稼，贾尔斯只好用他的喇叭短枪朝巨人开火。巨人感觉到不过是"被虫子叮了几下"，巨人还是可以回到自己的"荒山野岭，跨越千山万水"的家里。关于巨人的探险很快引起了金翅亚龙的注意。金翅亚龙家财万贯，有"古代帝国的血统"。他的好奇心被激发了，而且还觉得有点饿了。金翅亚龙飞到了中土王国，他想亲自看看有什么好处可捞，而中土的居民认为龙早就灭绝了。

与此同时，贾尔斯的英勇事迹也在到处传播，最后传到国王的耳朵里，国王奖励了他一把古剑。国王不知道的是这把古剑就是尾鳍，俗称"尾随者"，它是一种古老的魔法武器。如果龙在几公里内，它会自动出鞘，并能自动出击。当金翅亚龙来到离哈姆村不远处时，开始破坏，并吃掉看到的一切，包括一位教区牧师。此时的贾尔斯已经名声大噪，不太热心的他被召唤去消灭龙。贾尔斯喝了几杯啤酒，壮起胆子，钻进了锁子甲，骑上了他那匹忠实的老灰马。最后，他遇到了恶龙，恶龙和史矛革一样狡猾地与他寒暄，还说："让我想想，我好像还不知道你叫什么。"与比尔博·巴金斯不同，贾尔斯不会猜谜语，而是粗声粗气地说："我也不知道你叫啥……这个话题我们就聊到这儿为止吧。"于是，谈话继续进行，金翅亚龙准备突袭。但是贾尔斯不是傻瓜，他对龙的意图了如指掌。他立刻放出了尾随者，重创了金翅亚龙，使得龙都飞不起来了。占了上风的贾尔斯和村民们提出了一个交易：龙必须在8天内带着足够的财富返回，以弥补他给村民们造成的损失。不用说，时间流逝，没有龙返回的迹象。

现在，濒临破产的国王参与进来了，他召集他的骑士们和贾尔斯一起去追捕龙并索要宝藏，但骑士们更关心的是时尚和礼仪，而不是屠龙。听到他们到来的嘈杂声，决心保护自己财宝的金翅亚龙俯冲下来，杀了很多人，其余的人逃跑了，只剩下贾尔斯一个人。他手握尾随者制服了金翅亚龙，龙被迫交出所有的财宝，后来他成了贾尔斯终身的朋友和护卫。宝藏被绑在金翅亚龙的翅膀上运回了哈姆村，金翅亚龙在那里保护贾尔斯免受愤怒的国王士

第九章 古龙复活：J.R.R. 托尔金和 C.S. 刘易斯

兵们的攻击，因为士兵们奉命要将宝藏带进皇家金库。慷慨大方并在政治上敏感的贾尔斯，现在的身份是驯龙公，时机一到，他将会当上新成立的小王国的王子，继而是国王。过了一段时间，一直对贾尔斯效忠的金翅亚龙被批准回家，回家后，他驱逐了（然后吃掉）一个侵占他家的龙，并训斥了那个愚蠢的巨人。至于中土王国的国王，他每年从贾尔斯那里得到的只是"六条牛尾巴和一品脱啤酒"的贡品，这是一种可笑的贡品，一旦贾尔斯被提升为王子就结束了。

很显然，托尔金在戏仿古代的屠龙者，在带来乐趣的同时，也传递了相当多的学术信息，文字学家和词源学家从中收获颇大。然而，《哈姆村的农夫贾尔斯》酝酿着更深层次的构思，与本书第七章中讨论的民间故事中的反对贵族统治如出一辙。这种比较在奥克尼人的传说《阿西贝托与海王蟒》中体现得淋漓尽致。这一故事源于古斯堪的纳维亚神话，故事中有一位英雄手持魔剑，骑着一匹异常健壮的马，托尔金很可能对这个故事很熟悉。除此之外，无论是《阿西贝托与海王蟒》还是《哈姆村的农夫贾尔斯》，人们可以很容易从中看出阶级冲突的问题。

农夫贾尔斯代表着普通民众，可以称他为"情非得已的"贝奥武夫（或许有点不公平）。与贾尔斯利益对立的是：第一，龙，不仅富有而且是贵族后裔；第二，国王和他华而不实的骑士们。但是，金翅亚龙被贾尔斯降服了，并被迫为他服务多年，国王却成了一个笑柄，因为贾尔斯对他的权威不屑一顾，然而，真正起作用的不是龙或者国王的力量，而是金钱的力量，具体来说就是金翅亚龙的宝藏。一旦贾尔斯掌握了权力，整个社会秩序就会改变。尽管看起来无关痛痒，但这样解读下去，《哈姆村的农夫贾尔斯》是具有社会颠覆性的。

把喜剧和龙的威力结合起来的还有托尔金的诗歌《龙的来访》（1937年）。在诗歌里，一位邻居发现希金斯先生花园的樱桃树上有一条绿龙，当希金斯拿着花园里的水管向龙喷水时，龙很高兴他给自己降温。龙开始唱歌，他相信村民们会被他的歌声迷住。但是，令龙非常失望的是，希金斯派人叫来消防队，率领消防队的是大名鼎鼎的乔治队长。当龙扬言要拆除教堂的尖塔，并把攻击他的人当晚餐吃掉时，乔治队长也不是什么省油的灯，便用消防水管喷他，把他从树上冲了下来，并用棍子戳他。现在是龙要兑现他说的话，"把这个城镇夷为平地"，把所有的对手都当晚餐吃了，并非常尽职地埋葬了他们的遗骸。[6]但是，他唱了一首悲伤的歌，内容是"旧秩序的改变"和"世界变得沉闷"，就飞回了"绿龙会"。

《龙的来访》可能是对《情非得已的龙》的讽刺，但它也有自己的寓意，那就是哀悼英雄时代的落幕，这是一条贯穿托尔金作品的主线。因此，当龙被激怒时，它们会一如既往地发威，而龙的对手人类软弱、愚蠢、心胸狭隘，已经偏离了托尔金如此崇拜的神话和传说中英雄们的道路。正如托尔金的传记作者所写的那样，他笔下的"英格兰神话"是一部安魂曲，多方面哀悼逝去的往昔。从惋惜的角度看，托尔金和《贝奥武夫》的作者心意相通。

在托尔金的扛鼎之作《魔戒》中，龙与其说是按照被命名的角色发展，不如说是暗指具有潜在的危险。[7]不能忘了龙之父，金色的格劳龙，他是最残忍、最邪恶以及最聪明的龙。在托尔金死后出版的《精灵宝钻》中，格劳龙有各种称呼，例如欺诈者、贪婪之虫和魔苟斯之虫等，他贯穿了整个中土世界的历史长河。[8]格劳龙既是邪恶天才魔苟斯的创造物，也是他的一个侧面，融合了早期的日耳曼龙，最明显的有法夫纳和《启示录》中的地狱大红龙，特别是就《启示录》而言，格劳龙阴险狡诈地使用了虚假的预言。[9]

在一种叫乌鲁路奇的龙族中，格劳龙是第一条会喷火的爬行动物，他首次登场是在第一纪元的贝兰多战争中，那时他还没有长大。格劳龙被希斯隆王子芬贡的弓箭手赶走，由于他过早地暴露了自己，这让魔苟斯很不高兴。两百年后，已经完全长大的格劳龙再次来到贝兰多，这次是魔苟斯派遣的。[10]在"骤火之战"中，格劳龙带领兽人和邪恶的伯洛格，成功地击溃并驱散了灰精灵和人类的军队。在这次胜利之后，格劳龙率领了一群龙在"无尽的眼泪之战"中，成功地杀死了贝烈戈斯特的矮人国王阿扎格哈尔。矮人国王临死之前也把他的刀刺进了格劳龙的腹部，迫使格劳龙和魔苟斯的军队撤退。当格劳龙再次出现在贝兰多时，建立了自己在纳国斯隆德的统治地位，他躺在一个巨大的宝藏床上。

然而，格劳龙的统治并没有持续多久。几年后，英雄图林·图伦拔伏击了他，格劳龙曾经给他下过一个自我厌恶的诅咒。格劳龙把身体平躺在一个深谷上，深谷下面流淌着泰格林河。图林用他那会说话的魔剑古山格刺进了龙的一个软肋，他认为作恶多端的格劳龙已经死了。他想抽回宝剑，却中了龙血之毒，并被龙邪恶的目光所击倒，图林陷入深度昏迷。格劳龙给图林留下了让他痛苦的后遗症，因为当图林心爱的尼尼尔与受伤的图林恰巧相遇时，垂死的格劳龙解除了他先前对她施下的遗忘咒，其必然的结果是尼尼尔想起来她是妮诺尔，图林的妹妹。图林对此也是浑然不觉。尼尼尔对自己残酷的命运绝望了，她纵身跳进了河谷。当图林康复之后，他得知了尼尼尔的死讯和原因，顿时失去了理智，命令魔剑立刻杀死自己。图林的安葬仪式十分隆重，在他的墓碑上刻着纪念性的符文"TÚRIN TURAMBAR DAGNIR GLAURUNGA"（图林·图伦拔，格劳龙的终结者），下方刻着"妮诺尔·尼尼尔"，"但她不在那里，也不知道泰格林冰冷的河水把她带往了何方"。

毫无疑问，格劳龙是托尔金笔下最恐怖的龙，他不仅是龙，还是龙怪，他有能力可以自行设计如何作恶，有时作恶纯粹是为了取乐，当然他是具有个性的，但是却没有任何救赎功能。从邪恶到专制，从荒唐到滑稽，这就是托尔金笔下全部的龙。然而，尽管龙的行为会引发各种各样的同情、娱乐、害怕和恐惧，但他们共同的偏好是毁灭。无论环境如何，托尔金的"好"龙永远不会被真正驯服，除非是金翅亚龙，否则他们在这件事上别无选择；也就是说，目前没有。

◇ C. S. 刘易斯的龙

就在托尔金写了《蠕虫的魅力》之后,他在 1936 年的演讲中补充道:"近来……不止一首诗歌受到了《贝奥武夫》中龙的影响。"除了他的《宝藏》之外,托尔金最有可能指的是他朋友 C. S. 刘易斯出版的另外两首诗,这两首诗都属于"托尔金派",极有可能是托尔金和他谈论《贝奥武夫》而引发的。[11] 托尔金这样说的出发点是,人们对龙的迷恋普遍而广泛。

刘易斯曾经退出了英国的圣公会,后来重新信仰基督教,部分原因是受到托尔金的影响[12],部分原因是乔治·麦克唐纳的作品给他留下的印象,尤其是他的小说《莉莉丝》。在刘易斯皈依之后,他马上写了《朝圣者的回归:对基督教、理性和浪漫主义的寓言式道歉》(1933 年),正如书名所示,寓言是这本书的推动力,托尔金想到的两首诗就是在这里找到的。

《朝圣者的回归》讲述了两条龙的故事:北方的龙和南方的龙。在前一个故事中,一条藏宝龙用歌声哀叹自己的命运。他后悔吃了自己的妻子,他的妻子"本可以帮助我,看着我,提醒我",最后他向他的造物主祈求"和平",恳求他的"主"杀死那些限制他自由的人和龙,因为他们迫使他时刻保持警惕。但有一个条件:"不要跟我说,我应该放弃黄金。"虽然一开始朝圣者同情龙,但很快他就意识到正确的做法是杀死龙,他也确实这么做了。在后一个故事中,龙已经死了,屠龙者残忍地杀掉了龙并吃了他的心,他唱出了他为此忍受的极度痛苦。屠龙者看似自己也变成像龙一样,结果"巨兽是我的仆人!""现在我知道我赌的是什么了。"[13] 龙和屠龙者的歌声都是对朝圣者的警告,让他不要自私和贪婪。

在刘易斯的《黎明踏浪号》(1952 年)中,男孩尤斯塔斯同样起到了告诫作用,告诫人们不要只顾自己的利益。在船友们眼中,尤斯塔斯惹人生气、不愿干活、自私,是个彻头彻尾的麻烦,有一天,船在一个岛上临时靠岸,尤斯塔斯独自一人在岛上游荡。果然，尤斯塔斯跌跌撞撞地穿过一个洞穴，一条龙，一只眼睛呆滞的"可怜的老家伙"，从洞穴中出现，去池子里喝水，然后倒下死去。尤斯塔斯在洞穴躲了一夜，在龙的财宝上睡着了。当他醒来时，令他沮丧的是，他变成了一条龙，一条会飞但不会说话的龙。尤斯塔斯飞回到旅伴们的营地后，他想方设法让他们相信他就是他们的伙伴变的，他很快就展现出了自己作为孩子所不同的、更可爱的、更合作的一面。最后，像基督一样的狮子阿斯兰来到了尤斯塔斯身边，并把他带到了一个像伊甸园一样的花园。在那里，在阿斯兰的指导下，尤斯塔斯刮掉了身上的鳞片，跳进了一口井里，重新出现时，他恢复了原来的样子，而且，以前的毛病大部分也改掉了。

尤斯塔斯转变成龙显然要归功于《沃尔松格萨迦》中的法夫纳和《黄金－索瑞尔萨迦》中的人变成龙的故事，但它也可能来源于《贝奥武夫》，正如评论家所指出的，这首诗中有一个奇怪的跳跃。诗中提到，小偷"无意间发现一条沉睡的龙和他的宝藏"，但是一个人怎么可能"无意间发现"一条沉睡的龙呢？评论家们同时也注意到，龙也差不多是无意间发现宝藏的，宝藏是一个孤独的幸存者为了安全埋下的。幸存者把宝藏放进地下后，以"大地啊，你拿着宝藏吧"开头讲了一段话就走开了，宝藏没有用土盖上，从藏宝的角度看，不用土埋起来，藏宝没有什么意义。任何藏宝的人都知道，藏宝最重要的不是挖坑，而是将坑再次填上，把宝藏藏好。一些评论家出于好奇，都想到了一点，那就是在早期童话故事中，拥有宝藏的幸存者并没有离开，而是自己就变成了龙，托尔金自然也想到了。用古挪威语中多次出现的一句话来说："他躺在他的黄金上。"法夫纳就这样变成了龙。我们在尤斯塔斯身上看到了同样的变形，当他满脑子都是自恋的"龙性"思想时，龙的黄金在他身上起作用了。

然而，古老北欧的龙和刘易斯的现代幻想结局有相似之处，因为尤斯塔斯龙不是可怕的怪物，更确切地说，男孩龙的外表是个框架，让他反思和克服自己的缺点；换句话说，尤斯塔斯短暂地变成一条龙是他的忏悔过程。然而，刘易斯的龙以及《纳尼亚传奇》，总体是个隐喻，即基督教道德上存在缺陷，托尔金对此却不以为然，正如他在1963年评论的那样，"我不赞同'纳尼亚'系列和刘易斯关于龙的说法，就像他也不认同我一样"。即便如此，作为奇幻儿童文学，刘易斯的《纳尼亚传奇》一直是最受欢迎的作品之一。

托尔金的中土故事和刘易斯的纳尼亚传奇对现代奇幻小说的影响难以估量。托尔金的作品销量以亿为单位计算，《魔戒》三部曲迄今已售出1.5亿册，成为全球当代文学的主要作品，托尔金的《霍比特人》也很畅销。在20世纪60年代和70年代早期，那些参与反文化抗议和所谓嬉皮士运动的人士，视这些书为绝对必读物。托尔金和刘易斯都不支持或者赞成这些人的政治观点，但这无关紧要，事实是，在他俩之后的任何奇幻作家都不能否认开山鼻祖对他们作品的影响。那么，我们接下来要面对的是真正的现代龙。

| 注释 |

[1] 托尔金所说的"不忽视悲剧传奇的人"，指的是像他和刘易斯这样的人。他们所见到的"英雄"是他们在第一次世界大战中的战友，刘易斯和托尔金都是参加过第一次世界大战的老兵，他们是步兵。

[2] 关于《贝奥武夫》和《沃尔松格萨迦》中龙的情节和意义的叙述，分别参见本书第三章和第四章。

[3] 托尔金说不是"有意识地这样做"。

[4] 史矛革这个名字取自古日耳曼语动词"smugan"的过去式，意思为"钻洞"。在"smugan"的古英语和古北欧语变体中，它还带有与魔术和狡猾相关的含义。

[5] 这是托尔金在1965年的一次广播采访中说的。

[6] 正如霍纳格在1961年版的《好龙难寻》中所述，唯一的幸存者毕更斯小姐杀死了龙。

[7] 例外的是斯卡塔蠕虫，他在《魔戒》的结尾处被提及，并在附录A中被勇士弗拉姆杀死。

[8] 在托尔金的儿童故事《罗佛兰登》中（创作于1927年；在他去世后，于1998年出版），

犬类英雄，起初叫罗佛，被大白龙追赶围绕着月亮跑，评论家注意到在轻松愉快方面，它与《精灵宝钻》异曲同工。

[9] 仅简短提及的是托尔金《精灵宝钻》中最大的龙，即有翼的怪兽"黑龙安卡拉贡"，他与"几乎所有的龙"一起被埃伦迪尔杀死。

[10] 接下来的两场战役，参见托尔金的《精灵宝钻》。

[11] 我们可以肯定这一点，因为托尔金在演讲草稿中实际上引用他的诗歌和刘易斯的《北方的龙》。

[12] 然而，托尔金对刘易斯没有皈依天主教深感失望。

[13] 关于这两首诗，后来分别称为《龙说龙话》和《屠龙者》。

第十章

野性的龙

20 世纪中期，文学作品中的龙主要表现在三个方面：育龙（友龙）、托尔金古老的北欧龙，以及它们通常不是任何人的朋友以及宗教龙，可以以撒旦或寓言为载体，传递道德警告和改正倾向，如刘易斯的龙。[1] 虽然这些是龙的主力军，但是人们不能忽视希腊－罗马龙的持续影响，不能忽视东亚龙日益增长的影响，这主要是因为人们进行了大量的研究。逐渐揭开了东方神秘的面纱。[2] 从现在起，龙开始大行其道，而且，正如可以预料的那样，作者们倾向于融合龙的各种特征，这些特征都是从 19 世纪后期开始形成的。

◇ 科幻龙和奇幻龙

以下精选的奇幻和科幻小说中巨龙的情节只代表了现代文学创作中的一小部分。我们的目的是按时间顺序尽可能多地展示现代龙的范围和复杂性，对情节的总结以及在另外一个世界设定场景是为了说明龙的传统是如何被改编的，在某些情况下是批评当代社会的。

厄休拉·勒古恩的小说——《地海巫师》（1968 年）、《地海古墓》（1971 年）、《地海彼岸》（1972 年）——故事的背景都是一个遥远的群岛。在工业化之前，地海的人类居民是有文化的，他们属于不同的种族，分别类似于美洲土著人、中东人、地中海人以及北欧人。地海也是龙族的家园。根据地海的创世神话，人类和龙族曾经是同一个种族，但是龙选择了永恒自由的火和空气，而人类选择了为水和地球的主人服务。结果，龙和人类分开生活，并且总是互相敌视。龙的掠夺通常是突袭人类领地寻找食物和宝藏，而人类唯一可以召集的防御力量是他们的巫师龙王们，他们已经掌握了龙的古老语言——造物之语。一个好的巫师会避开坏巫师的招魂术，只寻求维持生活的"平衡"，这种平衡只有人类才有能力打破。就龙而言，人类是低等物种，不值得尊重。即便如此，在龙和人类都受到威胁的时候，合作有时是唯一的选择。

因此，如果人类没有选择尘世的舒适——结果并不舒适——而像龙那样选择天空的话，那么勒古恩的龙就是人类另外一种选择的设想。人死后注定要生活在干燥的土地上，一个沉闷、单调、类似阴间的地方，人类的生活通常平淡无奇。然而，对于像格得这样的人来说，他既是地海巫师又是地海彼岸的英雄，他被训练成一个巫师，逐渐学会生存的秘密，获得了来之不易的智慧，有时要感谢龙的帮助，不管龙自愿与否。[3]事实上，格得通过获悉龙耶沃德的名字取得了对龙的控制权，因为格得一旦喊出耶沃德的名字，耶沃德就必须按照格得的意愿行事，因此他被迫发誓他和他的龙子们再也不会对人类构成威胁。

勒古恩公开承认"地海"系列小说受到托尔金现实主义的影响，同时也融合了神秘主义哲学和无政府主义思潮，这两种思想影响了20世纪60年代和70年代的反文化价值观。在勒古恩的奇幻小说中，特别值得注意的是女性角色，无论是人类还是龙族，其定位与男性一样强大，由此开创了性别先河，影响了许多后来的奇幻作家。

在安妮·麦卡芙瑞的龙骑士"佩恩"系列小说第一部《飞龙》中[4]，佩恩星球上住着五颜六色的龙，它们是从土著火蜥蜴基因改造而来的，早期殖民者曾经把它们当做宠物饲养。但是佩恩星球上的所有生命都受到了线虫的威胁，线虫是一种有毒的孢子，每隔两百年，当它的轨道离佩恩星球最近的时候，线虫会通过云层从红色星球吞噬佩恩星球上的有机物。按照设计，在线虫接近地面时，佩恩龙向它喷火。龙与骑手之间既能远程传送信息，也能进行心灵感应。骑手与龙之间关系密切，甚至可以进行某种程度的性交。佩恩龙是人类忠实的仆人和朋友；实际上，龙是目前对付线虫的唯一手段，人类的生存完全依赖于它们。

麦卡芙瑞决心颠覆欧洲的神话、传说、民间故事和文学中那些老套的龙，她的火蜥蜴显然受到了东亚神话中龙的影响。但是在这部奇幻系列小说中，人类和龙之间互助而亲密的关系远远超出了任何神话原型，发展成一种共生关系，其结果之一是龙被"去神话化"[5]。实际上，麦卡芙瑞的龙是成年人的育龙，并不是任何传统意义上真正的龙。然而，"佩恩"系列最引人注目的是，这是当代西方小说中第一次有龙愿意充当人类的交通工具，如果将流行歌曲《神奇的龙》（见下文）除外，这个说法可能没错。

戈登·迪克森的《龙与乔治》中的龙妙趣横生。[6]吉姆和安吉是一对年轻夫妇，他们是大学助教。吉姆在历史系兼职，安吉是星体投射项目实验室的一位助理。但是有一天，一个实验室设备计算出错，安吉消失了。吉姆用同样的装置试图找回她，却发现自己被带到了中世纪的英格兰。在这个宝剑和魔法的世界，他震惊地发现自己现在寄居在一条名叫戈尔巴什的龙的身体里。吉姆向其他龙解释说，他真的是"乔治"中的一员，换句话说，一个人类在这些龙的帮助下，从魔术师卡罗琳那里得知安吉被关在恶塔里，龙布赖格守护着恶塔，塔里还有布赖格的宝藏。经过多次冲突，并付出了代价后，吉姆终于明白了"乔治"对龙的威胁。吉姆最终找到了安吉并救了她，原来她被囚禁在吉姆的人类体里面，卡罗琳现在将吉姆与戈尔巴什龙分离。此后，由于吉姆和安吉认识了新朋友，他们决定不再回到以前的生活了。[7]

与某些亚洲龙不同，迪克森的龙是用真正夸张的手法来表现人类。同样，中世纪的奇幻世界也可以被视为是夸张的，是对吉姆和安吉作为大学助教这份平凡工作的夸张。这个世界一方面受到审计师和会计的监管，同时受到黑暗势力的威胁，黑暗势力决心要破坏历史和变革之间必不可少的平衡，而另外一个世界不过是短暂的幻想。换句话说，《龙与乔治》是一部讽刺作品，如果不是因为要对圣乔治的神话进行有趣的颠覆，它几乎同样可以轻易地把吉姆变成任何一样东西。面对现实，人们通常无能为力，为了改变而改变，迪克森的龙从比喻的角度对这个现象进行了评论，告诉人们从工作和生活的平庸中奋力解脱出来才是梦想。

米切尔·恩德的龙福尔科出现在《永远讲不完的故事》（1979年以德语出版，1983年被翻译成英语）中，他的龙与麦卡芙瑞的龙一样，灵感来自东亚那些仁慈的、帮助皇帝的龙——福尔科明显就是这样的龙。这部小说讲述了一个有点书呆子气、孤独的小男孩巴斯蒂安的故事，他的母亲最近去世了，父亲也没有给他多少安慰。巴斯蒂安沉浸在一本关于幻想世界的书中，代表着想象的幻想世界，正被代表着冷漠和玩世不恭的"虚无"迅速吞噬，天真女王生命垂危。年轻的使者阿特莱尤急切地想要找到治愈的方法，她骑上福龙福尔科寻找神谕。[8]神谕告诉她，只有找到一个人类的小孩为女王起一个新的名字，女王和幻想世界才能得救。巴斯蒂安意识到这件事只能由他来完成，他给女王取名"月亮之子"，他的身体就因此进入了幻想世界。在接踵而至的冒险中，他的品行受到了严格的考验，有的甚至让他蒙羞。但最终结局美好，幻想世界恢复了往日的辉煌，这要感谢巴斯蒂安的悔过和阿特莱尤的坚定，他们是同一枚硬币的两面。

福龙福尔科不仅是一种超级运输工具，还是小说中唯一不变的角色，它超越了其他人物所遭受的衰弱、不幸或者判断失误。事实上，福尔科是对未来的希望，是巴斯蒂安在最终寻求与父亲和解时需要的一种乐观情感。

在现代文学中，马尔·皮特的《默德斯通》三部曲是借龙从另外一个角度来探索儿童问题。在小说中，菲利普·默德斯通的经纪人密涅瓦坚定地告诉他，他需要写真正的奇幻龙而不是像以前那样，用"肮脏的游戏高手或来自社会服务机构的怨妇"来比喻龙。如果奇幻龙真的反映了现实世界中的问题呢？这种可能性在两部年轻人写的小说中得到了非常清楚的体现，一部是威廉·梅恩的《黑暗的游戏》（1972年），另一部是厄休拉·勒古恩的《起点》，也被称为《门槛》（1980年）。

与恩德的《永远讲不完的故事》一样，这两部作品都以现实生活中陷入困境的年轻人为中心，不同的是孩子们在奇幻世界遇到的龙绝对不是他们的朋友。在《黑暗的游戏》中，杰克逊的父亲是个跛子，母亲在他上学的学校当老师，大家都喊他的姓"杰克逊"。在一次事故中，他的妹妹遇难，父亲落下残废，他的父母因此不自觉地对他产生了一种不理性的怨恨：家庭里没有了爱。在《起点》中，休是一个单身母亲的孩子，他的母亲为了报复丈夫抛弃她，让儿子处于一种永久的依赖状态。与此同时，艾琳，一位单身母亲的孩子，遭受着继父纠缠的威胁，这是童话（也是现实世界）中一个常见的场景，他们如何才能逃脱？这两本小说给出了答案，简单来说，就是男女主角发现自己身处另外一个世界，要在另外一个世界里杀死一条龙，这条龙通过投射恐惧和沮丧来压制幻想世界。杰克逊用西古尔德的方法杀死了龙，他躲在沟里刺穿了龙的腹部。休在艾琳的帮助下也这样把龙杀了，艾琳在这个组合中最聪明。这里有两点让人惊讶：第一，休在战斗中受伤了；第二，被杀的是母龙。

我们只能说，休在潜意识中杀死了他母亲的类同物，如同杰克逊真的杀死了龙——他父亲的类同物。杀害父母是大忌，以至于只能在幻想中完成，但是一旦完成，青少年们就可以回归现实世界，然后，继续前进。休和艾琳离开了各自令人窒息或不安全的父母家，搬到一起居住，变得成熟了。在这两本书里，幻想世界中所上演的故事给现实世界中的"家庭冲突"提供了一种解决方案。托尔金说龙"比守护的古墓更有价值"，这一点千真万确：果真如此，作者可以不断找到新的方法来使用和开发这种龙"宝藏"。

J.K. 罗琳的"哈利·波特"系列中，那些典型的猛龙更符合欧洲人熟悉的关于龙的想象。在《哈利·波特与魔法石》（1997年）中的霍格沃茨魔法学校里，首次亮相的钥匙保管员海格，赢得了一个龙蛋，他一直养到它孵化，并给它取名为诺伯特，但是，尽管他付出了很多努力，他驯化它的尝试终究失败了。在《哈利·波特与火焰杯》（2000年）中，有一场见习魔法师比赛，参赛者们的对手是4条龙。他们必须面对危险，勇敢地从其中一条龙那里取回金蛋。在《哈利·波特与死亡圣器》（2007年）中，哈利、赫敏和罗恩释放了一条守卫金库的龙，并骑着它逃脱了。正如魔法动物学家纽特·斯卡曼在他的《神奇动物找寻指南》（2001年）中指出，龙来自许多不同的地方：挪威、瑞典、赫布里底群岛、秘鲁、匈牙利、罗马尼亚、新西兰、中国、威尔士和乌克兰。但是，尽管罗琳的龙都或多或少地带来了危险，但它们在功能上却没有什么区别：龙可以成为有抱负的巫师的挑战对象，但它们的主要价值在于身体各个部位的神奇功能，这与古代中国"龙"身体部位的制药和美容用途并无不同。

迈克尔·斯旺威克的"灵界"系列小说与勒古恩的"地海"系列小说一样，有着类似的政治目的。斯旺威克的创作是为了向托尔金的中土奇幻小说致敬，同时他认为大众奇幻小说市场出现了大量的衍生品，这些作品削弱了这一流派，于是他向市场发起了挑战，他这样说道："最近一系列奇幻三部曲换汤不换药，给了我很大的打击，就像发现我小时候常玩耍的树林被砍伐，为劣质的住宅开发让路一样。"

在斯旺威克的两部小说中，龙是绝对的主角。最早的《铁龙女儿》的场景设置在盘剥无度的灵界，年轻的换生儿（指故事中被仙女偷换后留下的孩童——译者注）简逃离了工厂严酷的工作——制造铁龙——与龙墨兰顿走到了一起。墨兰顿能操控一切但是不善于维护自身，它是个介于动物和战争机器之间的混合体。由于受到简的照顾，墨兰顿向她透露了它要摧毁宇宙的计划。简觉得生活失去了目标，对墨兰顿非常迷恋，为了给依赖她的龙提供燃料，她做了很多违背法律和道德的事情，还成为了一名连环杀手。最终，简驾驶着墨兰顿攻击了位于宇宙精神中心的螺旋城堡，并遭到另一名神龙飞行员的追逐。她用墨兰顿的火箭弹杀死了他。但是当他们靠近城堡时，墨兰顿的身体解体了；简陷落到城堡里，她遇到了愤怒和失望的女神。简拒绝侍奉女神，只想受到惩罚，她被送回地球，在精神病院中接受康复治疗。简是否会获得她如此迫切需要——但却难以得到——的救赎仍没有定论。

在续集《巴别塔的龙》（2008 年）中，斯旺威克把我们带回到了同样愤世嫉俗的宇宙。小说再次从龙与人（或更确切地说是近似人的物种）之间的互动开始，与简不同，主角威尔是个神经兮兮的家伙，权力关系由此改变。在《铁龙女儿》中，墨兰顿需要简为它充电并引导它离开工厂，而巴别塔的龙在激烈的灵界战争中受到重创,他依然在精神上控制了威尔,让他担任副手,控制了一个没有防卫能力的小村庄,然而,威尔似乎摆脱了龙,逃离了村庄,进入了公认的现代都市巴别塔。在《创世纪》(11:1—9)中,巴别塔是人类第二次失宠于上帝的地方。正是在这里,威尔成为了一个政客的副手或者说"追随者",政客纳特·沃克是主角,他是威尔的导师和主人,也是一个骗子,他的名字来自古英语"nathwylc",意思是"我不知道哪个",这不仅表明了他潜在的不确定性和道德沦丧,也表明了那些困扰巴别塔所有居民的问题有多么复杂,也许威尔终究还是没有完全逃脱龙的控制。

迈克尔·斯旺威克对当代文化和人们追逐物质权力进行了批评,奇幻龙在批评中起了重要作用。灵界之龙让人想起格劳龙阴险的控制,作者无疑是故意为之,它是资本主义在全球无情操纵的缩影。因此,对于简和威尔来说,不可能有幸福的结局。然而,希望并没有完全被抛弃,因为尽管简和威尔不能改善自身或世界,但他们有希望认识到自身的缺陷,甚至会意识到那些控制他们的力量,尤其是恶龙。

由于奇幻之龙提供了无限的想象空间,另外一种龙的出现就是水到渠成的了。因此,有一种所谓的元龙,它的出现就是为了嘲笑那些一本正经的龙,特里·普拉切特就是这种喜剧模式的大师,以下故事中的龙展示了普拉切特在龙创作上的匠心独具。

《摇摇欲坠城堡中的龙》是普拉切特最早涉足龙的作品,这是一个儿童短篇故事,针对的是中世纪传奇故事中的屠龙者。[9]当亚瑟王的骑士们要么外出执行任务,要么在度假或者看望祖母时,王宫卡米洛特遭到龙的攻击,对付龙的只有拉尔夫和两个同伴,还有一个力不从心的骑士和一个行将就木的巫师,结果,这条龙根本没有构成任何威胁。在《魔法的颜色》(1983年)中,笑料来自安妮·麦卡芙瑞的龙佩恩,在碟形世界里(一座倒立的山),龙只存在于想象之中,骑手们用心灵感应召唤它们。如果有人想到它们,它们也会突然出现。

第十章 野性的龙

普拉切特在《卫兵！卫兵！》中对龙主题进行了全方位的处理，该小说取材于人们熟悉的传统神话的3个场景，例如珀尔修斯和安德洛墨达或者圣乔治，并将其扳倒或者颠覆。3个场景首先是一个被绑在岩石上献祭给龙的处女；其次是龙打算吃掉处女；最后是英雄拯救处女并屠龙。最后一个场景是在普拉切特创造的安克莫波克世界，在那里人们认为龙已经灭绝，至少和传统巨龙德拉科诺比利斯一样。然而，一条龙被诡计多端的旺斯从过去或者可能从其他地方神奇地召回。旺斯是安克莫波克贵族的秘书，他计划让一位英雄用一把闪亮的宝剑杀死龙。按照惯例，英雄之后将广受赞誉，并被拥为安克莫波克之王，同时也成为了旺斯操纵的傀儡。

他的计划只实施到把龙召回这一步。龙把手握"闪亮宝剑"的英雄烧为灰烬，龙自己当上了统治者，它要求按照传统向它进贡处女，最好是贵族，那样味道更好点。西比尔·拉姆金女士登场了，她肯定是贵族，也许是处女，但她不是想象中的年轻美女，她已经人到中年，体格健壮，性格强悍，是病龙阳光保护区的产权人。她照顾着小型沼泽龙，这些小龙常被人们作为打火机点烟，也被当作家庭宠物收养，当它们有要自爆迹象的时候就被人们无情地丢弃。尽管如此，西比尔·拉姆金女士最终还是遵照了传统要求：被锁在岩石上，供龙食用。

那么，英雄出场的时间到了。虽然旺斯那位握有"闪亮宝剑"的英雄毫无用处，但下一个候选人是卫兵队长维姆斯，一个坚决反对任何形式王权的共和党人，尤其反对龙的王权。虽然他至少要设法把西比尔女士从岩石上解开，但杀死巨龙的任务首先落在了他的侍卫下属身上，其中一位是科隆中士，他的福箭从未失手过。当巨龙猛扑过来时，科隆向它射箭，就像弓箭手巴德一样，瞄准龙的软肋。这是个万无一失的机会，也就是说，按照古老的屠龙法则，一定会成功。然而，这一次旧的法则失效了，他的箭击中一片龙鳞后被反弹回来了。

最后一个非常合适的英雄候选人是兰斯特布尔·卡罗特，一个新招募的警卫。卡罗特是一个弃儿,由小矮人抚养长大,他坚称自己是一个侏儒,尽管他身高超过 1.8 米,有着英雄般的体格,这是他青少年时期在地下拉矿车形成的。他也很可能是安克莫波克的合法国王,拥有皇室胎记和祖传的宝剑。这把宝剑一点也不闪亮,而且有很多凹槽,看起来更像一把锯子,即便如此,宝剑的砍切效果很好,可以追溯到先王们真实存在的年代,那时宝剑不是用来炫耀的。但是,他没有这样的帝王野心,因为他只想成为一名警察。他把龙打倒后,不像一个真正的屠龙者那样,拿着剑或长矛杀死龙,而是爬上它的翅膀,得意扬扬地宣布:"伙计,你被捕了。"

这个在很多方面令人失望的笑话就这样结束了。整本书里,西比尔女士的一条沼泽小龙埃罗尔一直在吃奇怪的东西:煤、水壶、卡罗特装指甲油的罐子。那个奇怪的化工厂居然是龙的内脏,它能给工厂提供燃料。在关键时刻,埃罗尔起飞了,动力不是翅膀,而是靠它自己炽热的肠胃胀气,这使它加速到超音速。当它腾空向伟大的"高贵的龙"挑战时,它用尾部的超音速爆炸在空中把龙击败。后来得知,现在被禁足的巨龙根本就不是安克莫波克的国王,而是女王,因为她是女性。她把埃罗尔的超音速胀气看作是交配的表现,带着它飞向幸福,西比尔女士与卫兵队长维姆斯也双宿双栖了。尽管有一个处女、一条危险的龙和几个人类英雄候选人,但《卫兵!卫兵!》中真正的英雄是另一条龙。读者如果不知道龙的故事是如何发展的,那么就完全看不懂普拉切特的小说。读者的乐趣在于他们有不同的理解,毕竟这是更有可能的(或者至少同样有可能的)。尽管如此,这种乐趣几乎不能被称为讽刺,因为普拉切特显然既喜欢传统的龙族故事,也喜欢他模仿的作家和作品(其中有安妮·麦卡芙瑞和其他奇幻经典作家,包括托尔金,甚至《贝奥武夫》),他以某种方式展示了龙在现代世界的传播方式。

尽管有所保留,克里斯托弗·鲍里尼的"龙骑士"系列仍值得一提。鲍里尼的这四本书面向的是青少年市场,从《伊拉龙》开始,销量以百万计算。然而,作者在情节的发展和人物的刻画方面都让评论家们不太满意,例如,龙学专家托马斯·霍尼格指出，"他的书之所以大受欢迎，更多的是出于对书中主人公与龙之间关系的迷恋，而非作者在文笔上的造诣"[10]。

"龙骑士"系列几乎是继承了托尔金的中土奇幻小说和安妮·麦卡芙瑞的"佩恩"系列。小说的开头，年轻的伊拉贡在他叔叔位于阿拉加西亚的农场长大，他出生时就被母亲遗弃在那里。一天，当他外出打猎时，一块蓝色的石头神秘地出现在他面前，他起初以为这就是块普通的蓝色石头，但是，他很快意识到，这是一枚龙蛋；而他不知道的是这个龙蛋曾经属于一群精灵，精灵在遭到一个巫师和残忍的同伙伏击时，这枚龙蛋消失了。蛋孵化后，伊拉贡给羽翼未丰的母龙取名为萨菲拉。不久之后，伊拉贡的叔叔被残暴的加尔巴托里克斯国王的两个拉扎克仆人杀死，农场被夷为平地，伊拉贡和他的幼龙一起，开始向杀死他叔叔的凶手复仇。于是他开启了永远与黑暗势力对抗的危险之旅，时机一到，萨菲拉成为了伊拉贡最亲密的朋友和盟友，正如任何读者所料，也成为了他的坐骑。

无论人们如何看待鲍里尼那些通常可以预见和老套的情节，人们仍无法否认故事本身非常复杂，"龙骑士"系列在年轻读者中广受欢迎的原因，基本可以归结于引人入胜的故事情节。然而，除了"善与恶"的对立之外，任何人想寻找更深层的信息怕是要徒劳了。

除了普拉切特的元龙之外，我们发现对现代龙的描述中有两个重要趋势：首先，龙，不管是好是坏，经常为人类服务，或者说，人类也为它们服务。尽管斯旺威克认为市场上大量的滑稽龙"毁灭"了奇幻小说，而它们不过代表了一种随机破坏，但更成熟的奇幻和科幻小说赋予了龙一个角色，以这样或那样的方式，既映射人类的力量也映射了人类的无能为力。其次，与古代的龙不同，现代的龙通常可以被看作是女性力量和权威的表现。然而，女性权威也有其局限性和危险性，显而易见的一点是，无论哪个性别掌握着权力的缰绳，生存的问题始终存在。

◇ 犯罪小说中的龙

虽然龙已经在科幻和奇幻故事中有点泛滥成灾了，但它们也进入了犯罪小说。在这里恶龙并没有实际出现，而是作为主角个性的一个方面。托马斯·哈里斯有4部小说以被监禁的法医、精神病学家和食人连环杀手汉尼拔·莱克特为主角，其第一部《红龙》（1981年）主要情节集中在另一个连环杀手身上：一个叫弗朗西斯·多尔海德的人，他精神紊乱，痴迷于威廉·布莱克根据《启示录》中的撒旦之龙所画的《大红龙和披着太阳的女人》，并以为自己正在变成一条龙。[11]

多尔海德受到莱克特秘密信件的鼓励，完成了他向"龙"的转变，还得到了威尔·格雷厄姆的家庭住址。格雷厄姆是联邦调查局的档案员，曾不惜一切代价想将莱克特绳之以法。莱克特意图明确，就是通过谋杀格雷厄姆和他的家人来为自己复仇。一系列可怕的杀戮接踵而至，多尔海德闯入了格雷厄姆在佛罗里达的家，并刺伤了格雷厄姆的脸，最终被格雷厄姆的妻子开枪打死。恐惧和极端暴力是哈里斯《红龙》的主要特征，在这方面，多尔海德和莱克特与科幻和奇幻小说的龙几乎没有什么区别。

斯蒂格·拉森的"千禧年"系列小说包括了《龙纹身的女孩》（2005年）、《玩火的女孩》（2006年）和《直捣蜂窝的女孩》（2007年）[12]，其塑造的龙形象更加正面，尽管龙本身已经被毁坏了。第一本书的瑞典语原著名为《恨女人的男人》，问题女孩丽思贝丝·莎兰德由于童年受到了创伤，她对父亲采取了残忍的报复，导致她被绑在精神病院。她最终被送进了看护中心，但是看护人却是一个虐待狂和强奸犯，他对丽思贝丝犯下的罪行让丽思贝丝采取了报复行动。她秘密拍摄了他的暴行，然后用泰瑟枪打倒他，把他绑在床上，对他实施极端的性暴力，并在他的腹部文上"我是一只虐待狂猪、一个变态者和一个强奸犯"。

第十章　野性的龙

根据小说中其他人物的事例判断，丽思贝丝是一个偏执的、有强迫症的、精神分裂的、极度自大的精神病患者，可以认为她的形象塑造模仿了古希腊的复仇女神，或者模仿了被称为亚马逊女战士的民族，又或者，由于小说的斯堪的纳维亚背景，是模仿了女武神。然而，不管我们如何看待丽思贝丝的神话原型，她都是对复仇心切的女性的终极文学描述。一个男人无论身体有多么强壮，面对她都没有安全感。丽思贝丝是一个瘦小的女人，体重只有40公斤，她不为任何事物所吓倒，无论是罪犯还是国家机关，如瑞典情报机构特勤局、特勤局的间谍活动和凌驾于法律之上的政治阴谋。《直捣蜂窝的女孩》一书描述了一个生动的例子，说明了丽思贝丝在对付那些伤害她甚至要杀死她的人时，是多么冷酷无情。

丽思贝丝极有可能造成了她父亲的死亡，父亲死后她继承了父亲的一座旧工业大楼。当她在大楼搜寻的时候，她无意中找到了两具女性尸体，然后发现自己被锁在大楼里了，这是她同父异母的兄弟尼德曼的杰作。野蛮的尼德曼身材魁梧，而且，他天生就没有疼痛感。尼德曼打算谋杀丽思贝丝，她唯一可能的希望在于她身体敏捷。尼德曼按部就班地搜查了一个装有滑动门的抽屉，却没有发现丽思贝丝就藏在抽屉下面。于是丽思贝丝拿着一把大钉枪，用超过20厘米的钉子把他的脚钉在了地上。尼德曼尽管感觉不到疼痛，但现在却无法动弹，丽思贝丝占了上风，但她没有亲手杀他，而是给某个疯狂的摩托车帮发短信，他们有杀死尼德曼的理由，然后她给警察发短信。正如丽思贝丝所希望的那样，尼德曼被杀，摩托车手被逮捕，而她却毫发无伤地逃脱了。

丽思贝丝的才能不仅在于她的足智多谋和沉着冷静，还在于她过目不忘的记忆力和她作为电脑黑客的非凡技能。她常用后一种技能调查针对女性的犯罪，就像她在《龙纹身的女孩》中所做的那样，不管法律上的规定如何，她努力寻找大约40年前失踪的哈丽特。

总而言之，拉森的"千禧年"系列有两个主要目标：首先，女权主义者批评父权制似乎对针对妇女的犯罪漠不关心，例如性交易和强迫卖淫。其次，对现代瑞典国家尤其是瑞典特勤局提出的批评有时含蓄，有时明确，批评它不仅未能为其国民提供保护，而且有时会将国民置于危险的境地。作为一个心理学角度上的龙女，丽思贝丝·莎兰德尽管有许多缺点，但她依然是一股不可忽视的力量，也是一股向善的力量。

◇ 现代育龙

1963 年，美国三人组合彼得、保罗和玛丽录制了歌曲《噗夫，这一条妖龙》，它登上了美国流行歌曲排行榜上的第一名，并在世界各地大卖。这原本是伦纳德·利普顿的一首诗，后来被彼得·耶罗改编成歌曲。歌词似乎非常天真：在一个名叫"洪纳利"的海边，小杰基·帕伯是噗夫的玩伴，他经常骑在噗夫身上玩耍，所有看到他们的人都很开心。但随着杰基年龄的增长，他不再跟噗夫玩了，后者泪流满面地回到他的洞穴。歌就这样结束了。所以，歌手以一条不伤人的奇幻育龙为主角构思了一首难忘的歌曲，讲述了一个男孩的成长和放下童年玩具的故事。

事实，真的是这样吗？许多人在这首歌中看到了不那么天真的含义，暗示这根本不是一条育龙的故事。《噗夫，这一条妖龙》被解释为吸食大麻的隐喻，也许部分是因为粤语中的一句老话"追龙"，"追龙"一词指的是吸食鸦片。根据这种观点，"噗夫"意味着吸入，而杰基·帕伯代表着卷烟纸，换句话说，是烟的纸质外包装。不管这个解释是否属实——利普顿坚决否认——这首歌仍然被认为是对 20 世纪 60 年代吸毒成瘾的嬉皮士身份的一种暗喻，这样的话，杰基在歌曲中离开噗夫就没有什么意义了。

在对以龙为中心的各种儿童小说的批判性评价中，没有发现这样的争议。在这些小说中，有两个育龙故事屡获殊荣，也就是近期一直有影响力的作品：

茱莉亚·唐纳森为婴幼儿写的《佐格》（2010 年）以及葛蕾熙达·柯维尔为青少年写的《驯龙高手》系列（2003—2015 年）。

《佐格》由阿克塞尔·舍夫勒绘图，唐纳森以简单的押韵对句进行叙述，讲述了巨龙佐格的成长过程。佐格和他的龙同学们在龙夫人的教导下，要求他们掌握某些看似必不可少的传统龙的技能，因此，龙必须学习如何飞行、咆哮、喷火和捕获公主，并最终与骑士战斗。但是佐格是一个很差的学生，他在努力获得老师认可的过程中多次受伤，年轻的珠儿公主每次都来为他疗伤。后来，当佐格必须要抓住一位公主的时候，珠儿公主自告奋勇，甘愿被抓，这样佐格就获得了他的第一枚"金星"。一切都很顺利，直到警卫骑士盖德约大帝出现，为营救珠儿公主与佐格战斗，但是她不希望有人救她，也不想回到"穿着愚蠢的褶边礼服在宫殿里蹦蹦跳跳"的生活状态中，她让双方停止了战斗，并宣布她想当医生。盖德约说他也想当医生，佐格要求成为他们的"救护车"，于是他们一同出发当上了飞行医生。

显然，佐格的灵感来自圣乔治与龙的神话，也很可能是以一种打趣的方式重新诠释了肯尼斯·格雷厄姆的《情非得已的龙》。然而，从传统角色中解放出来的不仅是龙，还有公主和骑士，他们都拒绝了刻板的、以性别定义的身份，而是选择实现当医生的抱负。事实上，唐纳森的《佐格》摒弃了龙、女孩、屠龙者之间的"三角恋"，向孩子们传达了思想独立和社会建构的信息，没有一个开明的父母或监护人会反对这样的信息。

柯维尔的《驯龙高手》系列故事的背景是虚构的伯克岛，以年轻的小嗝嗝·哈伦德斯·哈道克三世的成长为开端，他是维京长毛流氓族的一员。小嗝嗝像所有其他的年轻人一样，在维京启蒙计划（后来成为海盗训练计划）中接受训练，教官是一贯忠诚但严格而又让人畏惧的勇士——嗝嗝哥。受训者必须面对的关键挑战是捉一条龙来训练，否则就会被流放。哈道克虽然有点矮小，但却很聪明（这不是人们最先欣赏他的地方）。随着系列的推进，他通过学习成为了一名技艺高超的剑客，可是只有他意识到自己是个左撇子

《驯龙高手》（2010 年）中的哈道克和无牙龙

的时候，才能发挥出高超的技艺。

哈道克最终捕获了一条普通的小绿龙，他给它起名叫"无牙龙"。哈道克的新任务很快就冒犯了其他的龙，一场群龙混战随之展开。教官嗝嗝哥认为此举大为不当，所有相关人员都即将被流放。就在当天晚上，一场暴风雨把 3 条海龙冲到了岸上，它们给长毛流氓族和他们驯服的龙带来了威胁。现在轮到哈道克与不速之客谈判了，因为他非常罕见地掌握了龙的语言——龙语。在其他男孩的帮助下，哈道克用计挑起了剩下的两条龙（另外一条已经被它们吃了）互相打斗。当哈道克差点被其中一条龙吞掉时，无牙龙赶来救了他，并把两条龙都杀了，哈道克和无牙龙被授予了维京人的最高荣誉。从此以后，哈道克的主要任务就是恢复国王的"遗失物"之类的权力机构，结果发现，无牙龙可能是其中之一。

柯维尔笔下无数的龙与其人类主人或者敌人并无不同，有的温和，有的危险，有的保护人类，有的邪恶无比。不管无牙龙有多么调皮，它和哈道克之间牢不可破的关系是这个系列的核心。从这个角度看，无牙龙和哈道克之间是保护者和被保护者的关系：一个渴望而且想要提供保护，一个渴望而且需要被保护。因此，当男孩或龙处于致命危险时，他们的朋友会以某种方式帮助他们。实际上，哈道克和无牙龙代表着青少年在走向成熟和独立的危险旅程中的两个方面。话虽如此，我们只能补充一点，柯维尔对这次旅程的描述妙趣横生。

◇ 电影和角色扮演桌游中的龙

由于龙在文学作品中非常受欢迎，电影制作人很快意识到了龙的商业潜力，其一般规则是龙要么越危险越好，要么越可爱越好。我们上面讨论过的小说，既有成人的也有儿童的，都被拍成了电影，近来最引人注目的也许是彼得·杰克逊改编的托尔金的中土奇幻小说（2001—2003年的《魔戒》三部曲；2012—2014年的《霍比特人》三部曲），纯粹主义者对此有点争议。早期的日耳曼文献也给龙的电影增加了很多乐趣，例如无声电影《尼伯龙根之死：西格弗里德》（弗里兹·朗导演，1924年）。在20世纪90年代和21世纪初，至少有9部电影都是根据《贝奥武夫》这首诗进行的自由改编。除此之外，我们还有很多恐龙电影，比如《失落的世界》（哈里·O.霍伊特导演，1925年），其后又有《哥斯拉》（第一部，本多猪四郎导演，1954年）以及最初根据迈克尔·克莱顿小说改编的《侏罗纪公园》三部曲（史蒂文·斯皮尔伯格导演，1993年和1997年；乔·庄斯顿导演，2001年）。至于屠龙英雄，我们有《乔治和龙》（汤姆·里夫导演，2004年）、《火龙帝国》（罗伯·鲍曼导演，2002年）和《魔龙大浩劫》（菲利普·J.罗斯导演，2003年）。

大屏幕上的龙大部分都渲染龙的恐怖，不过是老调重弹，但偶尔也会有一部关于龙的电影讲述一些新奇有趣的事情，其中之一是2007年的电影《贝奥武夫》。该片由罗伯特·泽米吉斯执导，尼尔·盖曼和罗杰·阿夫瑞担任编剧，电影的情节发展与故事原型极为相似。与诗歌中一样，电影中最突出的人物分别是盖尔斯英雄贝奥武夫、丹麦国王赫罗斯加和王后韦尔肖以及怪兽格伦德尔、格伦德尔的母亲。在电影中，贝奥武夫向赫罗斯加承诺杀掉格伦德尔，当格伦德尔攻击丹麦的米德大厅时，贝奥武夫杀掉了天真的格伦德尔。观众很快得知格伦德尔是赫罗斯加的"耻辱"，是赫罗斯加与迷人的妖怪格伦德尔的母亲所生。[13] 之后，格伦德尔的母亲向丹麦人复仇，贝奥武夫一路追踪到她的水边巢穴，也被她迷住了。她答应给他巨大的权力和不朽的名声，作为回报，贝奥武夫愿意和她生个儿子，作为杀死格伦德尔的补偿。赫罗斯加自杀后，贝奥武夫成为了丹麦的国王，并娶了韦尔肖。贝奥武夫发现儿子原来是条龙后，最终以自己的生命为代价杀死了龙。

至于被诅咒的黄金，它是以龙角杯的形式出现的，多年前，据说是在赫罗斯加杀死了龙法夫纳之后得到的。法夫纳就是在《沃尔松格萨迦》中被西古尔德杀死的那条藏宝龙。龙角杯是贝奥武夫杀掉格伦德尔后得到的奖赏，后来他把杯子送给了格伦德尔的母亲，作为他们交易的一部分；再后来，杯子被一个奴隶在格伦德尔母亲的巢穴附近找到，并被奴隶的主人归还给了贝奥武夫，但当贝奥武夫与龙对峙时，它落入了龙的手中。然而有一个转折点，在贝奥武夫的维京式葬礼之后，贝奥武夫最信任的侍卫威格拉夫发现了半埋在沙子里的龙角杯。然后，当他凝视着大海的另一边时，格伦德尔的母亲浮出水面，观众和威格拉夫一起，似乎要被她不可抗拒的魅力征服了。

泽米吉斯巧妙地利用了诗歌《贝奥武夫》中留下的让人好奇的空白，例如无人目睹贝奥武夫是如何杀死格伦德尔的母亲的，他带回的唯一"战利品"是一把古老的剑柄。然而，这部电影最明显的特点是对男性英雄的负面刻画。虽然威格拉夫等人决心要在"歌声"中永远颂扬赫罗斯加和贝奥武夫，事实上，赫罗斯加是一个醉醺醺的好色之徒，贝奥武夫是一个说谎者，正如他自己承认的那样，他软弱又愚蠢。赫罗斯加和贝奥武夫可能无所畏惧、强大无比，但他们也是性妥协的伪君子。如果你想在电影中寻找一个毫不妥协的"英雄"，那就是格伦德尔的母亲，尽管她对所有男人都是一个威胁，但她至少不隐瞒自己的意图。简而言之，电影《贝奥武夫》提出了男性权威和女性从属地位的问题；如果人们接受这种解读，那么格伦德尔的母亲对贝奥武夫和他王国的狂怒就象征着被男人背叛的女人的愤怒。

诚然，电影和小说为我们提供了大量惊险刺激的龙故事，而现在的人们以龙为乐不一定需要依靠电影和小说，因为龙就在我们的笔记本电脑和平板电脑上的角色扮演桌游中。从取得巨大成功的《龙与地下城》（1974 年由威世智公司首次发行）开始，直到今天，随着《上古卷轴 5：天际》（贝塞斯达软件公司，2011 年）等游戏的出现，这些角色扮演游戏能让我们要么指挥龙，要么制订战胜龙的策略。根据我们的心情，我们人人都可以变成西古尔德、赫拉克勒斯、圣乔治、巫师、丹妮莉丝·坦格利安、佩恩的龙骑士等。就游戏的心理学而言，它对我们而言，与我们看电影或读小说时由于怀疑而暂停没有太大区别，除了玩家是情节的一部分。或者，玩家需要持续地意识到幻想和现实之间的区别，否则就会从另外一个角度成为龙的受害者。

如果我们要寻找现代龙进化的关键日期，会有三个：第一个是 1898 年，肯尼斯·格雷厄姆的《情非得已的龙》出版了，龙的驯服可以被认为是剥夺了它的力量，把它简化成一种与神话传说中的祖先几乎没有相似之处的生物。尽管人们很容易将这种发展视为龙的一种琐碎化，但在育婴室给龙找到一席之地的确是一件相当复杂的事情。

这里的重点是，龙是具有强大力量的生物，与龙交朋友令人满意也令人回味。所以，育龙的力量既没有被驾驭，也没有被轻视，而是交给了龙幼小的朋友。也许龙被驯服了，但是它的力量丝毫没有削弱，相反，它的力量成为了一个避风港，无论是幼儿还是青少年，都可以在其中安全地发挥自己的潜能。如前所述，育龙是我们欲望的化身，或者可以说，需要控制。虽然没有任何传记证据表明格雷厄姆对东亚龙特别感兴趣，但他的"情非得已"的龙与中国神话中那些仁慈的"皇权化"的龙非常吻合，因此，这绝不可能是

电影《龙与地下城》（2000 年）中的一个场景

昙花一现的时尚。

  后两个日期是不可分割的：1936 年和 1937 年。正是在 1936 年，托尔金发表了他关于《贝奥武夫》的开创性演讲，并以最可怕的形式"释放"了龙。然而，对托尔金来说，龙作为一种对生存有威胁的寓意是远远不够的，1937 年，他创造了史矛革。史矛革有着与贝奥武夫龙同样可怕的力量，但它的身份要复杂得多。自史矛革以来，任何值得关注的巨龙都同样被赋予了一种可辨识

第十章 野性的龙

的心理，尽管有时这种心理会不稳定乃至到了危险的程度。托尔金的史矛革为人们认可的文学巨龙设定了标准。

然而，如果未来的龙学家们要下结论的话，很可能还有第四个关键日期，这将是2011年4月17日，《权力的游戏》在当天进行了首映。下一章将专门讨论这一现象和乔治·R.R. 马丁的影响。

| 注释 |

[1] R.W. 钱伯斯在《威德西斯：古英语英雄传说研究》中用"龙的荒野"对《贝奥武夫》进行了批评，这句话被托尔金贬义地引用过。在此处，它仅仅意味着有很多龙。

[2] 在许多这样的早期研究中，有马林努斯·威廉·德维瑟的《中国与日本的龙》（1913年）、唐纳德·麦肯齐的《中国与日本的神话》（1923年）和欧内斯特·英格索尔的《龙与龙的传说》（1928年）。

[3] 后来的"地海"小说包括《地海孤雏》（1990年）和《地海奇风》（2001年）。

[4] 这个系列实际上是从麦卡芙瑞的中篇小说《韦尔搜索》开始的。直到2003年，安妮·麦卡芙瑞所有的小说都是"佩恩"系列，之后她和儿子托德合著了这些小说，托德在2011年安妮去世后继续写这个系列的小说。

[5] 托马斯·霍纳格在《好龙难寻》中指出了佩恩龙的"去神话化"。

[6]《龙与乔治》是根据迪克森1957年出版的同名中篇小说改编的。

[7] 从《龙骑士》（1990年）开始，吉姆和安吉的冒险故事在许多续集中都有进一步的叙述。

[8] 德语原文的"福龙"是从日语的"福龙"转化来的，意思是"幸运的龙"。不管幸运与否，这里的讽刺之处是西方人都知道"福龙"是一艘日本渔船的名字，该船在1954年比基尼岛的核爆炸试验中受到了核辐射。

[9] 这个故事是普拉切特还很年轻的时候写的，被收录在同名小说集里，直到 2014 年才出版。

[10] 霍纳格在《好龙难寻》第 41 页中，将鲍里尼的奇幻小说与芭芭拉·汉柏莉的"冬天的大地"系列小说进行了比较，后者"更成功地创造了龙的角色"，"冬天的大地"系列包括了《龙魇》（1985 年）、《龙影》（1999 年）、《恶魔女王的骑士》（2000 年）和《龙星》（2002 年）。

[11] 正如批评家们所指出的，哈里斯在描述上述版本（约 1803 年，华盛顿特区国家美术馆）时，错误地引用布莱克的画作《大红龙和披着太阳的女人》（约 1805—1810 年，纽约布鲁克林博物馆）。

[12] 该系列的第四本书《蜘蛛网里的女孩》（2015 年）是大卫·拉格兰茨写的。

[13] 1999 年，在格雷厄姆·贝克执导的电影《贝奥武夫》中，格伦德尔也被描述为赫罗斯加和格伦德尔母亲生的儿子。

第十一章

乔治·R.R. 马丁的
龙与权力问题

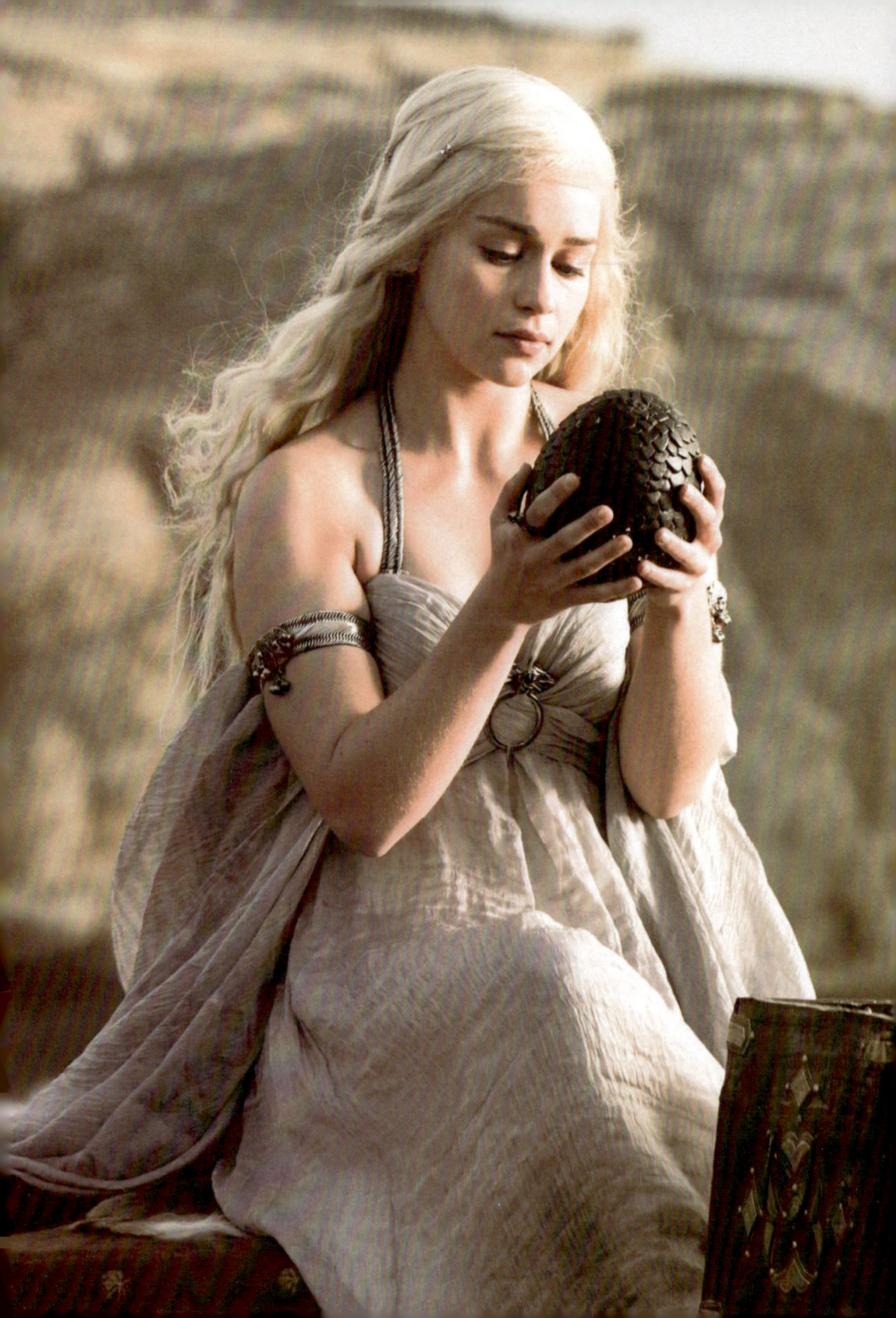

第十一章 乔治·R.R. 马丁的龙与权力问题

有些小说作品超越了有影响力的范畴，学者们称之为"霸主"；也就是说在那个领域写作的人，不管他们多么想自己去闯出一片天地，都无法避免像霸主作家那样去写作，他们必须弄清楚他们为什么不是霸主作家，他们和霸主作家之间有什么区别，因为人人都有霸主思想。

因此，任何人要写精灵或者矮人故事，要么像托尔金那样写（也许是无意识的），要么另辟蹊径。"兽人"是托尔金发明的一个词——或者，他会说，是他从被遗忘的时代带回来的——但现在兽人在奇幻世界里屡见不鲜，就算不是霍比特人，那也是半兽人或其他类似霍比特人的东西，中土已经成为现代奇幻小说的霸主。未来，巨龙作品中的霸主很可能会是乔治·R.R. 马丁的《冰与火之歌》系列小说以及随后据此改编的电视剧《权力的游戏》[1]，特别是这里没有来自托尔金的重要竞争。托尔金的奇幻小说中有像史矛革、金翅亚龙和格劳龙这样的角色，但《魔戒》实际上是一个没有龙的地带，因此留给马丁一个相对宽广的施展空间。

但是，如果仅仅从外形特征来判断马丁的龙的未来，人们很可能会得出这样的结论：它们不太可能与众不同，因为它们有许多传统龙的特征，只是加深了我们原有的龙的形象，而不是创造新的形象。它们会飞，它们会喷火，它们的寿命比人类

艾米莉亚·克拉克在《权力的游戏》（2011年）第一季中饰演丹妮莉丝·坦格利安

长得多（如果不是永生的话），而且作为四足动物（而不是通常情况下的六足动物），它们显然来源于双足飞龙，比较明显的是罗马的龙骑兵和威尔士大红龙。它们也有自己的性格，但是与托尔金的个性成熟的龙不可同日而语。它们不会说话，它们个体存在的标志就是它们的权力，这是丹妮莉丝·坦格利安的龙最大的特征。正是因为这一点，马丁的龙已经被视为"本世纪的出版奇观之一"，可能产生巨大的影响力。

马丁的龙有一点很清楚，那就是，它们与托尔金从中获得灵感的古老的北欧龙不同，不能简单地视为威胁一切人类生存事物的化身。显而易见的是，马丁的巨龙经常充当旨在捍卫人类生存的生物，或者至少是那些掌握了权力并为之服务的人。从这个角度看，马丁的龙是文化混合体，因为它们可以像北欧传统的凶猛喷火的野兽，同时也像中国传统中被皇权化和政治化的龙。在马丁之前，作家们笔下的现代奇幻龙走的路线非 A 即 B，要么充满难以驯服的恶意，要么毫无条件地顺从，而马丁的龙兼而有之。由于这种混合，马丁的龙在某些方面独一无二，也是这个原因，马丁的龙可以继续成为霸主。

◇ 马丁早期的龙

龙一方面是维护秩序的希望，另一方面带来绝对的混乱，马丁是如何想到的，我们不得而知。尽管如此，在马丁早期获奖的两部小说中，龙扮演了重要角色，我们从中可以看出他故事构思的发展，这两部是科幻短篇小说《十字架与龙》（1978 年）和青少年中篇小说《冰龙》（1980 年）。

《十字架与龙》的故事场景是一个遥远的未来。那时，人口众多，星际旅行司空见惯，主要讲述的是基督教认为的异端邪说。负责挑战和消除异端邪说的是故事的叙述者，达米恩·哈尔·维里斯神父，一个地球和星际天主教会真正的骑士检察官。但在做了多年的宗教审判之后，达米恩神父对自己

第十一章 乔治·R.R. 马丁的龙与权力问题

的信仰充满了怀疑，他对自己所担任的职位有些悲观。达米恩神父受大主教之命去调查一个邪教组织，该组织把叛徒犹大奉为圣徒。达米恩神父登上他的"基督真理号"宇宙飞船，前往被邪教占领的阿里昂星球。在航行中，他阅读了异教徒的"圣经"——《十字架与龙》，书中的犹大是一个出身低微的人，早年掌握了黑魔法，并学会了如何驯龙。

达米恩神父从一开始就被异教圣经的连贯性、画卷的艺术性和创造性深深吸引。他读到犹大"骑着最伟大的龙"，很快就成为了龙王，统治着一个从西班牙到印度的大帝国，并在巴比伦拥有奢华的宫廷。犹大宝座背后的力量是龙，"上帝最可怕的造物"，在他的国土上，犹大容不下任何异己。当一个惹是生非的先知拿撒勒人耶稣引起他的注意时，犹大就让人把他捆起来打，砍断了其双腿，然后把他扔回街上。

但现在犹大悔悟了，他把龙送走了，在一年的时间里，他充当了耶稣的腿，带着耶稣到任何他想去的地方传道。当耶稣最终治愈自己后，龙被召回并得到了合法的身份，并且，骑着龙的犹大皈依为信徒，分配给他的任务是到海外传播基督的福音。在犹大返航途中，他到达了耶路撒冷。当天耶稣刚好被钉在十字架上，他的信仰动摇了。他的应对措施是让龙躺在权力的宝座上，并亲手勒死了那个先叫西蒙后叫彼得的人，因为他 3 次背叛耶稣，犹大把他的身体拿去喂龙。最后，作为"火葬"仪式，他让龙在世界各地纵火。

到了第三天，耶稣复活了，犹大才明白自己的错误。他召回了龙，扑灭了火，彼得又复活了，并因此成为第一位教皇；全球范围内的龙被处死，"它们是叛徒犹大的力量和智慧活生生的标志，而犹大已经犯下了多种罪孽"。犹大的赎罪是盲目的，他的力量被剥夺，被贴上"叛徒"的标签。他在地球上游荡了 1000 年，其间做了很多善事，但依然遭到彼得建立的"臃肿又腐败的"教会迫害。最后，耶稣安慰了改过自新的犹大，当他在平静中死去之前，耶稣告诉他，总有一天，会有人识破"彼得的谎言"，记住关于圣犹大生活的真相。这，就是异端邪说的基础。

达米恩神父到达阿里昂星球后，面对犹大邪教中天赋异禀的精神领袖时，他就准备好进行一场战斗性的神学论辩，因为这些人公开承认他们既是无神论者，也是骗子，在他们看来，真理不过是无序和绝望。骗子们从一开始就看出达米恩神父缺乏个人信念，他们邀请他入伙，遭到他的拒绝，他依然认为不论真相多么让人难以接受，都不能否认它。达米恩神父安然无恙地开始着手消灭犹大。即便如此，他还是被这段经历弄得心烦意乱，他不得不承认，所有的信仰无论多么高尚，都是生编硬造的。返程时，他把他的宇宙飞船重新命名为"龙"，这是一种讽刺性的表达，既表达了他作为检察官的力量，也表明他个人对继续捍卫信仰的怀疑。

从很多方面来看，马丁在《冰龙》中对育龙的演绎要简单得多。故事的主要情节发生在冬天的冰天雪地里，有翼的冰龙被认为是造成北极环境恶劣的原因，因此，它是一种人类无法触及或控制的生物。但是年轻的女孩阿达拉是个"冬天的孩子"，在人们记忆中最寒冷的那个冬天里，其母亲在生她时难产而死，她的父亲因此怨恨她，尽管他知道责怪她没有道理，她陷入了一种情感上毫无波澜的——一种冰冻的——精神状态。阿达拉不仅认同冰龙，而且逐渐成为它的朋友。尽管冰龙比国王勇士们所骑的那些冷血的"丑陋"龙要小得多，比如她的叔叔哈尔就骑着这种龙在遥远的北方与火龙作战，但所有的人都畏惧冰龙也厌恶它，除了阿达拉。

就在阿达拉 5 岁生日的那个冬天，冰龙第一次让她骑在它的背上，女孩和龙的友谊加深了。在接下来的两个冬天里，女孩和龙形影不离。阿达拉没有向任何人吐露这种友谊，尤其是她的父亲。对他而言，如果可能的话，要把冰龙赶走，或者最好是杀死。阿达拉 7 岁的那年夏天，灾难降临了，北方入侵的部队骑着喷火龙迫使国王的军队节节撤退。受伤和垂死的士兵挤满了通往南方的道路，当地人也被要求逃往南方。让阿达拉欣慰的是，她的父亲不同意逃跑。哈尔带来火龙即将到达的消息，并要求把阿达拉也带到南方，阿达拉逃走了。

阿达拉躲在遥远的乡下，亲眼目睹了火龙坐骑的到来，目睹了哈尔在他自己的龙坐骑上被烧死，龙坐骑也精疲力竭，半残废了。阿达拉躲在山洞里过夜，尽管是夏天，她却感到外面一股奇寒之气袭来。果然，冰龙回来了，正忙着用它冰冷的气息冻结大地。冰龙驮着她飞到空中，向更冷的地方飞去。飞过她家农场上空的时候，她听到了父亲的吼叫。冰龙很容易被热的东西伤害，更不用说火了，但是应阿达拉的请求，冰龙还是转身回来了。

接下来是一场激烈的战斗，仍然驮着阿达拉的冰龙逐渐占据了上风，将火龙与骑士冻死了，但也付出了代价，它被火龙烧得受伤严重，一只翅膀被烧掉，冰龙跌落到地下。阿达拉跑回家中，发现家里人包括父亲都受伤了，但都活下来了。至于冰龙，已经化为一个冰冷的池塘。然而，阿达拉从冰封的自我中解脱出来了，从此"像其他小女孩一样微笑，大笑，甚至大哭"；换句话说，冰龙给了阿达拉她最需要的东西——变为常人。在这两个故事中，我们都将龙视为武器，因此，它们都是人类政治力量（无论对错）的代理人。在《冰龙》中，我们有一条龙，同时，龙的力量被赋予了一个小女孩，二者结合在一起，我们可以称之为一种思想的萌芽。在这种思想中，女性的权威来自于对龙的控制；实际上，这就是15年后龙之母丹妮莉丝·坦格利安的原型。但在谈到坦格利安家族和她的龙之前，应该考虑一下龙的"故事背景"，故事发生在人们认为龙已经灭绝的那个动荡时代。

◇ 古老的维斯特洛龙

龙从何而来，又是什么导致了它们的消失（事实上，它们又重新出现了）？这个问题的答案可以在合作的插图本《冰与火的世界：权力的游戏中维斯特洛大陆的未知历史》中找到，也可以在马丁长达80页的中篇小说《公主与王后》或者《黑党与绿党》中找到。

首先来看起源问题，虽然没有权威的解释，但是瓦雷利亚人（他们是最早的龙主）相信龙是在被称为"十四火峰"的火山中孵化出来的，人们认为火生物就是这样产生的。正是这些火山的爆发，导致了瓦雷利亚、瓦雷利亚人以及龙遭到毁灭；也就是说，只有伊耿·坦格利安所保护的家人和随从以及几条龙逃到了遥远的西部——维斯特洛东岸的龙石岛。伊耿是丹妮莉丝的曾曾祖父，她大约300年后才出生。在这期间，大约有一半时间，龙主宰了西方世界的战争，直到153年，伊耿三世时（罗马征服之后）最后一条龙死掉；丹妮莉丝的父亲伊里斯·坦格利安二世出生于244年，卒于283年。

是什么让龙灭绝的？很明显，龙一旦投入使用，其价值在于它们是大规模杀伤性武器。在《公主与王后》中，这一点说得非常清楚。在阅读文本时，读者很容易把龙看成是马丁世界战争中的"主力舰"。在我们生活的20世纪，主力舰是本世纪初左右着马岛和日德兰岛战役的大型战舰，并在第二次世界大战中一直起着威胁作用。然而，令许多海军将领吃惊的是，在二战的大部分时间里，这些新的主力舰并不是战列舰，而是载机航空母舰，比如皇家方舟号、企业号和袭击了珍珠港并在中途岛被击沉的日本航空母舰。在20世纪的战争中，其他舰艇也扮演了各自的角色，如侦察、干扰、护卫和击沉商船，但在力量的对比中，主力舰最重要，因为它们决定了战役的结果。马丁的龙也是如此。

《公主与王后》的故事发生在《冰与火之歌》开始前的150年，讲述了坦格利安家族敌对分支之间的内战。这场被称为"血龙狂舞"的战争实质上是"继母之战"。公主雷妮拉是国王韦赛里斯一世和第一任妻子的女儿。现在的王后阿莉森是他的第二任妻子，偏向她的儿子（与韦赛里斯一世所生），后来的伊耿二世。那么，谁是合法的继承人？是韦赛里斯指定的年长者继承，还是由伊耿——韦赛里斯的儿子继承？法律上可以争论，但是最终解决问题还是诉诸了武力。起初，伊耿拥有"合法身份所需要的一切外在象征：铁王座、君临城、征服者伊耿一世的王冠和宝剑、御林铁卫。相比之下，雷妮拉则是一个难民，她在龙石岛避难，征服者伊耿就是从这里带领着3条龙开始了对维斯特洛的征服。

第十一章　乔治·R.R. 马丁的龙与权力问题

战争伊始，雷妮拉有 8 条龙，阿莉森和伊耿有 4 条。龙赢得了一场又一场的战斗，雷妮拉的儿子杰卡里斯骑着沃马克斯龙，在 4 条新龙的协助下摧毁了自由城的舰队。国王伊耿的弟弟特戴伦骑着赛里恩龙在"蜜酒河之战"中获得胜利。维斯特洛的领主们受到了瓦格哈尔龙的威胁，它摧毁了几个反叛或动摇的领主的城堡，包括赫伦堡。对于已经用 6 条龙占领了君临城的雷妮拉来说，面对威胁意味着她必须分出几条龙来担任"空中防卫"，其他的龙结对把国王伊耿最强大的两条龙赛里恩和瓦格哈尔找出来。

下一个决定因素是人们对龙普遍又合理的恐惧。在君临城，雷妮拉活捉了伊耿残存的巨龙（除了赛里恩，它仍然自由在外，是个威胁），被锁在龙坑里的有：海伦娜王后的"梦火"与两条没有达到战斗年龄的幼龙斯里科斯和莫古尔。乔佛里的龙泰雷克休也被关在这里，而雷妮拉的坐骑叙拉克斯则不在这里，她带在了身边。这时，对龙的受害者来说，区分"我们的"龙和"他们的"龙已经不再重要了。一个传教士煽动君临城的暴民，他告诉他们，除非他们用龙血清洗他们的罪恶，否则龙会来烧死他们。

一群普通的暴民能对付龙吗，即使是被锁住的龙？可以，但是要付出代价。当暴民闯入龙坑时，两只幼龙被斧头或长矛杀死，泰雷克休被自己的锁链缠住，所以它也可能被杀死。然而，"梦火"已经挣断了它的两条锁链。就在此时，它的骑手海伦娜在远离龙坑的城市中自杀身亡。当暴民到来时，"梦火"挣脱出来，将数百人化为灰烬，直到一支弩箭射穿了它的一只眼睛。它飞进了龙坑上方的圆顶，把圆顶砸碎，然后被压死在碎石下。与此同时，乔佛里王子不顾一切地去救他的龙泰雷克休，却犯了一个致命的错误——试图借用他母亲的龙叙拉克斯。但是龙不接受新骑手，即使是熟悉的骑手。它把乔佛里摔死，然后怒气冲冲地扑向暴民，结果也被杀了。

"血龙狂舞"中唯一幸存的龙是"银翼"，因它的骑手死了而飞往了旷野。年轻的龙偷羊贼和它的骑士都再也没有出现过；过于野蛮而无人能驾驭的食人族和一条名叫"晨光"的幼龙消失了。另外 17 条龙被杀死，大部分是被其他龙杀死的。

从这个故事中,关于龙我们可以了解到什么?一个事实是,就像安妮·麦卡芙瑞的佩恩龙一样,它们和骑手之间有某种心灵感应的联系,就像"梦火"感觉到它的骑手海伦娜的死亡一样。骑手会影响龙,但人们很可能会想,首先,龙是否也会影响骑手,尤其是坦格利安家族的人;其次,影响是否不仅仅是身体上的,还有精神上的:因为当雷妮拉生下另一个孩子时,它是一个怪物、死胎、没有心脏,并且还有一条"短粗的、有鳞的尾巴"[2]。龙也很容易受到人类的伤害,特别是箭和蝎子箭,但不是那么容易就死。龙即使是残废和被禁足,也是非常危险的。作为战争武器,它们在骑乘时效果更佳,这从赛里恩对沃米索尔的误导性攻击中可以看出来。龙是易怒的生物,不需要刺激就会去战斗,无论是对人类还是彼此之间,但它们需要有明确的目标。最后,它们对骑手极端忠诚,这与维斯特洛的大部分人类形成了鲜明的对比。

虽然,在很大程度上,龙在内战中有效地发挥了它们的作用,而且常常令人钦佩,但在这种情况下,政治权力不以任何方式受到道德因素的制约;更确切地说,在这一场生死之战中,道德考量几乎没有或根本没有位置。但在丹妮莉丝·坦格利安坎坷的命运中,事情就有些不同了。尽管她的判断可能有失误,但她有很强的是非感。因此,人们不可避免地会根据她的理想是如何被破坏的以及这在多大程度上是她的"孩子"的错,或者更确切地说是她自己追求政治权力的结果——或者两者兼而有之——来看待她的龙的行为。不管人们会得出什么结论,丹妮莉丝的龙都无法从政治框架与复杂的道德中解脱出来,正因如此,它们才成为人们关注的焦点。

◇ 丹妮莉丝·坦格利安和她的龙

到了丹妮莉丝的时代,人人都知道,龙已经灭绝了,多斯拉克人说:"龙已经消失了,这是众所周知的。"富商总督伊利里欧撮合了丹妮莉丝和卓戈·卡奥的婚姻,在婚礼上他送给丹妮莉丝3个龙蛋化石,从此新的时代开始了。伊利里欧说,龙蛋"来自阴影地带……远古时代它们就变成了石头"[3]。换句话说,人们认为它们只不过是化石,之所以珍贵是因为它们罕见又美丽。

当然,使龙蛋复活的是卓戈·卡奥的火葬柴堆,但似乎也有非物质的原因,与坦格利安的血统有关。就像丹妮莉丝的哥哥韦赛里斯每次遇到挫折时说的那样,"你不要唤醒龙之怒",意思是他自己身上的龙。这一点他和莎士比亚的李尔王说的话很像,"不要在龙和他的愤怒之间徘徊"。李尔王是一个有早期痴呆症症状的老人,而韦赛里斯是一个愚蠢的年轻人,他有宏大的幻想,却也是致命的幻想,这一点在他多次当众激怒卓戈·卡奥时暴露无遗。但是,坦格利安家族真的有龙的血统吗?

在《权力的游戏》中,有迹象表明丹妮莉丝是不怕火的。丹妮莉丝实验性地把一个龙蛋放进一个燃烧的火盆,想看看是否可以孵出龙来。[4]她的奴仆碰到了龙蛋,结果被灼伤,而她碰了却安然无恙。她结婚后,龙似乎出现来帮助她。她发现多斯拉克人的生活痛苦无比,疲惫不堪:鞍疮、水泡,还有一个粗暴和不体贴她的丈夫,她甚至想到了自杀。但是她做了一个与龙有关的梦,在梦里,她拥抱了火龙。第二天,她变得更加坚强,能够勇敢地面对欺负她的哥哥。她在火中得到了磨炼。

丹妮莉丝作为龙主人的命运始于一场悲剧。那时,她就快临产了,这个孩子被反复预言为"登上世界的骏马"。卓戈·卡奥在决斗中受伤了,决斗的原因是为了支持妻子,而妻子则是为了保护那些被多次强奸的女囚。虽然所有人都预测卓戈的死亡将至,但丹妮莉丝拒绝接受这个判断,也许是因为她觉得自己在某种程度上负有责任。为了治好他,丹妮莉丝命令一个被奴役的女巫——女祭司弥丽·马兹·笃尔用她所有的力量来拯救他,以换取她的自由。尽管弥丽告诉她"只有死亡才能换回生命",但丹妮莉丝依然坚持救他。

弥丽使用了被禁用的"血魔法",但是她失败了,因此使得卓戈处于植物人状态。雪上加霜的是，此时丹妮莉丝生下了孩子，却被告知孩子已经死亡，就像在她之前的雷妮拉的孩子一样，它的尸体是"怪胎……像蜥蜴一样有鳞，失明，有一截尾巴和像蝙蝠翅膀一样的皮革小翅膀"。更奇怪的是，"他已经死了多年了"。这个孩子是否被谋杀，以便为多斯拉克勇士接替卓戈铺平道路，或者是复仇心切的弥丽的魔法导致了他的死亡？这都不清楚，因为丹妮莉丝自己从未见过孩子的尸体。然而，鉴于接下来的事情，她似乎怀疑是后者。

丹妮莉丝闷死了昏迷不醒的丈夫，也算是安乐死吧。现在看来，她如果在流亡贵族乔拉爵士的帮助下逃离多斯拉克人，她就能卖掉龙蛋，在维斯特洛当上富豪，度过余生。但是，她没有这样做，她把现在公开表示怨恨的弥丽绑在柴堆上，把龙蛋放在卓戈的尸体旁，点燃柴堆，自己也走进了柴堆。

这是寡妇自焚、殉情，还是自我牺牲？或者她多少知道自己在做什么，有什么后果？不管它是什么，这个动作都是丹妮莉丝超自然能力的第一个明确无误的标志。当大火熄灭后，她坐在灰烬中，衣服和头发被烧掉[5]，她却安然无恙，在大火的高温中孵化出来的3条龙缠绕着她，"音乐伴随着龙的出现，夜晚充满了活力"。从这里开始，龙母成为剩下的多斯拉克人的女王。至于龙的命名，则是为了纪念已故的丈夫和两个兄弟，全身黝黑的叫卓耿，全身铜青的叫雷戈，全身乳白和金色相间的叫韦塞利昂。

有人说，从这里开始，丹妮莉丝的人性和她的龙性形成了对比；马丁引入了现代奇幻小说的寓言式主题：权力和控制。也有人说，丹妮莉丝有一颗"温柔的心"：她试图保护妇女不被多斯拉克人强奸；她看着每一个被渊凯奴隶贩子钉在十字架上的孩子的脸；无论她去哪里，她都解放奴隶；她支付赔偿金；她关闭了弥林的战斗坑；她试图引入公平审判的原则，即使是对她的敌人。她代表了自由、现代和民主，也就是说一个拥有绝对权力的君主也可以是民主的，这正是问题所在。

另一方面，她自己也有能力做出令人震惊的报复行为。她可以借助她的龙施展绝对的力量，只要她发出命令"龙焰"，龙就向她的敌人喷出龙火，摧毁对方。简而言之，丹妮莉丝受到的诱惑不仅是"龙形"，更是"龙性"。这个词原本是古希腊的一个传奇般严酷的法官"德科拉"的名字，我们都知道，"德科拉"意思也是龙，"龙性"也可以翻译为"严酷"。丹妮莉丝受到的诱惑是运用她的力量，发出"龙焰"的命令消灭所有的敌人，让敌人在龙火中灰飞烟灭。这里提出了一个现代问题（类似托尔金的《魔戒》）：绝对的权力会导致绝对的腐败，还是丹妮莉丝的仁慈会战胜她的龙怒？

在以丹妮莉丝为中心的大部分故事中，这个问题提供了张力，同样也为以龙为中心的故事提供了张力。我们先看丹妮莉丝，从卓戈的火葬堆中出来后，她面临着无尽的危机，其中许多都与奴隶城市有关。

在魁尔斯，她以为已经找到了入侵维斯特洛的经济后盾，但是她太愚蠢了，被骗了，结果与她的龙一同被锁在地牢里。当时的龙还是幼龙，但是已经能喷火了。丹妮莉丝第一次使用龙焰！她发出命令，抓她的人被烧死，然后，她把他的两个同伙，其中一个还是她的女仆，关在地窖里活活饿死。在阿斯塔波，丹妮莉丝一箭双雕，她先是假意用卓耿交换一支由无垢者组成的军队，这些被阉割的勇士只服从任何拿着"金鞭子"的人。拿到金鞭子以后，她下令让无垢者消灭以前的主人并给予他们自由，不出所料，在没有卓耿帮忙的情况下，无垢者们做到了。

在上述两个事件中，尽管丹妮莉丝的行为很残忍，但是情有可原。然而，在弥林，她要为163个被钉死的儿童报仇时，要钉死同等数量的主人，她的正义感受到了质疑，因为其中有些主人是无罪的。因此，当她试图建立自由、善政和公平审判的原则时，至少可以说，她言行不一，因为她自己就没有遵守这个原则。此外，一些奴隶不想获得自由，因为获得自由后，他们将一无所有。当她下令关闭角斗士的"战斗坑"时，她面临着我们现在称之为"叛乱"的局面：鹰身女妖之子们在夜间杀害了她的手下。[6]她试图表现出在法律面前人人平等的原则，却未经审判就处决了她自己的一个支持者，因为他谋杀了一个叛乱的鹰身女妖之子，结果适得其反，甚至被释放的奴隶也向她扔石头，因为他们认为她处决了一个自己人。

与此同时，为了人类的利益，丹妮莉丝放弃了龙——她解决问题最简单的手段。龙杀死了山羊，她支付了赔偿；卓耿杀死了一个孩子并仍然待在野外的时候，她把另外两条龙雷戈和韦塞利昂锁在了地牢里。似乎，你只能两者选一：龙或者民主。

然后，弥林的危机还是被龙火解除了，这或多或少是一种凄凉的讽刺。在她被迫重新开放的角斗场里，她遭到叛乱分子的袭击，卓耿突然出现救了她，它喷火烧死了鹰身女妖之子，驮着丹妮莉丝飞走了，她成为150年以来第一位龙骑士。尽管丹妮莉丝的出发点是好的，但很明显，没有龙的强大力量，她无法有效地治理国家。

现在，我们来看以龙为主题的故事。如果以丹妮莉丝为中心的故事就是托尔金对龙的描述，也就是权力和限制权力的问题，那么以龙为中心的故事是关于龙本身。龙本来就是一种生物，卓耿、雷戈和韦塞利昂有时就像有点危险的狗那样可爱，很明显，它们爱它们的母亲。有几个场景中，它们依偎着她，甚至当它们长得又大又吓人时，还让她抚摸着它们巨大的鳄鱼头。然而，在一个场景中，龙为一只死山羊扭打在一起，丹妮莉丝呵斥它们，它们对她发火。当然，卓耿是吃小孩的，如果放任的话，它们3个都吃小孩。

电视剧中有两个场景从龙的角度反映了事件。其中一个前文已经提及：一位父亲拿着他孩子被卓耿烧焦的骨头给丹妮莉丝看，丹妮莉丝决定把另外两条龙锁着关起来。她用铁项圈把它们锁住就离开了，雷戈和韦塞利昂在她身后哀号，这又是一个具有讽刺意味的场景，因为丹妮莉丝热衷于解放那些不知感恩的奴隶，现在却把自己的"孩子"锁起来了。

这个场景的续集在后面出现。丹妮莉丝已经骑着卓耿飞走了，留下她的顾问们不知如何是好。当有人指出雷戈和韦塞利昂在囚禁状态下无法茁壮成长时，丹妮莉丝最聪明、最值得信任的顾问提利昂·兰尼斯特说，龙总是如此，他决定释放它们。这是一件危险的事情，因为龙在与人类打交道时充满敌意和怀疑，这是可以理解的。但提利昂和侍女兼翻译弥桑黛坚持认为，龙"对朋友有感情"，也"对敌人有愤怒"。弥桑黛一直在努力喂它们。它们可能不会说话，但它们很聪明，也许能听懂别人的话，或者至少能辨别对方的态度。

接着，提利昂穿过隧道来到它们被关押的地牢。必须说，这是一个非常比尔博风格的场景，提利昂不是霍比特人，但他是"半身人"，他的绰号之一就是"半人"。在《霍比特人》中，托尔金解释道，深入隧道调查史矛革是"比尔博做过的最勇敢的事情"。但是，在比尔博面前，他听到的只是史矛革的鼾声，而提利昂听到的是清醒的龙在尖叫、咆哮以及挣脱锁链发出的刺耳声音。尽管如此，他继续前进，进入地牢，开始与龙交谈，非常温和，因为他试图接近到足以解开它们的铁环栓。他告诉它们他是多么喜欢龙。他说，小时候，他向父亲泰温要一条龙："不一定非得是一条龙……它可能很小，像我一样……我父亲告诉我最后一条龙在一个世纪前就死了。那天晚上我哭着睡着了。"龙听着，我们再一次看到一个可怕的龙头，看起来很感兴趣，乐于接受，甚至有同情心。提利昂卸下一个铁栓，另一条龙过来，意识到发生了什么，也伸出了它的脖子，这样它也可以被释放。到了这个阶段，人们认同龙，也认同提利昂。某种程度上，与丹妮莉丝和提利昂要打交道的大部分人相比，龙更有人情味，也更容易协商，那么在《权力的游戏》的背景下，通过一般意义上的龙，通过它们桀骜的"母亲"，我们如何能判断出马丁究竟要传递什么信息呢？

很明显，对托尔金来说，就像在他身后的整个北欧的古代传统一样，龙首先代表了贪婪的罪恶，正如在《霍比特人》的讨论中提到的，是"恶龙症"。这并没有从马丁的龙身上完全消失。在一个简短的场景中，丹妮莉丝拒绝了一箱黄金的贿赂，失望的谈判者命令他的奴隶上前把箱子拿走，箱子里的黄金清晰可见，于是其中一条龙立即发出嘶嘶声，扑上前去保护它。"不要介入龙和它的黄金之间"，有人可能会说，因为正如我们所知，从《贝奥武夫》到特里·普拉切特，龙都会收集并保护它们的宝藏。

但对马丁来说，恶龙的罪孽或恶龙的诱惑，不是贪婪，而是愤怒。丹妮莉丝随时都可能说"龙焰！"用武力解决她的政治问题，但这样的解决方案能长期有效吗？大参谋瓦里斯说，维斯特洛需要一个"比托曼强大，但比史坦尼斯温和的人登上七国铁王座，一个能镇住贵族并鼓舞人民的君主，一个拥有强大军队和正确姓氏的百万人民爱戴的统治者"。

但是冲动之下焚烧既不能获得爱，也不能获得温情。正如现代世界已经认识到的那样，动用武力，即使是出于好意，也很难不成为一种习惯。这是一种简单解决问题的方法，但最终会弄巧成拙，自我毁灭。西方列强拥有类似龙火的武器，包括空袭、智能炸弹、巡航导弹和核武器。尽管他们不愿意部署，但一旦部署，结果总是喜忧参半。

在《贝奥武夫》和沃尔松格家族的西古尔德的英雄世界里，典型的恶君是像守财奴一样囤积黄金或将黄金埋在地下的人，就在《贝奥武夫》的结尾处，诗人轻蔑地说，龙的金子被埋葬了，"对人类来说，它还是毫无用处"，现代政府没有囤积财富的欲望。如果我们也有贪婪的罪恶，也不是吝啬的那种——获取财富并收藏起来；而是更积极的那种，我们竭尽所能获取财富，然后进行炫耀式消费，以游艇、私人飞机或其他此类奢侈的方式。

我们现代罪恶的特征是使用权力为己服务，通常是某种意识形态：法西斯以及它们的变体和对手，这就是为什么《魔戒》中用魔戒的形式拒绝权力。马丁的故事提供了一系列政府的形象，有好有坏，在这其中，龙的角色是提示我们注意关于权力的诱惑和需求的一些信息。实际上，丹妮莉丝和她的龙是一体的，但它们完全类比和批判了西方民主——意图善良但缺陷明显。政治权力，不管其意图多么公正，总是会被权宜之计所损害。

还有一个问题，丹妮莉丝·坦格利安和她的龙的形象在多大程度上可以被看作是对女权主义理想的支持。毫无疑问，马丁的世界是一个残酷的世界，在这个世界里，失去权力的女性常常遭到骇人听闻的虐待。例如，多斯拉克人认为，轮奸他们的女性俘虏不仅是向她们表达男性的权威，而且是理所当然的；对他们来说，强奸是享受战利品。当丹妮莉丝试图干预和阻止这种野蛮行为时，其后果是她的丈夫和未出生的孩子双双死亡。然而，另一方面，无论是在内战还是丹妮莉丝跌宕起伏的命运中，这个世界都有许多女人对男人行使着巨大的权力和权威。这如何调和，或者，事实上，它需要调和吗？

《每日电讯报》记者杰西卡·索尔特在采访马丁时，提到"他的粉丝中有一半以上是女性"，马丁声称自己"本质上是一个女权主义者"。然而，他承认，正如一些女权主义者指出的，任何自称是真正女权主义者的男人都是"虚伪的"。当被问及他对女性的塑造时，他说："不管是男性还是女性，我相信他们都是灰色的。所有的角色都应该有缺陷，他们都应该有好的和坏的，因为这就是我所看到的。是的，这是幻想小说，但角色仍然需要真实。"整本书特别关注到了类似莉莉丝、拉弥亚和梅卢辛的龙女，她们显然是男性对女性权力恐惧的产物。但是，无论我们如何将马丁的女性角色视为对男性权威的挑战，都不能说她们在任何方面都是男性建构的，相反，正如索尔特所说，他们是"剧集的力量所在"，或者，正如《纽约客》的电视评论家艾米丽·努斯鲍姆所说，"（他们）让我们深入了解，那些被排除在权力之外的人是什么感受：女人、私生子或者半人"。不管马丁是否可以被看成女权主义者，显而易见他是一个平等主义者，他关注的是社会现实，而不是社会理想。正如丹妮莉丝自己在思考龙的力量时所感受的：

龙母……怪物的母亲。我向世界释放了什么？我是女王，但我的宝座是用烧过的骨头做成的，它坐落在流沙上……我有龙的血统……如果它们是怪物，我也一样。

马丁似乎想说的是，除了少数不计后果的人，当我们面对困境的时候，所有的人都会选择他们所能抓住的任何力量，而不是让人觉得软弱和脆弱。马丁的龙是这种非道德的实用主义的隐喻。

| 注释 |

[1] 尽管在情节和人物刻画上存在某些差异，但本章始终使用"马丁的龙"一词来指代书籍和电视剧改编的龙。这里显而易见的一点是，没有马丁的书，就不会有《权力的游戏》这部电视剧，更不用说他在整个电视连续剧中担任了顾问和几集的编剧了。电视剧的主要编剧是大卫·贝尼奥夫和丹·韦斯；其他编剧包括布莱恩·科格曼、戴夫·希尔、简·埃斯宾森和凡妮莎·泰勒。

[2] 在这一点上，她像丹妮莉丝，见下文。坦格利安家的孩子们随身携带龙蛋，大概是为了在孵化前培养感情。如上所述，也许这是双向的。应该与龙和龙蛋保持一定的距离，然而，丹妮莉丝在怀孕期间没有观察这个预防措施。

[3] 电视剧台词是"岁月把它们变成了石头"，这只能说明书和电视剧的版本并不总是保持一致；事实上，它们在比这更重要的问题上分歧越来越大。

[4] 在此之前，丹妮莉丝也曾踏进过一个浴缸，根据侍女警告的呼叫声，水应该很烫，但丹妮莉丝却感觉不到热度。

[5] 电视剧中，她的头发没有受到火烧的痕迹，大概是为了给丹妮莉丝打造一个更迷人的形象。

[6] 鹰身女妖之子弥林的主要偶像也是一个四肢发达的女性形象，她有两条腿和两个翅膀。

结论

龙和恐惧

龙文身插图

    龙是一个虚拟的存在，它在现实中不存在，也没有存在过，这难道不是显而易见的吗？那么，果真如此吗？心理学家通过观察梦境和幻想得知，想象和现实之间只有一步之遥；有时，它们之间距离如此之近，以至于你分不清彼此，而龙就生存在这个边缘的空间里。至于为什么会这样，对这个问题的回答会牵涉到哲学和形而上学的思考，这个问题自从人类有意识以来一直困扰着人类。为了理解，至少在某种程度上理解，为什么在我们最深的恐惧中龙有一席之地，我们需要首先看一下人类思维的运作方式。

    正如我们在神话、传说以及最近的世界范围内的奇幻小说中所看到的那样，龙可以被解释为大自然各种各样的强大力量，对社会造成的毁灭性后果是贪婪、过度暴力，直到最终的死亡。在我们所有的生存恐惧中，混乱是一切社会不稳定的根源，也是人类最担心出现的状况。因为此时人类的力量处于最低谷，为了避免混乱带来的最终后果，也就是大灭绝，尽可能多地设计出延长生命的手段，是我们生存战略中唯一紧迫的事情，然而，从死亡的本质来看，这永远不够。

正如本书引言中提到的那样，从人类学的角度来看，这是自然与文化的对立。如上所述，我们努力建立文化防御机制来限制大自然无法控制的影响，但是这种努力受到了严重的削弱，因为我们本身就包含了文化和自然两种成分。简而言之，尽管我们尽了最大努力来控制自然，死亡仍然不可避免。此外，当个人生存高于集体生存时，要强行构建秩序无异于自寻死路。基于这一观点，龙可以被视为自然的化身，它决定了所有存在的不稳定性，包括我们人类。然而，我们可以换个方式来看，依照心理分析的观点，龙提供了一种有用的语言让我们分析人类复杂的思维。

◇ 作为本我的龙

弗洛伊德将人类行为解释为受本我和超我两种对立力量的支配。本我本质上是非常反社会的，完全由个人的冲动所控制，或者更准确地说，是由个人自我满足的本能所控制，而不考虑这可能对他人产生的影响。弗洛伊德将这些视为基本驱动力，他认为其中包括"食人、乱伦和杀戮欲望"。简单来说，本我驱动力与集体生存所需的一切截然对立。

相比之下，超我不是天生的本能，而是来自后天习得。在父母和其他社会权威的教导下，超我的最佳状态就是获取良知。良知是一种道德规范框架，通过良知，个人服从于更高的集体利益。然而，在任何情况下，超我的指令都不是自愿的，正如弗洛伊德所说："只有在外部的强制力量下……大多数人遵守文化禁忌。"考虑到这些外部的强制力量通常以法律或宗教、道德等绝对力量的形式出现，当人类出于需要按照超我的指令行事时，他们往往更多的是出于恐惧，而不是无私。另外，没有人会反对遏制嗜血和乱伦带来的可怕后果，但是这并不能阻止侵略、性欲、谎言、欺诈和诽谤，"只要他们未得到惩罚"。

然而，完全被其中一种力量支配的人几乎不存在，完全被本我控制，那是精神病患者；完全达到超我状态，那是圣人或类似的有无私理想之人。对我们绝大多数人来说，我们的心理处于一种不断变化的状态，游离在无意识的本我冲动和有意识的认知之间，即我们意识到自我生存的最佳方式是由超我的要求来保证的。事实上，超我的要求总是以这样或那样的法律条文出现，这本身就证明了本我的力量无比强大。自我是大脑中让人伤神的调节状态，它是本我和超我之间永久协商的结果。因此，我们以为有意识的自我部分其实非常不稳定，它同时受到本我黑暗的个人主义和超我开明的集体主义控制。如果超我的集体主义真的存在，也不适用于所有的物种，因为冲突斗争一直存在，而且将永远存在。

由于本我和超我之间无休止的斗争，某些原始的欲望和恐惧一直处于我们意识的边界。这些欲望和恐惧都是我们自身本我驱动的结果，而我们很肯定的是别人也被同样的本我驱动。这种所谓对与错之间的冲突在我们的神话中的表述就是我们试图用夸张的手法来诠释生命中善与恶的力量。在神话中，为集体利益保驾护航的力量常常遭到各种力量的阻碍，我们用龙这样的表述包罗万象地代表了所有毁灭性的力量。

另外，无论是安抚龙或者与龙对抗抑或是制服了龙，这都无关紧要。例如"皇权化"的中国龙和日本龙，都是不受人类权威束缚的龙，主要关心的是它们自己。实际上，龙是本我，是混乱的化身，除非它有其他的权宜之计，否则它不承认除了它自己利益之外的任何其他利益。这个论证的逻辑是，如果龙是本我混乱，那么英勇的屠龙者以及某种程度上受人尊敬的龙帝就是超我秩序。如前所述，与龙的相遇发生在身份认同的起点处，要从我们传统的时空维度之外去理解，对此，可以简单解释为：龙的力量既存在于令人担忧的心灵深处，也存在于我们面对自然最终无法控制的力量时产生的无助感之中。

◇ 龙与父权制

关于龙，还有另外一个思考，人们认识到集体的生存所需要的各种可能的安全因素，传统上是由父权领导的。正如本书通篇所谈到的，对这种安全构成威胁的是龙女，这是男性创造的形象，旨在警告人们要认识到女性滥交的危险。龙女以各种形式出现，如不愿循规蹈矩的莉莉丝、"反母性"的拉弥亚和具有欺骗性的梅卢辛等，同样的道理也适用于被暴露在贪得无厌的龙面前的处女。在这些故事中，屠龙英雄赢得了女孩的芳心，一般事先与其父亲达成协议，屠龙后她将嫁给英雄。这些神话中的女性没有任何自主权；相反，她只是被从一个男性权威转移到另一个。正如在这类故事中所争论的那样，在这些故事中，龙是不受欢迎的求婚者，它的蛇形外表很明显象征其不受控制的生殖器力量。巨龙喜欢年轻的处女，这完全可以解读为性侵犯者的象征，从而威胁到社会秩序和基因库的稳定。

尽管奇幻小说中的现代龙女在许多方面推翻并否定了厌女症和恐女症，尽管女权主义者试图"改造"像莉莉丝这样的人，在正确认识到古老的龙女神话的本质——男性的恐惧——之前，挑战性别偏见依然任重而道远。在这种情况下，本我就是自大狂和偏执狂的结合，正如许多龙学专家所说，龙永远不可能消失，这一点千真万确，但仍有办法将它从性别分裂的色彩中解放出来。

最后，博尔赫斯在本书一开始所说，龙的意义对我们来说就像宇宙的意义一样模糊，这句话对吗？当然，分析龙在不同时期对不同文化的意义是完全可能的，但那完全是另外一个话题了。例如，我们可以自信地将早期日耳曼龙解释为所有威胁部落安全事物的缩影：贪婪、世仇以及一切与社会纽带相抵触的事物；同样，我们可以很容易地将中国神话中被皇权化的所谓仁慈的龙视为绝对政治权力的表达，正如我们可以把凯尔特人的龙视为对人类寻求更高权力的限制，但这并不意味着我们已经以某种确定的方式理解了龙的含义。

本书试图分析各种不同的、明确的基本文化价值以及以龙的形态对它们投射的威胁，这很可能是值得商榷的，但是，不管人们怎么想，我们永远都无法洞察龙现象的精确含义。要做到这一点，不仅需要理解我们自己，还需要理解生命的意义。

虽然各种宗教都试图用龙为我们解开人类最大的谜团——死亡，但很难说已经达成了某种共识。归根结底，龙是一个谜，在这个谜中，我们将永远无法理解它强大力量的终极意义。因此，当代小说家和编剧们能够将龙改编成他们想要传达的任何信息就不足为奇了。最后，要确定龙的意义，我们能得到的最接近的解释是，龙只不过是我们对未知事物的恐惧，所以我们唯一可能的反应要么是对抗，要么是以这样或那样的方式适应。或者，把龙放在一个严峻的环境里，屠龙（英雄）、利用龙的力量（中国皇帝、龙骑士、育龙）或者以一种会造成后悔的方式安抚龙，无论哪种方式，这都是生死攸关的问题。

致谢

我首先要感谢汤姆·希佩教授（圣路易斯大学终身教授）、凯瑟琳·考金教授（埃克塞特大学）和托马斯·霍纳格教授（耶拿市弗里德里希·席勒大学）给我提供的宝贵建议。同时，我也要感谢以下人士给我的帮助：菲利普·卡德教授（利兹贝克特大学）、马萨诸塞州的蒂姆·斯皮兰、吉特·劳伦斯、斯科特·康奈尔、宫入智子（赫尔大学）、马萨诸塞州的彼得·诺顿和菲奥娜·诺顿，还有欧内斯特和塞巴斯蒂安·布兰奇利。同时，我也非常感谢本·海斯（瑞科图书公司组稿编辑）的鼓励以及玛莎·杰（瑞科图书公司管理编辑）的帮助和耐心。最后，我非常感谢我的妻子玛丽亚陪我一起寻龙，并容忍我对有关龙的发现给予持续性评论。

任何事实或判断错误都完全由我自己负责。

参考文献

原始材料

1. Anderson, J. J.,ed., *Sir Gawain and the Green Knight, Pearl, Cleanness, Patience*（《高文爵士和绿衣骑士：珍珠、纯洁和耐心》），London, 1996.

2. Ashliman, D. L., 'Folklore and Mythology: Electronic Texts'（《民俗与神话：电子文本》）, www.pitt.edu/~dash/folktexts.html, accessed 3 June 2017.

3. d'Aulnoy, Marie Catherine, *Serpentin Vert/ The Green Serpent* (1698)（《绿蛇》，1698年）, at www.surlalunefairytales.com/authors/daulnoy.html, accessed 3 June 2017.

4. Bede, *A History of the English Churcd and People*（《英国教会和人民的历史》）,trans. Leo Sherley-Price,revd R. E.Latham, Harmondsworth, 1968.

5. Bhikkhu, Anandajoti,trans. , *The Mahavagga*（《大品》）,at 'The Great Chapter'（《伟大的篇章》）,www.ancient-buddhist-texts.net, accessed 3 June 2017.

6. Binchy, D. A., trans., 'The Saga of Fergus mac Léti'（《弗格斯·麦克莱蒂传奇》）, Ériu,XVI(1952),pp.33-48.

7. Blake, N. F., trans. , *The Saga of the Jomsvikings*（《乔姆斯维

京人的传奇》），London, 1962, at http://vsnr-web-publications.org.uk, accessed 3 June 2017.

8. Byock, Jesse L., trans., *The Saga of the Volsungs: The Norse Epic of Sigurd the Dragon Slayer*（《沃尔松格萨迦：屠龙者西古尔德的挪威史诗》），Harmondsworth, 2000.

9. Campbell, J. F., trans. and intro. *George Henderson, The Celtic Dragon Myth with the Geste of Fraoch*(1911)（《凯尔特龙神话与弗拉赫的行为》，1911年），Sioux Falls, SD, 2009, pp.49-54.

10. Cardew, Philip Westbury, *A Translation of 'Porskfirðinga (Gull-Póris) saga'*（《黄金萨迦》），Lampeter, 2000.

11. Carroll, Lewis, *Alice Through the Looking-glass, and What She Found There*（《爱丽丝镜中世界奇遇记》），London and Boston, MA, 2009.

12. Chamberlain, Basil Hall, trans., *The Kojiki* (1919)（《古事记》，1919年），at www.sacred-texts.com, accessed 3 June 2017.

13. Cowell, Cressida, *How to Train Your Dragon*（《如何训练你的龙》），London, 2003.

14. Davidson, Avram, *Rogue Dragon*（《恶龙》），New York, 1965.

15. Davidson, Hilda Ellis, ed., and Peter Fisher, trans., *Saxo Grammaticus: The History of the Danes*（《萨克索·格拉玛提库斯：丹麦史》），Books I-IX, Cambridge, 1998.

16. Dickson, Gordon R., *The Dragon and the George*（《龙与乔治》），New York, 1976.

17. Donaldson, Julia, *Zog*（《佐格》），London, 2010.

18. Ende, Michael, *The Neverending Story* (1979)（《永远讲不完的故事》，1979年），trans. Ralph Manheim, New York, 1983.

19. Finch, R. G., ed. and trans., *The Saga of the Volsungs*（《沃尔松格

萨迦》), Edinburgh, 1965.

20. Flood, Alison, 'George R. R. Martin Revolutionised How People Think about Fantasy'(《乔治·R.R.马丁彻底改变了人们对奇幻小说的看法》), *The Guardian*（《卫报》）, 10 April 2015, www.theguardian.com.

21. French, Walter Hoyt, and Charles Brockway Hale, eds, *The Middle English Metrical Romances*, 2 vols (1930)（《中世纪英语韵律传奇》，2卷本，1930年）, New York, 1964.

22. Ganguli, Kisara Mohan, trans., *The Mahabharata* (1883-1896)（《摩诃婆罗多》，1883—1896年）, at www.sacred-texts.com, accessed 3 June 2017.

23. Gevers, Nick, 'The Literary Alchemist: An Interview with Michael Swanwick' (1999)（《文学炼金术士：迈克尔·斯旺维克访谈》，1999年）, at www.infinityplus.co.uk/nonfiction/features.htm, accessed 3 June 2017》.

24. Gordon, R. K., trans., *Anglo-Saxon Poetry*(《盎格鲁-撒克逊诗歌》), London, 1967.

25. Gottfried von Strassburg, *Tristan*（《特里斯坦》）, trans. A. T. Hatto, Harmondsworth, 1960.

26. Grahame, Kenneth, *The Reluctant Dragon* (1898)(《情非得已的龙》，1898年）, London, 2008.

27. Griffith, Ralph T. H., trans., *Rig-Veda* (1896)（《梨俱吠陀》，1896年）, at www.sacred-texts.com, accessed 3 June 2017.

28. Hamer, Richard, trans., *A Choice of Anglo-Saxon Verse*(《盎格鲁-撒克逊诗选》), London and Boston, MA, 1970.

29. Hamilton, A. C., ed., *Spenser: The Faerie Queene*（《斯宾塞：仙后》）, London and New York, 1977.

30. Hard, Robin, trans., *Apollodorus: The Library of Greek Mythology*（《阿波罗多罗斯：希腊神话图书馆》）, Oxford and New York, 2008.

31. Harris, Thomas, *Red Dragon*（《红龙》）, New York, 1981.

32. Hatto, A. T., trans., *The Nibelungenlied*（《尼伯龙根之歌》）, Harmondsworth, 1969.

33. Haymes, Edward R., trans., *The Saga of Thidrek of Bern*（《提德瑞克萨迦》）, New York, 1988.

34. Herzman, Ronald B., Graham Drake and Eve Salisbury, eds, *Four Romances of England*（《英格兰四大传奇》）, Kalamazoo, MI, 1999.

35. Hesiod, *'Theogony' and 'Works and Days'*（《神谱》和《工作与时日》）, trans. M. L. West, Oxford and New York, 2008.

36. Homer, *The Iliad*（《伊利亚特》）, trans. Martin Hammond, London and New York, 1987.

37. Homer, *The Odyssey*（《奥德赛》）, trans. Martin Hammond, London, 2013.

38. Hudson, Harriet, *Four Middle English Romances*（《四部中世纪英国传奇》）, Kalamazoo, MI, 1996, at http://d.lib.rochester.edu/teams, accessed 3 June 2017.

39. Hull, Eleanor, trans., *The Cuchullin Saga in Irish Literature*（《爱尔兰文学中的库丘林传奇》, London, 1898.

40. Jacobus de Voragine, *The Golden Legend: Readings on the Saints*（《金色传奇：圣徒解读》）, trans. William Granger Ryan, 2 vols, Princeton, NJ, 1993.

41. James, M. R., trans., 'The Gospel of Bartholomew' (1924)（《巴塞洛缪福音》，1924年）, at http://www.gnosis.org/library.html, accessed 3 June 2017.

42. Jones, Gwyn, and Thomas Jones, *The Mabinogion*(《马比诺吉昂》), London, 1949.

43. Jónsson, Finnur, *Sǒmundar- Edda: Eddukvæði*(《埃达范例: 教育》), Reykjavík, 1926.

44. Jónsson, Guðni, and Bjarni Vilhjálmsson, *Fornaldarsögur Norðurlanda, Krákumál*（《北方历史，鳄鱼》）, at www.heimskringla.no, accessed 3 June 2017.

45. Keats, John, *Keats's Poetry and Prose*（《济慈的诗歌和散文》）, ed. Jeffrey N. Cox, New York and London, 2009.

46. Larrington, Carolyne, trans., *The Poetic Edda*（《诗体埃达》）, Oxford, 1996.

47. Larsson, Stieg, *The Girl Who Kicked the Hornet's Nest*（《直捣蜂窝的女孩》）, trans. Steven T. Murray, Stockholm, 2007.

48. Larsson, Stieg, *The Girl Who Played with Fire*（《玩火的女孩》）, trans. Steven T. Murray, Stockholm, 2006.

49. Larsson, Stieg, *The Girl with the Dragon Tattoo*（《龙纹身的女孩》）, trans. Steven T. Murray, Stockholm, 2005.

50. Le Guin, Ursula K., *The Beginning Place* (aka *Threshold*)（《起点》，又名《门槛》）, New York, 1980.

51. Le Guin, Ursula K., *Earthsea* (containing *A Wizard of Earthsea*, *The Tombs of Atuan* and *The Farthest Shore*)（"地海"系列，包括《地海巫师》《地海古墓》《地海彼岸》）, London, 1977.

52. Leahy, A. H., ed. and trans., 'Tain Bo Fraich'（《丹博·弗莱奇》）, in *Heroic Romances of Ireland*, vol. II（《爱尔兰英雄传奇》，第 2 卷）, London, 1906, at www.sacred-texts.com, accessed 3 June 2017.

53. Lewis, C. S., *The Lion, The Witch and the Wardrobe* (1950)(《狮子、

女巫与衣橱》，1950 年），London, 2009.

54. Lewis, C. S., *The Pilgrim's Regress: An Allegorical Apology for Christianity, Reason, and Romanticism*（《朝圣者的回归：对基督教、理性和浪漫主义的寓言式道歉》），London, 1933, at www.fadedpage.com, accessed 3 June 2017.

55. Lewis, C. S., *The Voyage of the Dawn Treader* (1952)（《黎明踏浪号》，1952 年），London, 1970.

56. McCaffrey, Anne, *Dragonflight*（《龙飞》），New York, 1968.

57. MacDonald, George, *Lilith*（《莉莉丝》），London, 1895.

58. MacNeill, Eoin, trans., *Duanaire Finn: The Book of the Lays of Fionn*, Part I（《杜安艾尔·芬恩：芬恩故事集》，第一部分），London, 1908.

59. Maddox, Donald, and Sara Sturm-Maddox, trans. and eds, *Melusine; or, The Noble History of Lusignan*（《梅卢辛》或者《卢西尼昂的高贵历史》），University Park, PA, 2012.

60. Mandeville, John, *The Travels of Sir John Mandeville*（《约翰·曼德维尔爵士游记》），London, 1900, at www.gutenberg.org, accessed 3 June 2017.

61. Martin, George R. R., *A Dance with Dragons*（《与龙共舞》），London, 2012.

62. Martin, George R. R., *A Game of Thrones*（《权利的游戏》），New York, 1996.

63. Martin, George R. R., *The Ice Dragon* (1980)（《冰龙》，1980 年），New York, 2014.

64. Martin, George R. R., and Gardner Dozois, eds, *Dangerous Women*（《危险的女人》），New York, 2013.

283

65. Martin, George R. R., Elio M. García Jr and Linda Antonsson, *The World of Ice and Fire: The Untold History of Westeros and the Game of Thrones*（《冰与火的世界：权力的游戏中维斯特洛大陆的未知历史》），London, 2014.

66. Martin, Mary Lou, *The Fables of Marie de France*（《法兰西的玛丽的寓言》），Birmingham, AL, 1984, pp.146-149.

67. Mayne, William, *A Game of Dark*（《黑暗游戏》），Boston, MA, 1971.

68. Mitchell, Stephen, trans., *Gilgamesh: A New English Version*（《吉尔伽美什：一个新的英文版本》），London, 2004.

69. *The Nihongi*（《日本书纪》），at www.hudsoncress.net/html/library.html, accessed 3 June 2017.

70. Norton, David, ed., *The Bible: King James Version with the Apocrypha*（《圣经：钦定本与伪经》），London and New York, 2006.

71. O'Grady, Standish Hayes, trans., *The Colloquy with the Ancients*（《与古人一席谈》），Whitefish, MT, n.d.

72. Ovid, *The Metamorphoses of Ovid*（《变形记》），trans. Mary M. Innes, Harmondsworth, 1955.

73. Ozaki, Yei Theodora, *Japanese Fairy Tales*（《日本童话》），New York, 1908, at www.surlalunefairytales.com/ebooksindex.html, accessed 3 June 2017.

74. Pálsson, Hermann, and Paul Edwards, trans., *Seven Viking Romances*（《七部维京传奇》），London, 1985.

75. Pálsson, Hermann, and Paul Edwards, trans., *Vikings in Russia: 'Yngvar's Saga' and 'Eymund's Saga'*（《维京人在俄罗斯：〈英瓦尔萨迦〉和〈埃蒙德萨迦〉》），Edinburgh, 1989.

76. Paolini, Christopher, *Eragon*（《伊拉龙》）, New York, 2003.

77. Peet, Mal, *The Murdstone Trilogy* (2014)（《默德斯通》三部曲，2014 年）, Oxford, 2015.

78. Percy, Thomas, *Reliques of Ancient English Poetry* (1765)（《古代诗歌拾遗》，1765 年）, at www.exclassics.com, accessed 3 June 2017.

79. Plato, *The Republic*（《理想国》）, at www.idph.net/conteudos/ebooks, accessed 3 June 2017.

80. Pratchett, Terry, *The Colour of Magic*（《魔法的颜色》）, Buckinghamshire, UK, 1983.

81. Pratchett, Terry, *Dragons at Crumbling Castle, and Other Stories*（《摇摇欲坠的城堡中的龙》）, London, 2014.

82. Pratchett, Terry, *Guards! Guards!*（《卫兵！卫兵！》）, London, 1989.

83. Rossetti, Dante Gabriel, 'Body's Beauty'（《身体之美》）, at www.poeticious.com; 'Eden Bower'（《伊甸园的树荫》）, at www.poemhunter.com; both accessed 1 August 2016.

84. Rowling, J. K., *Fantastic Beasts and Where to Find Them*（《神奇动物找寻指南》）, London, 2001.

85. Rowling, J. K., *Harry Potter and the Deathly Hallows*（《哈利·波特与死亡圣器》）, London, 2007.

86. Rowling, J. K., *Harry Potter and the Goblet of Fire*（《哈利·波特与火焰杯》）, London, 2000.

87. Rowling, J. K., *Harry Potter and the Philosopher's Stone*（《哈利·波特与魔法石》）, London, 1997.

88. Salter, Jessica, 'Game of Thrones's George R. R. Martin: "I'm a Feminist at Heart"（《<权力的游戏>作者乔治·R·R·马丁："我本

质上是一个女权主义者"》），*The Telegraph*（载于《每日电讯报》），1 April 2013, www.telegraph.co.uk.

89. Shippey, Tom, ed., *The Oxford Book of Science Fiction Stories*(《牛津科幻小说集》), Oxford and New York, 1993.

90. Snorri Sturluson, *Edda*（《埃达》）, trans. Anthony Faulkes, London, 1995.

91. Stokes, Whitley, trans., 'The Siege of Howth'（《围攻豪斯》）, *Revue Celtique*（载于《凯尔特人评论》）, vIII, Paris, 1887, PP. 47-64.

92. Swanton, Michael, ed. and trans., *The Anglo-Saxon Chronicles*(《盎格鲁-撒克逊编年史》), London, 2000.

93. Swanton, Michael, ed. and trans., *Beowulf*（《贝奥武夫》）, Manchester, UK, 1978.

94. Swanwick, Michael, *The Dragons of Babel*（《巴别塔的龙》）, New York, 2008.

95. Swanwick, Michael, *The Iron Dragon's Daughter*（《铁龙女儿》）, London, 1993.

96. Thorpe, Lewis, trans., *Geoffrey of Monmouth: The History of the Kings of Britain*（《不列颠诸王史》）, Harmondsworth, 1966.

97. Tolkien, J. R. R., 'The Dragon's Visit'（《龙的来访》）, *The Oxford Magazine*（载于《牛津杂志》）, LVII, 1937, available at www.twilightswarden.wordpress.com, 13 November 2010.

98. Tolkien, J. R. R., *The Hobbit, or There and Back Again*(《霍比特人》), London, 1995.

99. Tolkien, J. R. R., *The Legend of Sigurd and Gudrún*（《西古尔德和古德伦的传说》）, Boston, MA, 2009.

100. Tolkien, J. R. R., *The Lord of the Rings*（《魔戒》）, Boston, MA,

and New York, 2004.

101. Tolkien, J. R. R., *The Silmarillion*（《精灵宝钻》）, ed. Christopher Tolkien , London, 2008.

102. Tolkien, J. R. R., *Tales from the Perilous Realm*（《危险王国故事集》）, London, 2008.

103. Turnbull, William B. D. D., ed., *The Romances of Sir Guy of Warwick, and Rembrun his Son*（《沃里克的盖伊和他的儿子伦勃朗的传奇故事》）, Edinburgh, 1840.

104. Ueda Akinari, *Ugetsu Monogatari,* or *Tales of Moonlight and Rain*（《雨月物语》或者《月光与雨的故事》）, trans. and ed. Leon M. Zolbrod (London, 1972; first published in woodblock in 1776.

105. Vance, Jack, *The Dragon Masters*（《驯龙大师》）, New York, 1962.

106. Waggoner, Ben, trans., *The Sagas of Ragnar Lodbrok*(《拉格纳·罗德布鲁克萨迦》）, New Haven, CT, 2009.

107. White, T. H., trans., *The Book of Beasts: Being a Bestiary from a Latin Translation of the Twelfth Century* (1954)（《野兽之书：十二世纪拉丁译本的动物寓言集》，1954年）, Mineola, NY, 2009.

音乐

1. Peter, Paul and Mary, 'Puff the Magic Dragon'（《噗夫，这一条妖龙》）, lyrics by Leonard Lipton, music by Peter Yarrow , 1963.

电影和电视剧

1. Benioff, David, and D. B. Weiss, et al., scriptwriters, *Game of Thrones*（《权利的游戏》）, Time Warner, HBO: 2011—.

2. Bowman, Bob, dir., *The Reign of Fire*（《火龙帝国》）, 2002.

3. Honda, Ishirō, dir., *Godzilla*（《哥斯拉》）, 1954.

4. Hoyt, Harry O., dir., *The Lost World*（《失落的世界》）, 1925.

5. Jackson, Peter, dir., *The Hobbit* trilogy（《霍比特人》三部曲）, 2012—2014.

6. Jackson, Peter, dir., *The Lord of the Rings* trilogy（《指环王》三部曲）, 2001—2003.

7. Lang, Fritz, dir., *Die Nibelungen: Siegfried*（《尼伯龙根之死：西格弗里德》）, 1924.

8. Reeve, Tom, dir., *George and the Dragon*（《乔治和龙》）, 2004.

9. Roth, Philip J., dir., *Dragon Fighter*（《魔龙大浩劫》）, 2003.

10. Spielberg, Steven, dir., (1993 and 1997); Joe Johnston, dir., (2001), *Jurassic Park* trilogy（《侏罗纪公园》三部曲）.

11. Zemeckis, Robert, dir., *Beowulf*（《贝奥武夫》）, 2007.

桌游

1. *Dungeons & Dragons*（《龙与地下城》）, first published by Tactical Studies Rules, 1974.

2. *The Elder Scrolls V : Skyrim*（《上古卷轴5：天际》）, Bethesda Softworks, 2011.

二手资料

1. Acker, Paul, 'Dragons in the Eddas and in Early Nordic Art'（《埃达和早期北欧艺术中的龙》）, in *Revisiting the Poetic Edda: Essays on Old Norse Heroic Legend*（载于《重温诗体埃达：古斯堪的纳维亚英雄传奇论文集》）, ed. Paul Acker and Carolyne Larrington , London and New York, 2013, pp. 53–75.

2. Allen, J. Romilly, 'Lecture VI: The Medieval Bestiaries'（《第六讲：中世纪的动物寓言》）, in *Early Christian Symbolism in Great Britain and Ireland before the Thirteenth Century*（载于《13 世纪前大不列颠和爱尔兰早期基督教象征》）, London, 1887 , at www.bestiary.ca, accessed 3 June 2017.

3. Anderson, Douglas, *The Annotated Hobbit*（《霍比特人注释》）, London, 1988.

4. Arnold, Martin, 'On the Origins of the Gothic Novel: From Old Norse to Otranto'（《论哥特式小说的起源：从古斯堪的纳维亚到奥特兰托》）, in *Bram Stoker and the Gothic: Formations and Transformations*（载于《布拉姆·斯托克与哥特式：形成与转变》）, ed. Catherine Wynne , Basingstoke, 2016, pp.14–29.

5. Arnold, Martin, *Tbor: Myth to Marvel*（《雷神索尔：令人惊叹的神话》）, London, 2011.

6. Arnold, Martin, *The Vikings: Culture and Conquest*（《维京人：文化与征战》）, London, 2006.

7. Asma, Stephen T., *On Monsters: An Unnatural History of Our Worst Fears*（《怪兽：人类最恐惧的非自然历史》）, Oxford and New York, 2009.

8. Ballaster, Ros, *Fabulous Orients: Fictions of the East in England,1662—1785*(《神奇的东方：英格兰的东方小说，1662—1785 年》), Oxford and New York, 2005.

9. Barber, Richard, and Ann Riches, *A Dictionary of Fabulous Beasts*（《神奇野兽词典》）, London, 1971.

10. Bates, Roy, *Chinese Dragons*（《中国龙》）, Oxford and New York, 2002.

11. Björnsson, Árni, *Wagner and the Volsungs: Icelandic Sources of 'Der Ring des Nibelungen'*（《瓦格纳与沃尔松格：尼伯龙根的指环的冰岛来源》）, London, 2003.

12. Bland, Lucy, *Banishing the Beast: English Feminism and Sexual Morality, 1885—1914*（《放逐野兽：英国女权主义和性道德，1885—1914 年》）, Harmondsworth, 1995.

13. Blanpied, Pamela Wharton, *Dragons: The Modern Infestation*(《龙：现代的侵扰》), Woodbridge, Sufolk, 1980.

14. Boberg, Inger M., *Motif Index of Early Icelandic Literature*（《早期冰岛文学的母题索引》）, Copenhagen, 1966.

15. Borges, Jorge Luis, and Margarita Guerrero, *The Book of Imaginary Beings (Manual de zoologia fantástica, 1957)*（《想象的存在》，见《动物园学手册，1957 年》）, trans. Norman Thomas di Giovanni, Harmondsworth, 1974.

16. Bovey, Alixe, *Monsters and the Grotesques in Medieval Manuscripts*（《中世纪手稿中的怪兽与怪诞》）, London, 2002.

17. Brookes-Davies, Douglas, *Spenser's 'Faerie Quene': A Critical Commentary on Books I and II*（《对斯宾塞的＜仙后＞第一卷和第二卷的评论》）, Manchester, 1977.

18. Budge, E.A.W., trans., 'The Passion of St George (BHO 310)' (1888)（《圣乔治的激情》，1888 年）, at www.ucc.ie/archive/milmart/George.html, accessed 3 June 2017.

19. Carpenter, Humphrey, *J.R.R. Tolkien:A Biography* (1977)（《J.R.R. 托尔金传记》，1977 年）, London, 2002.

20. Carr, Michael, 'Chinese Dragon Names'（《中国龙的名字》）, *Linguistics of the Tibeto-Burman Area*（载于《藏缅地区语言学》）, XIII/2, 1990, pp. 87–189.

21. Chance, Jane, 'Grendel's Mother as Epic Anti-type of the Virgin and Queen (1986)'（《格伦戴尔的母亲作为史诗反类型的处女和女王，1986 年》）, in *Interpretations of Beowulf: A Critical Anthology*（载于《<贝奥武夫>解读：一部批判选集》）, ed. R.D. Fulk, Bloomington, IN, 1991, pp. 251–263.

22. Coghlan, Ronan, *The Encyclopaedia of Arthurian Legends*（《亚瑟王传奇百科全书》）, Shaftesbury, Dorset, 1991.

23. Colbert, Benjamin, ed., *The Travels of Marco Polo*（《马可·波罗游记》）, trans, William Marsdon, Ware, Hertfordshire, 1997.

24. Dacres Devlin, J., *The Mordiford Dragon and Other Subjects*（《莫迪福德龙和其他主题》）, London, 1848.

25. DeKirk, Ash, *Dragonlore: From the Archives of the Grey School of Wizardry*（《格雷魔法学校档案》）, Wayne, NJ, 2006.

26. Delogu, Daisy, 'Jean d'Arras Makes History: Political Legitimacy and the Roman de Mélusine'（《让·达拉斯创造历史：政治合法性和梅卢辛的故事》）, *Dalhousie French Studies*（载于《达尔豪斯法国研究》）, LXXX, 2007, pp. 15–28.

27. Dennison, Walter Traill, 'Orkney Folklore: Sea Myths 3'（《奥克

尼民间传说：海上神话3》), *Scottish Antiquary*（载于《苏格兰古物研究》), v, 1891.

28. Drout, Michael D. C., *Beowulf and the Critics by J. R. R. Tolkien*（《J. R.R. 托尔金的贝奥武夫和批评家》), Tempe, AZ, 2002.

29. Dumézil, Georges, *The Destiny of the Warrior*（《勇士的命运》) (*Heur et malheur du guerrier: Aspects mythiques de la fonction guerrière chez les Indo-Européens,* 1969)（载于《勇士的命运：印欧语系中战争功能的神话》, 1969 年), trans. Alf Hiltebeitel, Chicago, IL, 1973.

30. Dumézil, Georges, *Gods of the Ancient Norsemen*（《北欧诸神》), *Les Dieux des Germains,* 1939（《日耳曼之神》, 1939 年), ed. Einar Haugen, trans. Francis Charat, Berkeley, CA, 1973.

31. Dunn, James D. G., 'The Danilic Son of Man in the New Testament'（《<新约全书>中的丹尼人之子》), in *The Book of Daniel: Composition and Reception*（载于《但以理书：写作和接受》), ed. J. J. Collins, P. W. Flint and C. VanEpps, Leiden, 2002, pp. 528-549.

32. Ellis, Hilda R., 'The Hoard of the Nibelungs'（《尼伯龙的宝藏》), *Modern Language Review*（载于《现代语言评论》), xxxvII, 1942, pp. 466-479.

33. Epstein, Marc Michael, 'Harnessing the Dragon: A Mythos Transformed in Medieval Jewish Literature'（《驾驭龙：中世纪犹太文学中改写的神话》), in *Myth and Method*（载于《神话与方法》), ed. Laurie L. Patton and Wendy Doniger, Charlottesville, VA, 1996, pp. 352-389.

34. Evans, Jonathan, ' "As Rare as They are Dire": Old Norse Dragons, Beowulf and the Deutsche Mythologie'（《可怕的罕见：古老的北欧龙、贝奥武夫和德意志神话》), in *The Shadow Walkers: Jacob Grimm's Mythology of the Monstrous*（载于《影子行者：雅各布·格林的

怪物神话》), ed. Tom Shippey, Turnhout, 2005, pp. 207-269.

35. Evans, Jonathan, *Dragons: Myth and Legend*(《龙：神话与传说》), London, 2008.

36. Evans, Jonathan, 'The Dragon'（《龙》), in *Mythical and Fabulous Creatures: A Source Book and Research Guide*（载于《神话和神话中的生物：文献和研究指南》）, ed. Malcolm South, New York, 1987, pp. 27-58.

37. Evans, Jonathan, 'The Dragon-lore of Middle-earth: Tolkien and Old English and Old Norse Tradition'（《中土龙传说：托尔金与古英语和古挪威传统》), in *J. R. R. Tolkien and His Literary Resonances: Views of Middle-earth*（载于《J.R.R. 托尔金及其文学共鸣：中土观点》), ed. George Clark and Daniel Timmons, Westport, CT, and London, 2000, pp. 21-38.

38. Evans, Jonathan, 'Semiotics and Traditional Lore: The Medieval Dragon Tradition'（《符号学和传统传说：中世纪龙的传统》), *Journal of Folklore Research*（载于《民俗研究杂志》), xxII/ 2-3, 1985, pp. 85-112.

39. *Feminism and Women's Studies*(《女权主义和女性研究》), www.feminism.eserver.org, accessed 3 July 2017.

40. Fontenrose, Joseph, *Python: A Study of Delphic Myth and Its Origins*（《蟒蛇：德尔菲神话及其起源研究》), Berkeley and Los Angeles, CA, 1980.

41. Freud, Sigmund, *Three Contributions to the Theory of Sex*（《性学三论》), trans. A. A. Brill, New York and Washington, DC, 1920, at www.gutenberg.org, accessed 3 July 2017.

42. Fuller, Elizabeth Ely, *Milton's Kinesthetic Vision in Paradise Lost*（《弥尔顿在失乐园中的动觉观点》), Lewisburg, PA, 1983.

43. Gentry, Francis, G., et al., eds, *The Nibelungen Tradition: An Encyclopedia*（《尼伯龙根传统：百科全书》）, London and New York, 2011.

43. Glazyrina, Galina, 'Dragon Motifs in Yngvars saga viðförla'（《〈远游者英瓦尔萨迦〉中的龙主题》）, in *The Fantastic in Old Norse/ Icelandic Literature: Sagas and the British Isles*（载于《古代北欧/冰岛文学中的奇幻故事：萨迦与不列颠群岛》）, ed. John McKinnell, David Ashurst and Donata Kick, preprints of the 13th International Saga Conference, Durham and York, 6-12 August 2006, pp. 288-293.

44. Goth, Maik, 'Spenser's Dragons'（《斯宾塞的龙》）, in *Good Dragons are Rare: An Inquiry into Literary Dragons East and West*（载于《好龙罕见：东西方龙调查》）, ed. Fanfan Chen and Thomas Honegger, Frankfurt, 2009, PP. 97-117.

45. Graves, Robert, *The Greek Myths: Complete Edition*（《希腊神话：全集》）, London and New York, 1992.

46. Gray, William, *Death and Fantasy: Essays on Philip Pullman, C. S. Lewis, George MacDonald and R. L. Stevenson*（《死亡与幻想：菲利普·普尔曼、C.S.刘易斯、乔治·麦克唐纳和R.L.史蒂文森论文集》）, Newcastle upon Tyne, 2008, PP. 25-42.

47. Green, Peter, *Kenneth Grahame: A Biography*（《肯尼斯·格雷厄姆：传记》）, London, 1959.

48. Hammond, Wayne G., and Christina Scull, eds, *The Lord of the Rings: A Reader's Companion*（《指环王：读者伴侣》）, London, 2005.

49. Havens, Norman, and Nobutaka Inoue, ed. and trans., *An Encyclopedia of Shinto(Shinto Jiten)*（《神道教百科全书》）, Tokyo, 2006.

50. Heale, Elizabeth, *The Faerie Queene: A Reader's Guide*（《仙后：

读者指南》），2nd edn , Cambridge, 1999.

51. Hey, David, *Yorkshire from AD 1000*(《公元 1000 年以来的约克郡》), London and New York, 1986.

52. Hill, John M., *Modern Philology*（《现代语言学》）, xcvl/ I (1998), pp. 58-61.

53. Hill, Thomas D., 'Guðrúnarkviða in fyrsta: Guðrún's Healing Tears'（《古德伦的第一首叙事诗：古德伦的治愈之泪》）, in *Revisiting the Poetic Edda: Essays on Old Norse Heroic Legend*（载于《重温诗体埃达：古斯堪的纳维亚英雄传奇论文集》）, ed. Paul Acker and Carolyne Larrington, London and New York, 2013, pp. 107-116.

54. Hirsch, Emil G., et al., *Jewish Encyclopedia*（《犹太百科全书》）, www.jewishencyclopedia.com.

55. hógáin, Dáíthió., *The Lore of Ireland: An Encyclopedia of Myth, Legend and Romance*（《爱尔兰的传说：神话、传说和传奇百科全书》）, Woodbridge, Suffolk, 2006.

56. Hogarth, Peter, and Val Clery, *Dragons*（《龙》）, London, 1979.

57. Honegger, Thomas, 'A Good Dragon is Hard to Find: From Draconitas to Draco'（《好龙难寻：从龙性到龙族》）, in *Good Dragons are Rare: An Inquiry into Literary Dragons East and West*（载于《好龙罕见：东西方龙调查》）, ed. Fanfan Chen and Thomas Honegger, Frankfurt, 2009, pp. 27-59.

58. Honegger, Thomas, 'Draco litterarius: Some Thoughts on an Imaginary Beast'（《龙文学：虚拟野兽的思考》）, in *Tiere und Fabelwesen in Mittelalter*（载于《中世纪的动物和神话生物》）, ed. Sabine Obermaier, Berlin and New York, 2009, pp. 133-145.

59. Honegger, Thomas, 'From Bestiary onto Screen: Dragons in

Film'（《从动物寓言集到银幕：电影中的龙》）, in *Fact and Fiction: From the Middle Ages to Modern Times. Essays Presented to Hans Sauer on the Occasion of his 65th Birthday*（载于《事实与虚构：从中世纪到现代》《献给汉斯·索尔 65 岁生日论文集》）, ed. Renate Bauer and Ulrike Krischke, Texte und Untersuchungen zur Englischen Philologie 37, Frankfurt, 2011, pp. 197–215.

60. Honegger, Thomas, 'The Sea-dragon in Search of an Elusive Creature'（《海龙：寻找难以捉摸的生物》）, in *Symbolik des Wassers in der Mittelalterlichen Kultur*（载于《中世纪文化中水的象征》）, ed. Gerlinde Huber-Rebenich et al., Berlin, 2017, pp. 521–531.

61. Hornung, Erik, *The Secret Lore of Egypt: Its Impact on the West*（《埃及的秘密传说对西方的影响》）, Ithaca, NY, and London, 2002.

62. Hughes, John, *Therapy is Fantasy: Roleplaying, Healing and the Construction of Symbolic Order* (1988)（《治疗是幻想：角色扮演、愈合和符号秩序的构建》, 1988 年）, at www.rpgstudies.net, accessed 3 July 2017.

63. Hurwitz, Siegmund, *Lilith, The First Eve: Historical and Psychological Aspects of the Dark Feminine*（《莉莉丝，第一个夏娃：黑暗女性的历史和心理方面》, 第 3 版）, 3rd edn, trans. Gela Jacobson, Einsiedeln, 2009.

64. Ingersoll, Ernest, *Dragons and Dragon Lore: A Worldwide Study of Dragons in History, Art and Legend* (1928)（《龙与龙的传说：历史、艺术与传说中的龙的世界性研究》, 1928 年）, London, 2007.

65. Jakobsson, Ármann, 'Enter the Dragon: Legendary Courage and the Birth of the Hero'（《龙争虎斗：传奇的勇气和英雄的诞生》）, in *Making History: Essays on the 'Fornaldarsögur'*（载于《创造历史：法夫

纳松格论文集》), ed. Martin Arnold and Alison Finlay, London, 2010, pp. 33-52.

66. Jarman, A. O. H., 'The Merlin Legend and the Welsh Tradition of Prophecy' (《梅林传说和威尔士预言传统》), in *The Arthur of the Welsh: The Arthurian Legend in Medieval Welsh Literature* (载于《威尔士的亚瑟：中世纪威尔士文学中的亚瑟王传说》), ed. Rachel Bromwich, A. O. H. Jarman and Brynley F. Roberts, Cardiff, 1991, pp. 117-145.

67. Johnston, Sarah Iles, 'Corinthian Medea and the Cult of Hera Akraia' (《美狄亚与赫拉崇拜》), in *Medea: Essays on Medea in Myth, Literature, Philosophy, and Art* (载于《美狄亚：神话、文学、哲学和艺术中的美狄亚论》), ed. James J. Clauss and Sarah Iles Johnston, Princeton, NJ, 1977, pp. 44-70.

68. Jones, David E., *An Instinct for Dragons* (《龙的本能》), New York and London, 2002.

69. Jones, Martin H., 'The Depiction of Military Conflict in Gottfried's Tristan' (《戈特弗里德关于特里斯坦军事冲突的描述》), in *Gottfried von Strassburg and the Medieval Tristan Legend: Papers from an Anglo-North American Symposium* (《戈特弗里德·冯·斯特拉斯堡与中世纪特里斯坦的传说：英-北美研讨会的论文集》), ed. Adrian Stevens and Roy Wisbey, Woodbridge, Suffolk, 1990, pp. 45-66.

70. Kempf, Damien, and Maria L. Gilbert, *Medieval Monsters* (《中世纪怪兽》), London, 2015.

71. Kershaw (Chadwick), Nora, ed. and trans., *Anglo-Saxon and Old Norse Poems* (《盎格鲁-撒克逊和古斯堪的纳维亚诗歌》), Cambridge, 1922.

72. Kircher, Athanasius, *Mundus Subterraneus* (1664-1665)

(《地下世界》，1664—1665年), see Anne E. G. Nydam at http://nydamprintsblackandwhite.blogspot.co.uk/2012/07/kirchers-dragons.html, accessed 24 July 2012.

73. Kirk, G. S., *Myth: Its Meaning and Functions in Ancient and Other Cultures*（《神话：在古代和其他文化中的意义和功能》), Berkeley and Los Angeles, CA, 1970.

74. Koltuv, Barbara Black, *The Book of Lilith*（《莉莉丝之书》), Lake Worth, FL, 1986.

75. Lambert, Amy A. O., 'Morgan le Fay and Other Women: A Study of the Female Phantasm in Medieval Literature'（《摩根·勒菲与其他女性：中世纪文学中的女性幻象研究》), PhD thesis, University of Hull, 2016.

76. Lapidge, Michael, 'Beowulf, Aldhelm, the Liber Monstrorum and Wessex'（《贝奥武夫、阿尔德海姆，自由怪兽和威塞克斯》), *Studi Medievali*（载于《中世纪研究》，第3版), 3rd ser., xxIII, 1982, pp. 151-192.

77. Larrington, Carolyne, *Winter is Coming: The Medieval World of Game of Thrones*（《冬天来了：中世纪权力的游戏》), London and New York, 2016.

78. Lévi-Strauss, Claude, *The Raw and the Cooked*（《生与熟》)(Le Cru et le cuit, 1964)（《葡萄酒与熟烤》，1964年), trans. John and Doreen Weightman, London, 1970.

79. Lewis, C. S., *The Allegory of Love: A Study in Medieval Tradition* (1936)（《爱的寓言：中世纪传统研究》，1936年), Oxford and New York, 1958.

80. Link, Luther, *The Devil: A Mask Without a Face*（《魔鬼：没有脸的面具》), London, 2004.

81. Linnaeus, Carl, 'Regnum animale' (1735)(《动物界》, 1735年), at www.commons.wikimedia.org, accessed 3 July 2017.

82. Lionarons, Joyce Tally, *The Medieval Dragon: The Nature of the Beast in Germanic Literature* (《中世纪的龙：日耳曼文学中的野兽》), Enfield Lock, Middlesex, 1998.

83. Lionarons, Joyce Tally, ' "Sometimes the Dragon Wins": Unsuccessful Dragon Fighters in Medieval Literature' (《有时龙赢了：中世纪文学中不成功的龙斗士》), in *Essays on Old, Middle, Modern English and Old Icelandic: In Honour of Raymond P. Tripp, Jr* (载于《古、中、现代英语和旧冰岛散文：纪念小雷蒙德·P. 特里普》)., ed. Loren C. Gruber, Lampeter, 2000, pp. 301–313.

84. Loomis, Roger Sherman, *Arthurian Literature in the Middle Ages: A Collaborative History* (《中世纪亚瑟王文学：合作史》), Oxford, 1959.

85. MacKenzie, Donald A., *Myths of China and Japan* (《中国与日本的神话》), London, 1923.

86. McKinnell, John, *Meeting the Other in Norse Myth and Legend* (《在斯堪的纳维亚神话和传说中遇见他者》), Cambridge, 2005.

87. McLeod, Neil, 'Fergus mac Léti and the Law' (《弗格斯·麦克莱蒂与法律》), *Ériu* (载于《爱尔兰》), LXI, 2011, pp. 1–28.

88. MacNeill, Máire, *The Festival of Lughnasa, Parts I and II* (《节日卢格那萨，第一和第二部分》), Dublin, 1982.

89. Martin, George R. R., 'Introduction' (《引言》), in *Meditations on Middle-earth* (载于《中土冥想》), ed. Karen Haber, New York, 2001.

90. Marwick, Ernest, *The Folklore of Orkney and Shetland* (《奥克尼和谢德兰民间传说》), Edinburgh, 1974.

91. Matthews, John, ed., *Myths of the Middle Ages: Sabine Baring-*

Gould（《中世纪神话：萨宾·巴林－古尔德》）, London, 1996.

92. Meehan, Aidan, *Celtic Design: The Dragon and the Griffin, The Viking Impact*（《凯尔特设计：龙和狮鹫，维京人的影响》）, London, 1995.

93. Mitchell, Juliet, *Psychoanalysis and Feminism: A Radical Reassessment of Freudian Psychoanalysis*（《精神分析与女性主义：弗洛伊德精神分析学的彻底重新评估》）, Harmondsworth, 1975.

94. Mittman, Asa Simon, and Susan M. Kim, 'Monsters and the Exotic in Medieval England'（《中世纪英格兰的怪物和异国情调》）, in *The Oxford Handbook of Medieval Literature in English*（载于《牛津中世纪英语文学手册》）, ed. Elaine Treharne and Greg Walker, Oxford and New York, 2010, pp. 677-706.

95. Morris, Matthew W., 'Introduction'（《引言》）, in *A Bilingual Edition of Couldrette's 'Melusine', or, 'Le Roman de Parthenay', Mediaeval Studies*【载于《中世纪研究》（《库尔德雷特双语版〈梅卢辛〉》《帕提尼的小说》）】, xx, Lewiston, NY, 2003.

96. Muir, Tom, 'Tales and Legends'（《故事与传说》）, in *The Orkney Book*（载于《奥克尼书》）, ed. Donald Omand, Edinburgh, 2003, pp. 240-247.

97. Niles, Doug, *Dragons: The Myths, Legends, and Lore*（《龙：神话、传说和民间故事》）, Avon, MA, 2013.

98. Ogden, Daniel, *Dragons, Serpents, and Slayers in the Classical and Early Christian Worlds: A Sourcebook*（《古典和早期基督教世界中的龙、蛇和屠龙者：资料集》）, Oxford and New York, 2013.

99. Ogden, Daniel, *Drakōn: Dragon Myth and Serpent Cult in the Greek and Roman Worlds*（《海怪：希腊和罗马世界的龙神话和蛇崇拜》）,

Oxford and New York, 2013.

100. Ong, Walter J., *Orality and Literacy: The Technologizing of the Word*（《口语与文学：词汇的技术化》），London and New York, 1988.

101. Orchard, Andy, *Pride and Prodigies: Studies in the Monsters of the 'Beowulf'-Manuscript*（《骄傲与天才：<贝奥武夫>手稿中的怪兽研究》），Toronto, 1995.

102. Parry, John Jay, and Robert Caldwell, 'Geoffrey of Monmouth'（《蒙茅斯的杰弗里》），in *Arthurian Literature in the Middle Ages: A Collaborative History*（载于《中世纪亚瑟王文学：合作史》），ed. Roger Sherman Loomis, Oxford, 1959, pp. 72-93.

103. Patai, Raphael, *The Hebrew Goddess*（《希伯来女神》，第3版），3rd edn (Detroit, MI, 1990).

104. Rauer, Christine, *Beowulf and the Dragon: Parallels and Analogues*（《贝奥武夫与龙：相似与类比》），Cambridge, 2000.

105. Remler, Pat, *Egyptian Mythology A to Z*（《埃及神话：A到Z》，第3版），3rd edn, New York, 2010.

106. Riches, Samantha, *St George: A Saint for All*（《圣乔治：永远的圣徒》），London, 2015.

107. Rose, Carol, *Giants, Monsters and Dragons: An Encyclopedia of Folklore, Legend, and Myth*（《巨人、怪物和龙：民间传说、传奇和神话百科全书》），New York and London, 2000.

108. Rowe, Elizabeth Ashman, *Vikings in the West: The Legend of Ragnarr Loðbrók and His Sons*（《西方的维京人：拉格纳·洛德布鲁克和他的儿子的传说》），Vienna, 2012.

109. Sagan, Carl, *The Dragons of Eden: Speculations on the Evolution of Human Intelligence*（《伊甸园之龙：关于人类智力进化的思考》），New

York, 1977.

110. Shah, Idries, *World Tales: The Extraordinary Coincidence of Stories Told in All Times, in All Places*（《世界故事集：各个时代、各个地方故事的非凡巧合》）, London, 1991.

111. Shippey, T. A., 'The Ironic Background (1972)'（《反讽的背景》）, in *Interpretations of Beowulf: A Critical Anthology*（《<贝奥武夫>解读：一部批判选集》）, ed. R. D. Fulk, Bloomington, IN, 1991, pp. 194–205.

112. Shippey, T. A., 'Liminality and the Everyday in Lilith'（《莉莉丝的礼节性与日常》）, in *Lilith in a New Light*（载于《新视角下的莉莉丝》）, ed. Lucas D. Harriman, Jefferson, NC, and London, 2008, pp. 15–20.

113. Shippey, T. A., *Poems of Wisdom and Learning in Old English*（《古英语中的智慧诗与学问》）, Cambridge, 1976.

114. Shippey, T. A., *The Road to Middle-earth*（《通往中土之路》, 第4版）, 4th revd edn, London, 2005.

115. Shippey, T. A., 'The Versions of "The Hoard"'（《<宝藏>的版本》）, *Lembas*（载于《兰巴斯》）, 100, 2001, pp. 3–7.

116. Simek, Rudolf, *Dictionary of Northern Mythology*（《北方神话词典》）, trans. Angela Hall, Cambridge, 1993.

117. Simpson, Jacqueline, *British Dragons* (1980)（《英国龙》, 1980年）, Ware, Herts, 2001.

118. Simpson, Jacqueline, ed. and trans., *Scandinavian Folktales*（《斯堪的纳维亚民间故事》）, Harmondsworth, 1988.

119. Smithers, G. V., *The Making of Beowulf*（《<贝奥武夫>的形成》）, Durham, 1961.

120. Southern, Pat, and Karen R. Dixon, *The Late Roman Army*（《逝去的罗马军团》）, New Haven, CT, and London, 1996.

121. Stallybrass, James S., trans., *Teutonic Mythology* (1883)（《日耳曼神话》，1883 年），from Jacob Grimm, *Deutsche Mythologie* (1835)（载于 4 卷本《德意志神话》，1835 年，第 4 版），4 vols, 4th edn, Mineola, NY, 2004.

122. Tilley, Norah M., *Dragons in Persian, Mughal and Turkish Art*（《波斯、莫卧儿和土耳其艺术中的龙》），London, 1981.

123. Tolkien, J. R. R., *The Monsters and the Critics and Other Essays*（《怪兽与批评家和其他论文》），ed. Christopher Tolkien, London, 1997.

124. Turville-Petre, E. O. G., *Myth and Religion of the North: The Religion of Ancient Scandinavia*（《北方的神话与宗教：古斯堪的纳维亚的宗教》），London, 1964.

125. Van Duzer, Chet, *Sea Monsters on Medieval and Renaissance Maps*（《中世纪与文艺复兴地图上的海怪》），London, 2013.

126. Vettam, Mani, *Puranic Encyclopaedia: A Comprehensive Dictionary with Special Reference to the Epic and Puranic Literature*（《皮瑞尼百科全书：一部史诗和皮瑞尼文献的综合性词典》），Delhi, 1975.

127. Virgil, *The Aeneid*（《埃涅阿斯纪》），trans. W. F. Jackson Knight, Harmondsworth, 1958.

128. Visser, Marinus Willem de, *The Dragon in China and Japan* (1913)（《中国与日本的龙》，1913 年），Miami, FL, 2007.

129. Vogel, J. P., *Indian Serpent-Lore: Or, the Nāgas in Hindu Legend and Art*（《印度蛇语》或《印度教传说和艺术中的那伽》），Whitefish, MT, 1972; first published 1927.

130. Wagner, Richard, trans. Margaret Amour, *Siegfried and the Twilight of the Gods*（《西格弗里德与神的黄昏》），London and New York, 1911.

131. Watkins, Calvert, *How to Kill a Dragon: Aspects of Indo-European Poetics*（《如何杀死一条龙：印欧诗学的面面观》），Oxford, 1995.

132. Whitlock, Ralph, *Here Be Dragons*（《龙在此》），London, 1983.

133. Yang, Lihui, and Deming An, *Handbook of Chinese Mythology*（《中国神话手册》），Oxford, 2005.

134. Yuan Ke, *Dragons and Dynasties: An Introduction to Chinese Mythology*（《龙与朝代：中国神话导论》），trans. Kim Echlin and Nie Zhixiong, London, 1993.

135. Zeng, Shu, 'Love, Power and Resistance: Representations of Chinese-Caucasian Romance in Twentieth-century Anglophone Literature'（《爱情、力量和抵抗：20世纪英语文学中中国－高加索传奇的表象》），PhD thesis, University of Hull, 2016.

136. Zhao, Qiguang, *Asian Culture and Thought*（载于《亚洲文化与思想》），vol. XI: *A Study of Dragons, East and West*（《东方与西方龙的研究》），New York, 1992.

图片致谢

作者和出版社感谢以下来源的非经典材料和复制该材料所得到的许可。

阿拉米图片社：第 18 页下图、第 136 页左图（海瑞格影像合伙有限公司）、第 62、73 页、第 158 页上图（艺术收藏 3）、第 105 页、第 136 页右图、第 141 页上图（保罗·费恩）、第 132 页（富尔特数位影像股份有限公司）、第 138 页上图（理查德·马斯克·迈耶）、第 149 页（艺术收藏 2）、第 162、164 页（编年史）、第 170-171 页（Vova Pomortzeff）、第 214 页（照片 12）、第 246 页（娱乐图片）、第 254-255 页（视频档案）；

AKG 图片网站：第 141 页下图（罗兰和萨布丽娜·米肖）、第 152 页（历史图片）；

布里奇曼图像：第 35 页（阿里纳利）、第 110 页（兰贝斯宫图书馆）；

牛津大学博德利图书馆：第 219 页；

© 大英图书馆：第 84 页；

© 大英博物馆董事会：第 37 页；

化学工程师：第 180 页上图；

盖蒂图片社：第184、186页（德·阿戈斯蒂尼图片库）；

纽约犹太人博物馆：第41、43页；

美国国会图书馆：第55、153页、第155页下图、第200页；

伦敦政治经济学院图书馆：第180页下图；

法国国家图书馆：第191页；

纽约公共图书馆：第143页；

大都会艺术博物馆：第145页；

卡罗尔·拉达托：第2页；

Shutterstock图片网站：第100页上图（艾米·约翰逊）、第124页（昆通）、第135页（阿莫兰潘特·库卡基）、第146页、第272页（米罗）；

Takewaway图片网站：第138页下图；

维多利亚与艾尔伯特博物馆：第133页；

韦尔科姆收藏馆：第158页下图。